CW01619969

Directorio de Origami

ASHLEY WOOD

Directorio de Origami

ASHLEY WOOD

ACANTO

© 2016 EDITORIAL ACANTO S.A.
Comtes Alba de Liste, 8
Barcelona - Tel. 93 572 97 01
www.editorialacanto.com

Tercera edición octubre 2016

Título de la edición original:
The Origami Bible
© 2009 Quarto Publishing Inc.
Traducción: Gerardo di Masso
Fotocomposición: Ciurana Disseny

ISBN 978-84-95376-95-4

Impreso en China

Cualquier forma de reproducción, distribución, comunicación pública o transformación de esta obra sólo puede ser realizada con la autorización de sus titulares, salvo excepción prevista por la ley. Diríjase a Cedro (Centro Español de Derechos Reprográficos) si necesita fotocopiar, escanear o hacer copias digitales de algún fragmento de esta obra: www.conlicencia.com, 93 272 04 47 - 91 702 19 70.

Otros títulos de esta colección:

DIRECTORIO DE CALIGRAFÍA
LA BIBLIA DEL AJEDRECISTA
LA BIBLIA DEL BATERISTA
LA BIBLIA DEL GUITARRISTA
LA BIBLIA DEL TECLADISTA
MANUAL DE PINTURA CHINA
MANUAL DE TALLA EN MADERA

Contenido

Introducción

El origami es un arte que trasciende género, cultura e idioma. No requiere un aprendizaje previo y tampoco contar con un equipo complejo; puede llevarse a la práctica a cualquier edad, por cualquier persona; los modelos pueden ser grandes o pequeños, útiles o simplemente decorativos. Puede plegar un billete de autobús o una hoja de oro, pero el único requisito implícito en el origami es que disfrute de él.

Comencé a plegar papel en un intento de despertar el interés de una clase en Hiroshima y utilizando para ello la historia de la grulla de papel (derecha). El "Club Origami" resultante fue algo increíblemente divertido y he continuado plegando papel desde entonces. Para mí, plegar un modelo de memoria contribuye a aliviar el aburrimiento durante los viajes y permite que me relaje y reflexione acerca de los problemas.

Este libro es el libro que necesitaba desesperadamente en el "Club Origami". Comienza con un simple conjunto de pliegues de origami, ilustrados con diagramas paso a paso muy claros, y tres "bases" de origami esenciales que constituyen el punto de partida para los proyectos incluidos en el resto del libro. Los modelos de estos proyectos están dispuestos según el tema; algunos son complejos y requieren práctica y paciencia, mientras que otros resultan muy idóneos para los principiantes. El nivel de dificultad, que se extiende de una estrella (para principiantes) a cinco estrellas (para artistas avanzados), le ayudará a escoger un proyecto que se adapte a su nivel de habilidad. Las bases y los símbolos de plegado se reproducen en una página desplegable en la parte final del libro de modo que puedan servirle como referencia mientras trabaja.

Recuerde que el origami es un placer y no un castigo, ¡no existe ninguna Policía Origami! Pliegue por diversión, utilice papeles fabulosos y no tema alterar los diseños que aparecen en este libro o bien inventar sus propios modelos de origami.

Ashley Wood

BREVE HISTORIA DEL ORIGAMI

La actividad de plegar papel se extendió a través de Japón desde el siglo VII dC. Aproximadamente en esa misma época, los árabes llevaron a España el plegado de papel. En tanto que musulmanes, sus diseños no podían ser figurativos y tampoco emblemáticos, de modo que el origami permaneció durante largo tiempo como un oficio práctico hasta el siglo XV, cuando fue posible adquirir papel más barato y de producción masiva. En 1797 se publicó el primer libro dedicado al plegado de papel, y esta nueva forma de arte recibió el nombre de Origami, de *oru* (plegar) y *kami* (papel). En la década de 1930, Akira Yoshizawa desarrolló un sistema de flechas y patrones que siguen utilizándose hoy para describir las instrucciones de diseño. Yoshizawa está considerado como el gran maestro del origami. Fue el creador de miles de modelos según un estilo natural y cautivador hasta su muerte en 2005. En la página 14 encontrará sus famosas instrucciones para el origami, y también en la página desplegable al final del libro.

EL ORIGAMI HOY

En épocas recientes, la grulla de papel origami (página 71) se ha convertido en un símbolo de paz y se la pliega millones de veces en todo el mundo. Los ingenieros han utilizado el origami para resolver problemas complejos, los terapeutas han recurrido a él para la rehabilitación de músculos dañados, y muchos otros lo han empleado para meditar, concentrarse, decorar y entretener. En el futuro, el origami continuará evolucionando y, sin embargo, siempre permanecerá arraigado en la tradición, un bienvenido vínculo con el pasado.

La historia de Sadako Sasaki

"ESCRIBIRÉ PAZ EN TUS ALAS Y TU CORAZÓN Y VOLARÁS ALREDEDOR DEL MUNDO PARA QUE LOS NIÑOS YA NO TENGAN QUE MORIR DE ESTA MANERA", HAIKU TRADUCIDO POR SADAKO SASAKI

Diez años después de que lanzaran la bomba nuclear sobre Hiroshima, el 6 de agosto de 1945, a Sadako Sasaki (que entonces contaba 12 años) le fue diagnosticada leucemia y tuvo que ingresar en un hospital. Un día, su íntima amiga Chizuko Hamamoto la visitó en el hospital y le enseñó a plegar una grulla de papel. "A cualquiera que pliegue 1.000 grullas de papel se le concederá un deseo", le dijo Chizuko. Sadako comenzó la tarea de plegar y lo hizo utilizando papel de envolver de otros pacientes, papel que le traía Chizuko de la escuela e incluso envolturas de medicamentos. Cuando murió, el 25 de octubre de 1955, Sadako había plegado 644 grullas. Su amiga acabó de plegar las 356 restantes. En 1958, en el Hiroshima Peace Memorial, se descubrió una estatua de Sadako sosteniendo en las manos una grulla dorada. Desde aquella fecha se ha convertido en un punto central del Movimiento por la Paz y centenares de Senbarazu (grupos de 1.000 grullas sostenidas con hilos) son enviadas cada día desde todos los rincones del mundo para honrar su memoria.

Clases de papel

No importa cuán habilidoso sea el pliegue, o revolucionario el diseño, el principal factor determinante del éxito de un modelo de origami es el papel que se ha utilizado para hacerlo. Consulte estas páginas para que le ayuden a elegir el papel adecuado para sus diseños, pero, sobre todo, sea audaz y experimente.

PAPEL KAMI

El papel Kami original para origami está coloreado en una cara mientras que la otra es blanca. Pueden conseguirse cientos de modelos y papeles texturados diferentes.

Uso específico

El papel de origami clásico de 15cm puede ser plegado para formar prácticamente cualquier cosa. La ventaja de este papel es que es perfectamente cuadrado.

Gramaje	Ligero
Plegado	Este papel se pliega fácilmente, pero puede rasgarse cuando se efectúa un gran número de pliegues en una superficie pequeña.
Durabilidad	Media
Precio aprox.	10 euros por 250 hojas de 15cm
Tamaño	Cuadrado de 15cm; cuadrado de 7,5cm

CONSEJO
¡Para practicar utilice los colores menos atractivos en paquetes surtidos!

PAPEL DÚO

El papel dúo clásico es papel de origami de 15cm. Cada cara es de un color diferente.

Uso específico

Esta clase especial de papel de origami es excelente para aquellos diseños en los que la cara "blanca" del papel se emplea como parte del diseño.

Gramaje	Ligero
Plegado	Este papel se pliega fácilmente, pero puede rasgarse cuando se efectúa un gran número de pliegues en una superficie pequeña.
Durabilidad	Media
Precio aprox.	13 euros por paquete
Tamaño	Cuadrado de 15cm

PAPEL METALIZADO

El papel metalizado puede tener una base de papel o bien de cartón y se fabrica en una amplia variedad de colores. Una de sus caras es metálica mientras que la otra es blanca.

Uso específico

Esta clase de papel es perfecta para realizar la decoración navideña.

Gramaje	Varios
Plegado	Los pliegues pueden producir líneas blancas desagradables, de modo que proceda con delicadeza.
Durabilidad	Media
Precio aprox.	13 euros por paquete
Tamaño	A4 (carta) o cuadrado de 15cm

CONSEJO
El plegado excesivo puede provocar que el metal se rasgue; trabaje con delicadeza y ¡*nunca* planche el papel porque puede derretirse!

PAPEL DE ENVOLVER

El papel de envolver es habitualmente blanco en una de sus caras y presenta un motivo impreso en la otra, pero busque las lujosas hojas de doble cara y los papeles aterciopelados o brillantes.

Uso específico

El papel de envolver se utiliza para los diseños de gran tamaño, regalos y decoraciones de último momento para las fiestas.

Gramaje	Varios
Plegado	Los pliegues pueden producir líneas blancas desagradables, de modo que proceda con delicadeza.
Durabilidad	Pobre
Precio aprox.	Depende de la calidad del papel
Tamaño	Rollos, paquetes u hojas

CONSEJO
Las hojas que vienen en paquetes no pueden utilizarse para grandes proyectos, ya que se notarán los pliegues del empaquetado.

PAPEL PÉTALO

El papel pétalo es un papel de origami (15cm) clásico con un color plano en una cara y color jaspeado en la otra.

Uso específico

Este papel está diseñado específicamente para las flores. Posee colores en ambos lados para crear flores muy bellas.

Gramaje Varios

Plegado Este papel se pliega fácilmente, pero puede rasgarse cuando se efectúa un gran número de pliegues en una superficie pequeña.

Durabilidad Media

Precio aprox. 13 euros por paquete

Tamaño Cuadrado de 15cm

PAPEL CHIYOGAMI

El papel Chiyogami es similar al papel Washi (que no se muestra aquí), aunque es más fino y no posee el tacto "algodonoso".

Uso específico

Este papel se utiliza para la confección de modelos complejos donde se desea conseguir una percepción tradicional.

Gramaje Ligero

Plegado Este papel se pliega fácilmente, pero puede rasgarse cuando se efectúa un gran número de pliegues en una superficie pequeña.

Durabilidad Media

Precio aprox. 13 euros por paquete

Tamaño Cuadrado de 15cm; cuadrado de 7,5cm; 20cm x 25cm

CONSEJO

Conviene que fije un presupuesto antes de salir de compras, ya que este papel resulta peligrosamente encantador.

PAPEL DE FOTOCOPIAR

Es un papel rectangular y suave que viene en resmas de 500 hojas y en varios colores; las hojas individuales, más caras, se pueden conseguir en una variedad más amplia de modelos y colores.

Uso específico

Este papel es perfecto para practicar; es barato, tiene un tamaño regular y un gramaje medio. Puede usarlo para entretener a los niños o bien para construir grandes proyectos modulares.

Gramaje	Medio
Plegado	Conserva bien los pliegues
Durabilidad	Media
Precio aprox.	4,5 euros por una resma (500 hojas)
Tamaño	A4 (carta)

CONSEJO

Cuando necesite saber qué cara es a medida que pliega la hoja de papel, garabatee una cara del papel antes de comenzar a practicar.

RESTOS DE PAPEL

Puede tratarse de cualquier cosa, desde una receta hasta un recorte de papel muy caro.

Uso específico

Conserve todos los restos de papel bonito y úselos para practicar, pliéguelos en una cola o en el autobús, haga algo interesante con el correo basura... ¡las posibilidades son infinitas!

Gramaje	Varios
Plegado	Varios
Durabilidad	Variada
Precio aprox.	Nada
Tamaño	Varios

CONSEJO

Use los restos de papel para distraer a los curiosos del trabajo que está realizando, ¡y trate de no plegar documentos importantes!

PAPEL CHINO HECHO A MANO

Este papel, semitransparente y con fibras que discurren a través de él, viene en cientos de variaciones de color.

Uso específico

Úselo en los casos en los que la transparencia o la textura son una ventaja.

Gramaje	Varios
Plegado	Las fibras no se pliegan bien.
Durabilidad	Media
Precio aprox.	2 euros por hoja A2
Tamaño	A4 (carta), A3 y A2

SERVILLETAS

Cuadrados de tela o papel de seda. Las servilletas de papel vienen en una enorme variedad de colores y diseños.

Uso específico

Decoración de mesa y control del derrame de líquidos.

Gramaje	Pesado
Plegado	Los pliegues pueden hacerse relajados o precisos.
Durabilidad	La tela puede volver a utilizarse.
Precio aprox.	Depende de la calidad
Tamaño	Cuadrados de 33cm o 44cm

CONSEJO
Para conseguir pliegues precisos use una plancha sin vapor (para las servilletas de papel) o con vapor y almidón (para las servilletas de tela).

TARJETAS CARTULINA

Cuadrados de cartón fino que se utilizan en los álbumes y en la confección de tarjetas. Se fabrican en una amplia gama de colores y diseños.

Uso específico

Especialmente útil para las cajas y, aunque parezca sorprendente, para los botes, ya que se trata de un material razonablemente impermeable.

Gramaje	Pesado
Plegado	Conserva bien los pliegues.
Durabilidad	Buena
Precio aprox.	0,60 euros por hoja
Tamaño	Cuadrados de 30cm y 15cm

CONSEJO
El papel chino hecho a mano se arruga con mucha facilidad, de modo que debe utilizar una plancha con la salida de vapor cerrada para alisarlo.

CONSEJO
Compre las tarjetas de cartulina en paquetes y use las hojas menos atractivas para practicar con ellas. Es un material que presenta características diferentes al papel de fotocopiar.

PAPEL MONEDA

Los modelos creados con papel moneda se realizan habitualmente con billetes de dólar norteamericanos porque son muy pocas las divisas que tengan un billete con un valor tan pequeño. No obstante, los billetes de libras esterlinas y euros son alternativas perfectamente aceptables.

Uso específico

Existe toda una rama del origami dedicada al plegado de billetes de dólar, y la mayoría usa los dibujos del billete para que formen parte del diseño.

Gramaje	Medio
Plegado	Conserva bien los pliegues
Durabilidad	Excelente
Precio aprox.	¡1 dólar cada uno, por supuesto!
Tamaño	Dólar estadounidense

CONSEJO

Planchar con calor máximo y con mucho vapor para matar los gérmenes antes de comenzar a plegarlo.

Plegado de dinero

Esta rama especializada del origami es corriente en todos aquellos países donde se imprime papel moneda, pero es especialmente popular en Estados Unidos. Ello se debe quizás a que el billete de dólar posee una relación altura-ancho única, 3:7, y es uno de los pocos billetes que se pueden encontrar en cualquier parte con un valor lo suficientemente bajo como para poder plegarlo con impunidad.

Otra razón puede ser que el diseño del billete de dólar no ha experimentado ningún cambio desde 1963. Los diseños de dinero plegado están creados para hacer uso de las palabras y dibujos impresos en el billete, y esta longevidad significa que hay muchos más diseños disponibles.

Los soldados norteamericanos acostumbraban a plegar dinero durante la Segunda Guerra Mundial, creando una amplia variedad de diseños lascivos... y uno para una corbata de lazo con el rostro del presidente en el nudo. Los magos y los camareros de barra adoptaron entonces esta forma de arte. En una ocasión, los clientes de un bar le pidieron al camarero que atendía la barra que plegase el cambio en forma de regalo para apaciguar a sus esposas cuando llegaran a casa.

Pliegues básicos

El origami es el arte de plegar. Cada modelo, independientemente de su complejidad, está hecho a partir de dos pliegues: el pliegue de valle y el pliegue de montaña. Asegurar la precisión de cada pliegue garantiza un producto final atractivo.

Véase también
En la página desplegable al final del libro encontrará todos los símbolos del origami.

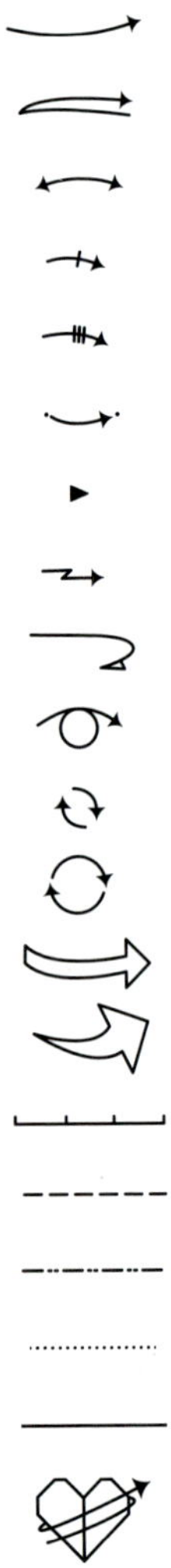

- Dirección en la que se desplaza el papel
- Plegar y desplegar
- Plegar y desplegar
- Repetir una vez
- Repetir tres veces
- Plegar de punto a punto
- Aplastar/aplicar presión
- Doblez
- Plegar hacia atrás
- Dar la vuelta
- Rotar 90°
- Rotar 180°
- Desplegar el papel
- Aumentos de escala
- Distancias iguales
- Pliegue de valle
- Pliegue de montaña
- Pliegue oculto
- Marca existente
- Pliegue con sentimiento

PLIEGUE DE VALLE

Este pliegue se realiza con el papel extendido sobre la mesa. La flecha indica la dirección en la que se desplaza el papel; habitualmente se pliega hasta un punto, borde o marca específicos.

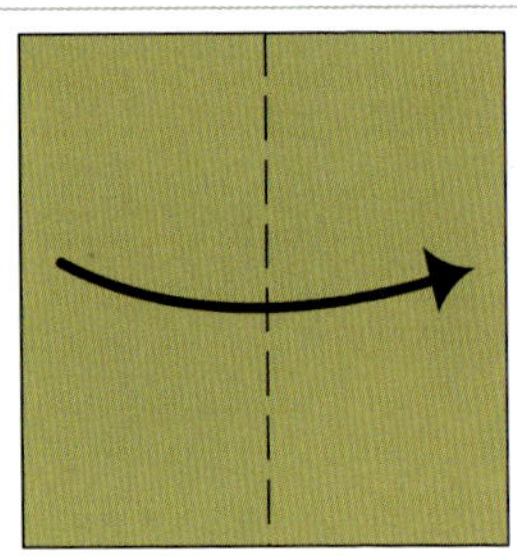

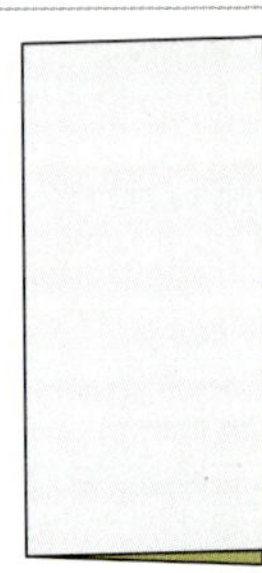

PLIEGUE Y DESPLIEGUE DE VALLE

Pliegue el papel como lo ha hecho antes y luego desdóblelo en la dirección que señala la flecha. La línea fina en el segundo diagrama señala la existencia de una marca anterior; este pliegue puede utilizarse más tarde en las direcciones para formar una estructura.

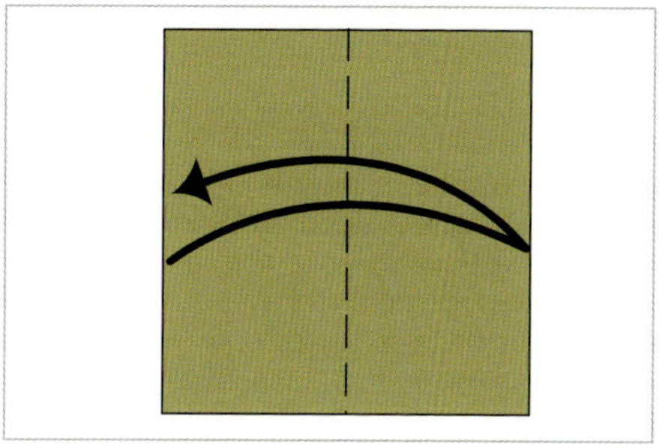

PLIEGUE DE MONTAÑA

El papel se pliega por debajo, y debe ser sostenido en el aire o bien darle la vuelta y plegarlo en forma de valle como antes. La punta de la flecha es diferente de la del pliegue de valle, al igual que el modelo de la línea.

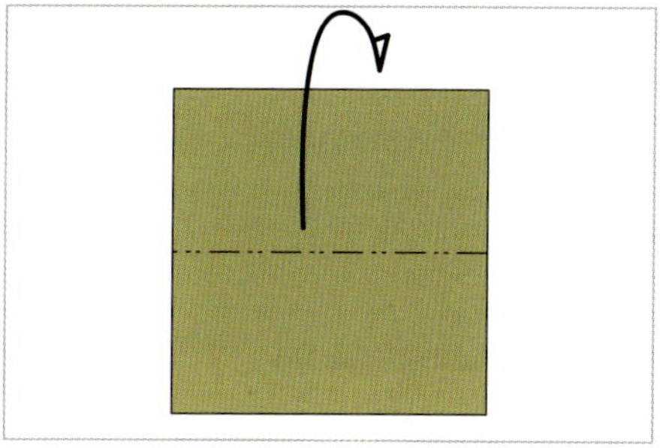

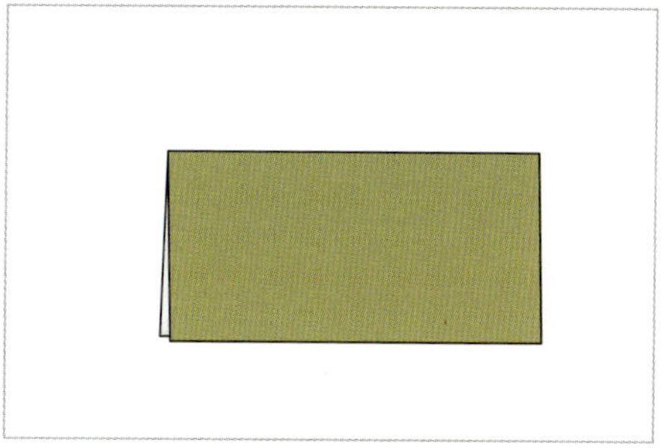

PLIEGUE Y DESPLIEGUE DE MONTAÑA

Pliegue el papel como lo ha hecho antes y luego desdóblelo. Esta flecha parece muy compleja en cuanto a su forma, pero el pliegue es simple y forma un doblez previo que apunta hacia arriba.

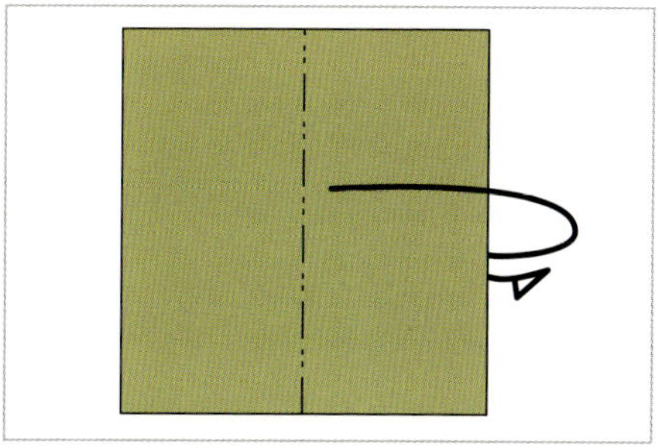

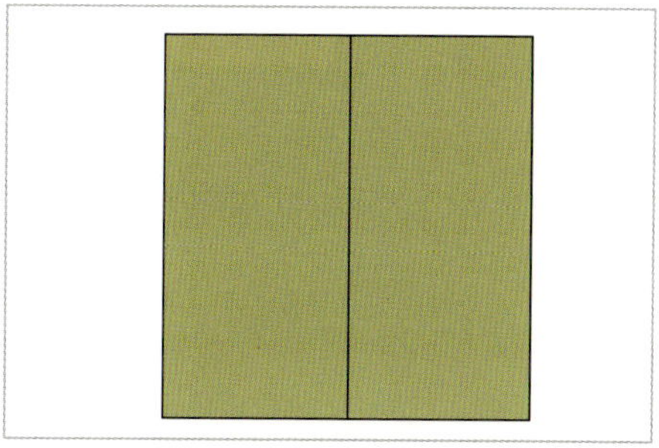

REPETIR EL PLIEGUE

Esta flecha indica que el pliegue que figura en el diagrama debe repetirse. Las muescas en la flecha indican el número de repeticiones. Siempre debe consultarse el diagrama siguiente si se tiene alguna duda.

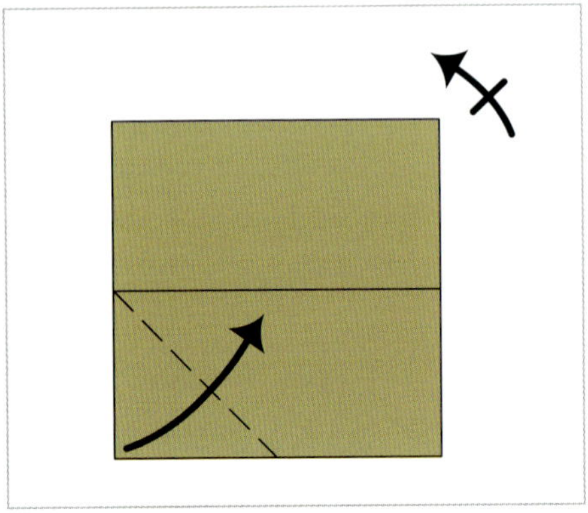

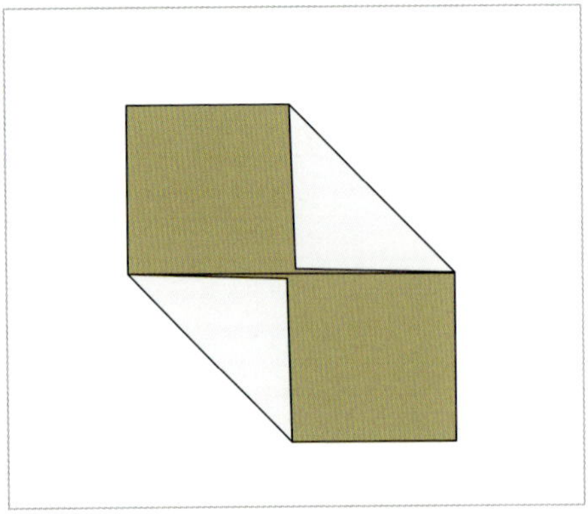

DOBLEZ

Esta secuencia de pliegues de valle y montaña hace que la capa superior del papel pase por encima de la capa inferior, formando así tres capas de papel en una sección. Compruebe los símbolos de los pliegues básicos en la aleta desplegable para asegurarse de que está plegando en la dirección correcta.

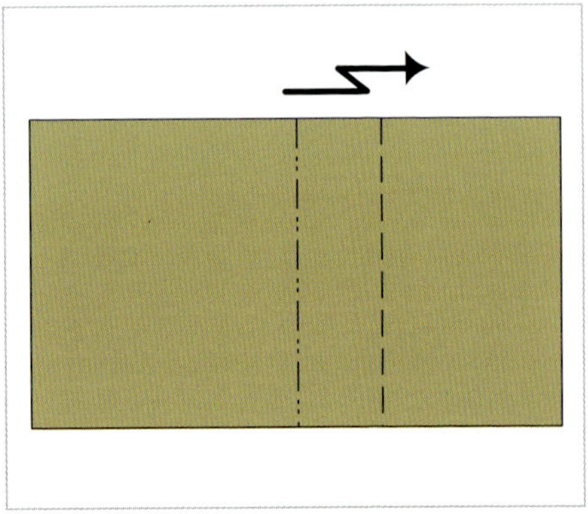

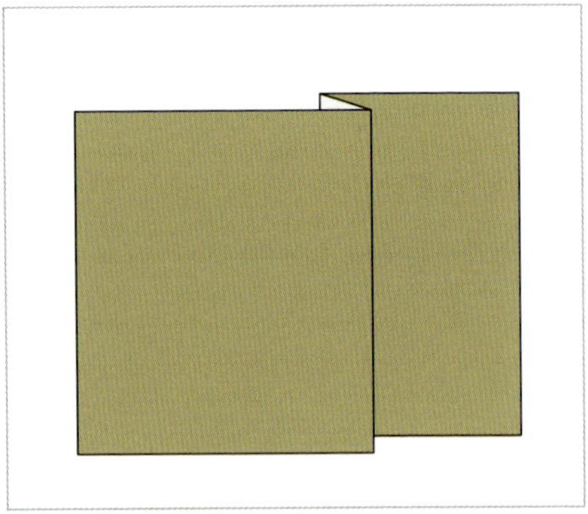

Véase también

Los símbolos del origami están incluidos en la página desplegable al final del libro para contar con una referencia fácil mientras pliega el papel.

DIVIDIR EN TERCIOS

Comience con un cuadrado plegado por la mitad. Pliegue la esquina inferior derecha hacia el centro de la parte superior (1). Dele la vuelta (2). Pliegue la esquina superior derecha hacia donde se encuentran los dos bordes naturales (3). Despliegue (4). El papel se halla dividido en un tercio y dos tercios (5).

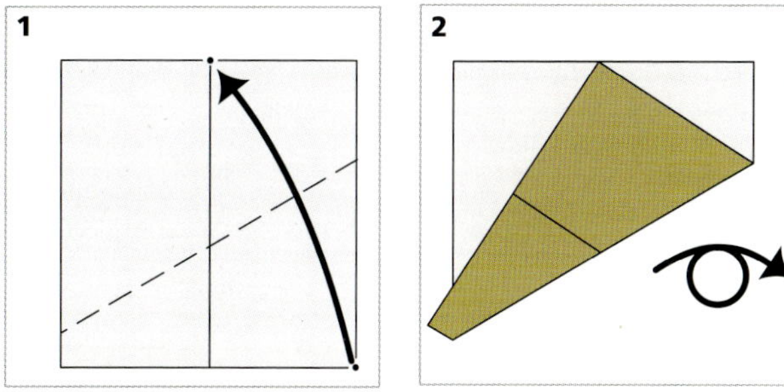

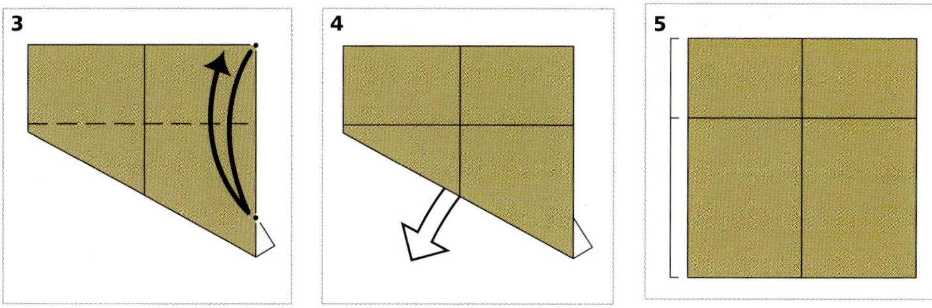

PLIEGUES OCULTOS

En ocasiones, los pliegues se realizan utilizando capas de papel ocultas dentro del modelo. En este caso, una línea de puntos indica el lugar donde se lleva a cabo el doblez.

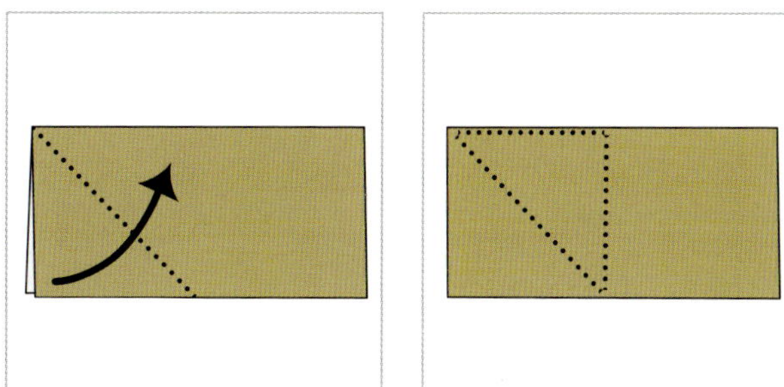

DESDOBLAR EL PAPEL

Una parte del papel se libera del interior o de debajo del modelo. A menudo es necesario desdoblar un poco el papel, pero nunca se debe forzar la acción porque el papel puede rasgarse.

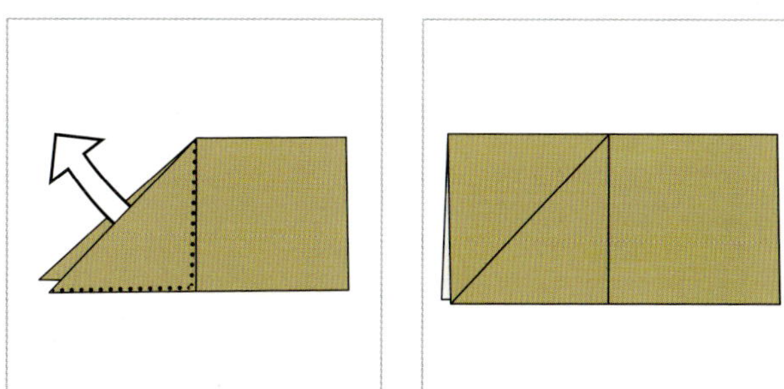

PLIEGUE INVERTIDO INTERIOR

La técnica del pliegue invertido interior convierte una sección del papel de pliegue de montaña en pliegue de valle.

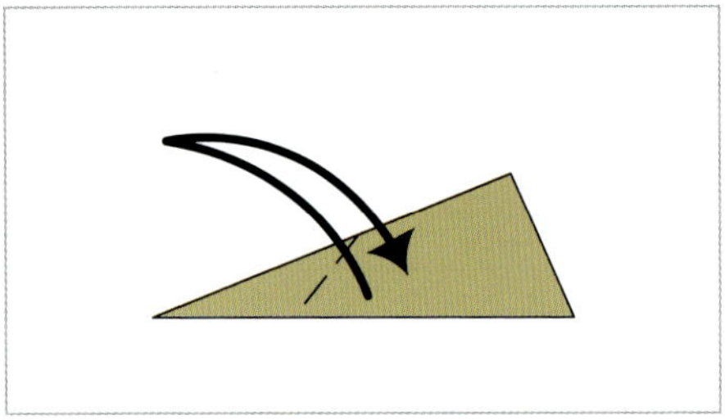

1 Haga una marca previa donde realizará el pliegue invertido.

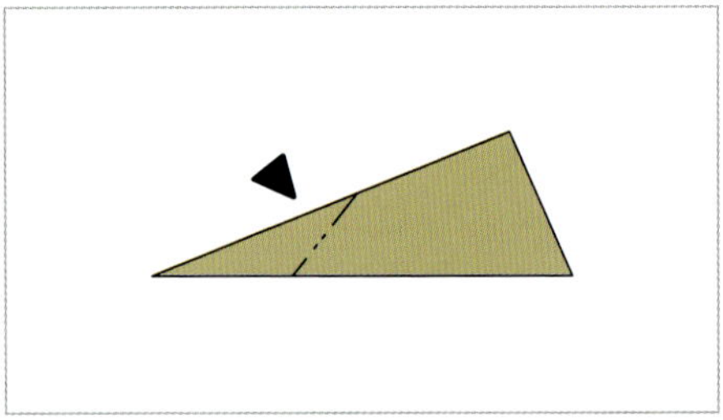

2 Aplique una ligera presión en el extremo del papel para que invierta la dirección, utilizando las marcas del paso 1 como pliegues de montaña.

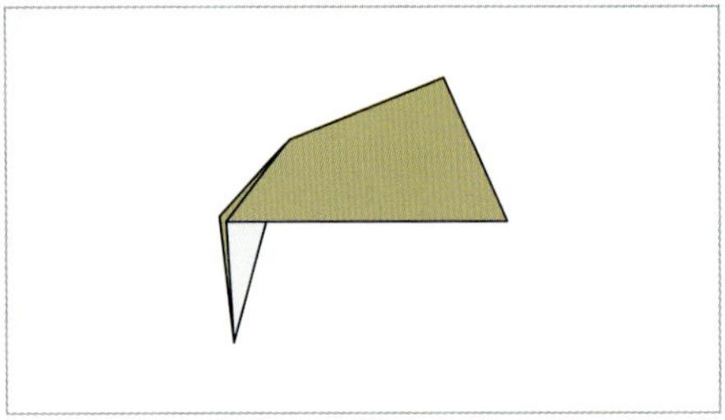

3 El pliegue invertido terminado. Asegúrese de comprobar el aspecto que debería tener el pliegue terminado antes de crear las marcas en el paso 1.

PLIEGUE INVERTIDO EXTERIOR

El pliegue invertido exterior convierte una sección del papel de pliegue de valle en pliegue de montaña. Esta técnica se utiliza a menudo para crear extremidades o picos, pero también tiene muchas otras aplicaciones.

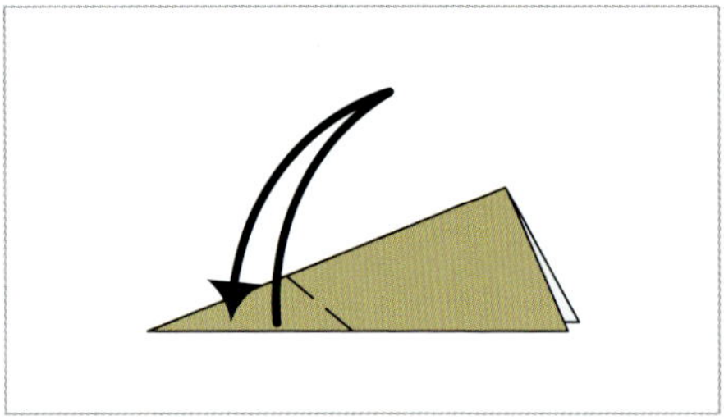

1 Haga una marca previa donde estará localizado el pliegue invertido.

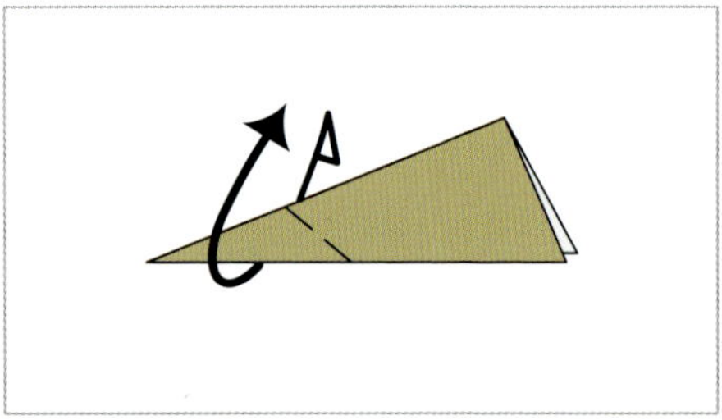

2 Separe el extremo del papel, dándole la vuelta de modo que invierta su dirección, volviendo a marcar los pliegues hechos en el paso 1 como pliegues de valle.

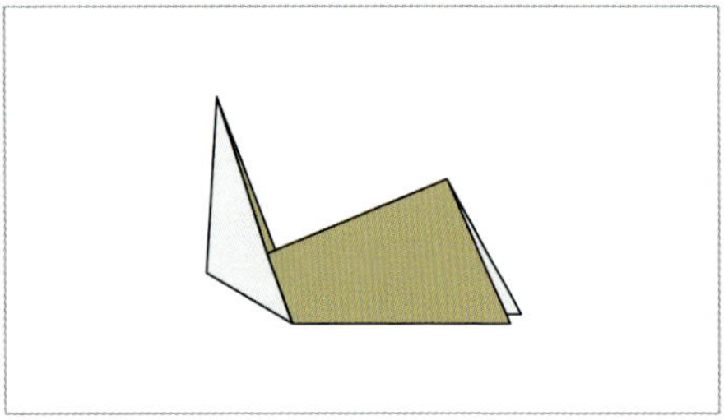

3 El pliegue invertido terminado. Asegúrese de comprobar el aspecto que debería tener el pliegue terminado antes de crear las marcas en el paso 1.

CRIMP O PLISADO INTERIOR

El *crimp* o plisado le permite crear un cambio de ángulo en una tira o aleta puntiaguda de papel. Se pueden utilizar múltiples plisados a fin de sugerir una curva en un papel recto.

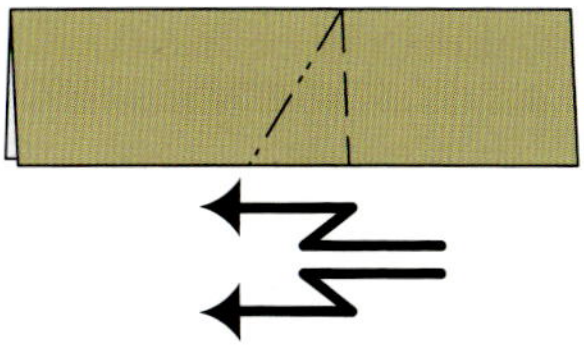

1 El papel de la derecha se plegará debajo del papel de la izquierda. El dibujo de las marcas es idéntico al de la capa inferior.

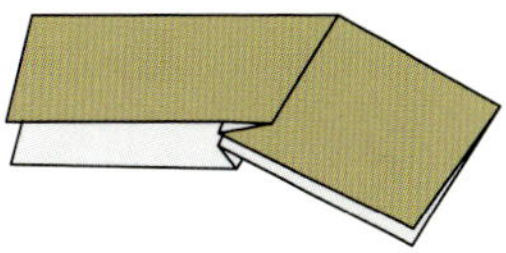

2 Forme con cuidado los pliegues a ambos lados del papel. Utilice preplegados para conseguir precisión.

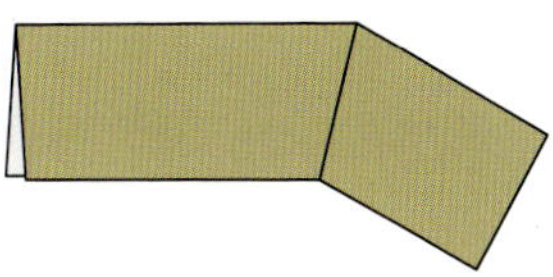

3 Aplaste el *crimp* terminado desde ambos lados. Este *crimp* crea un efecto suave y uniforme.

CRIMP O PLISADO EXTERIOR

Este plisado puede utilizarse del mismo modo que el plisado interior, pero tenga cuidado, ya que el *crimp* exterior tiene un acabado "dentado".

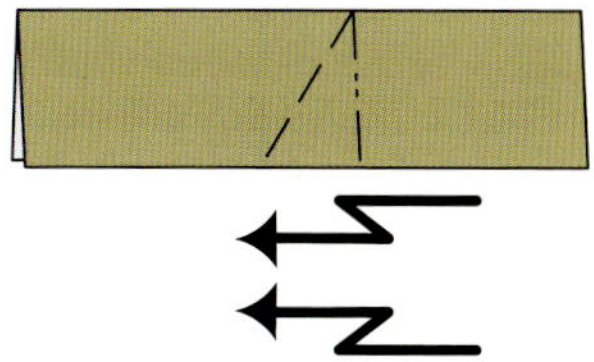

1 El papel de la derecha se plegará por encima del papel de la izquierda. El dibujo de las marcas es idéntico al de la capa inferior.

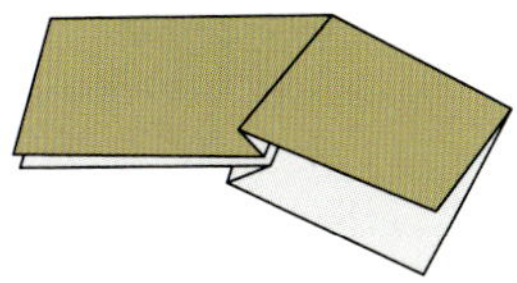

2 Forme con cuidado los pliegues a ambos lados del papel. Utilice preplegados para conseguir precisión.

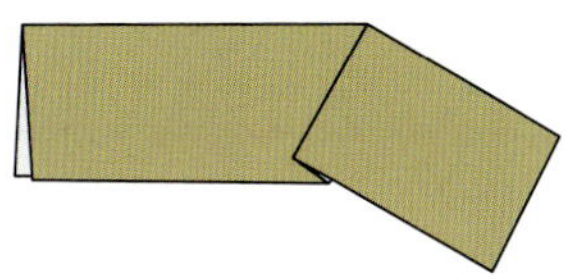

3 Aplaste el *crimp* terminado desde ambos lados. Este *crimp* crea una aleta de papel a la izquierda.

Las bases del origami

Véase también
Cisne, página 68
Gato, página 78

Cuando el origami comenzó a ser analizado en la primera parte del siglo pasado, se descubrió que muchos de sus diseños comenzaban con una secuencia de pliegues idéntica. Estos pliegues llegaron a ser conocidos como "bases" y se les adjudicaron nombres que habitualmente reflejaban un diseño común a todos ellos. De este modo, la base que podía convertirse en una cometa recibió el nombre de base de cometa y así sucesivamente. Una excepción la constituye la base preliminar, llamada así porque representa un punto de partida para muchos diseños diferentes. Un profundo estudio de las tres bases tradicionales siguientes le ayudará a obtener el éxito en la práctica del origami, a la vez que le permitirá intentar la realización de todos los proyectos que se incluyen en este libro.

BASE DE COMETA

Se trata de una base muy simple, pero se la utiliza en una amplia variedad de proyectos y es muy flexible.

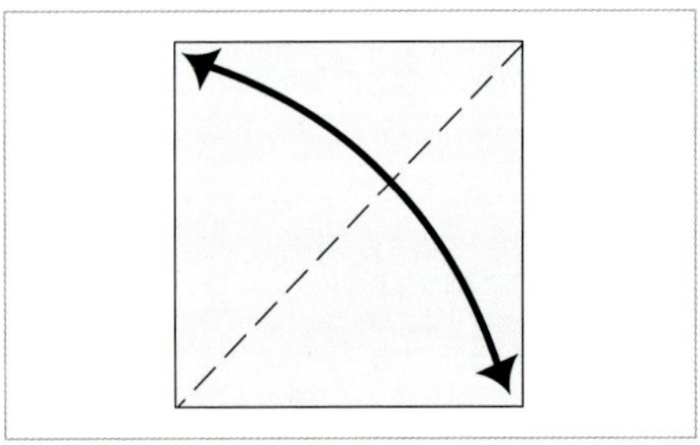

1 Pliegue el papel en diagonal por la mitad. Recuerde que ésta es la base para su diseño y cualquier pequeña inexactitud se verá ampliada en el modelo final.

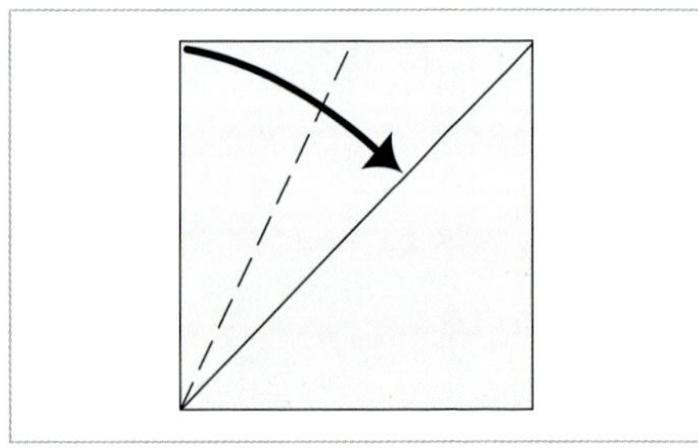

2 Pliegue un borde hacia dentro para que se apoye a lo largo de la marca central. Levante el lado opuesto del papel y aplaste el borde con fuerza contra el pliegue anterior.

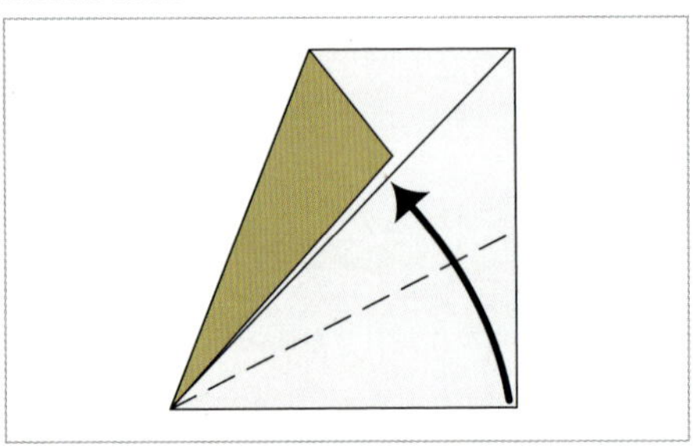

3 Pliegue el borde restante para que se apoye a lo largo de la marca central.

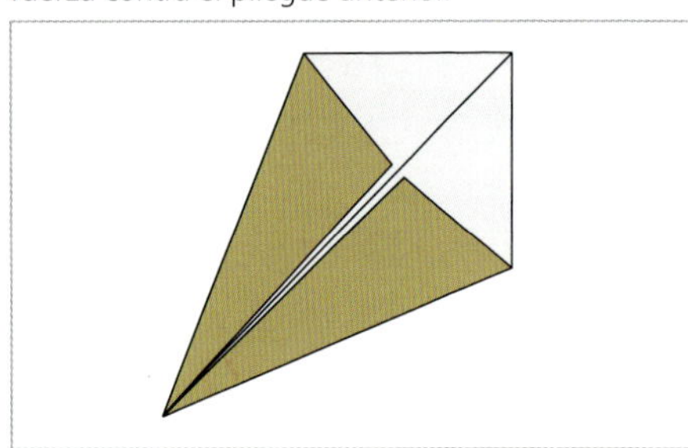

4 La base de la cometa terminada. Muchos diseños requieren que la base sea doblada por la mitad en este punto.

LOS RECORDATORIOS DE LOS DIAGRAMAS BÁSICOS SE ENCUENTRAN EN LA PÁGINA DESPLEGABLE AL FINAL DEL LIBRO.

BASE PRELIMINAR

Se denomina base preliminar porque forma la primera mitad de la base de pájaro (no mostrada aquí) y se emplea profusamente en el origami. Es más compleja que la base de cometa y debe plegarse con mucho cuidado.

Véase también

Caja estrellada, página 38

Grulla, página 71

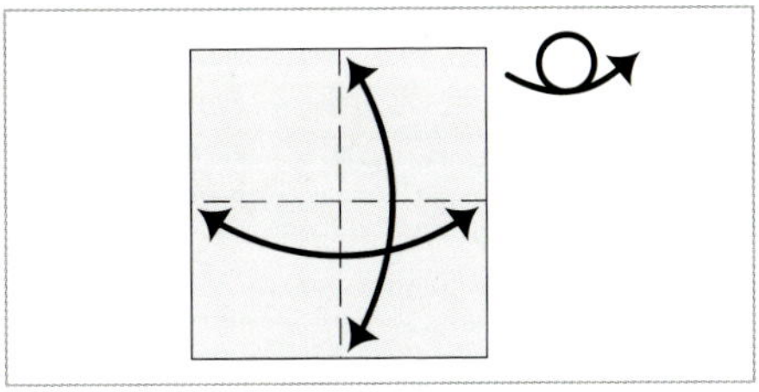

1 Pliegue el papel por la mitad de forma horizontal y vertical. Recuerde que ésta es la base para su diseño y cualquier pequeña inexactitud se verá ampliada en el modelo final. Desdoble. Dele la vuelta.

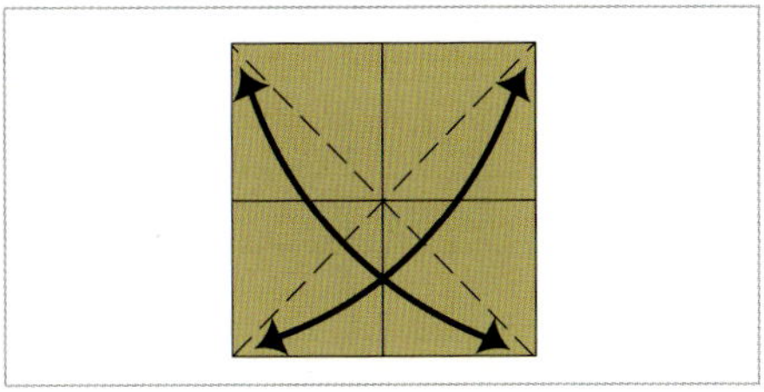

2 Doble el papel diagonalmente por la mitad en ambas direcciones. Desdoble.

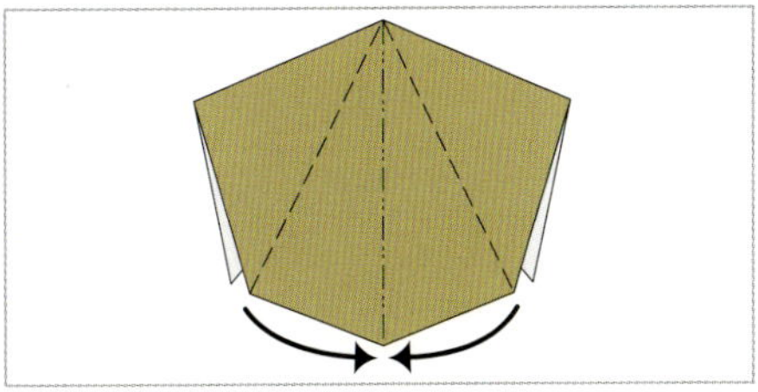

3 Pliegue el papel horizontalmente por la mitad, usando la marca del paso 1. Sostenga los dos lados cortos y llévelos hacia el medio de modo que todas las esquinas del papel estén unidas en la parte inferior.

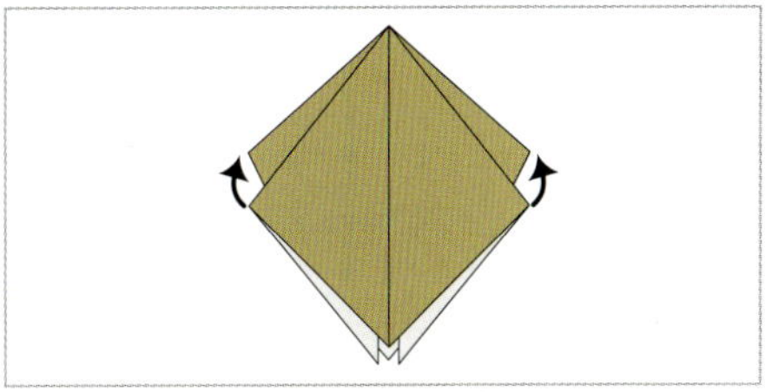

4 Aplaste la base uniendo las dos esquinas de cada lado y asegurando que todos los puntos se encuentran limpiamente en la parte inferior de la base.

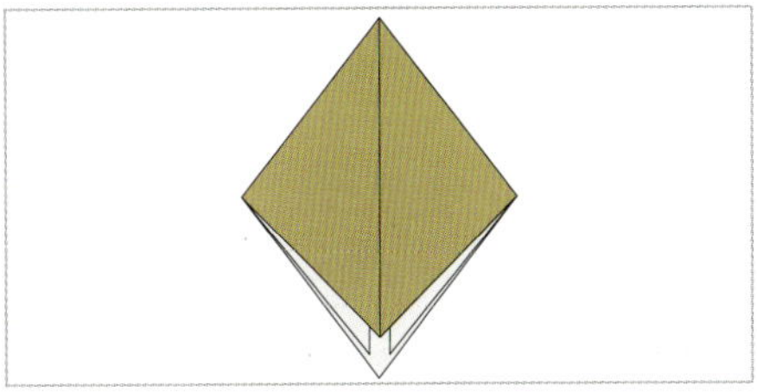

5 La base preliminar terminada. Observe que el color interior está orientado hacia arriba en el paso 1. Cuando se desplace desde este punto debe asegurarse de que tiene la base orientada en la dirección correcta en cada etapa del plegado.

BASE DE LA BOMBA DE AGUA

Esta base es, esencialmente, lo opuesto de la base preliminar. Tiene los mismos pliegues, pero está formada de una manera diferente y comienza con el papel colocado boca arriba.

Véase también

Conejo, página 89

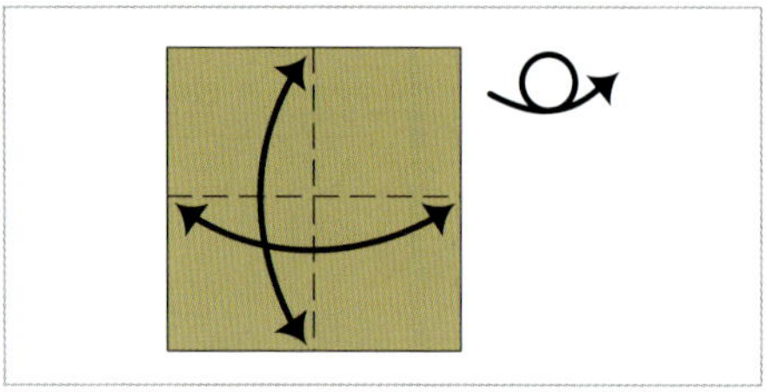

1 Pliegue el papel por la mitad en sentido horizontal y vertical. Recuerde que ésta es la base para su diseño y cualquier pequeña inexactitud se verá ampliada en el modelo final. Desdoble. Dele la vuelta.

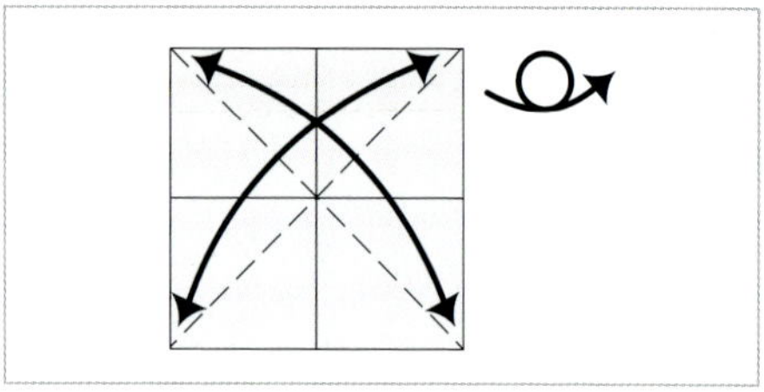

2 Doble el papel diagonalmente por la mitad en ambas direcciones. Desdoble. Dele la vuelta.

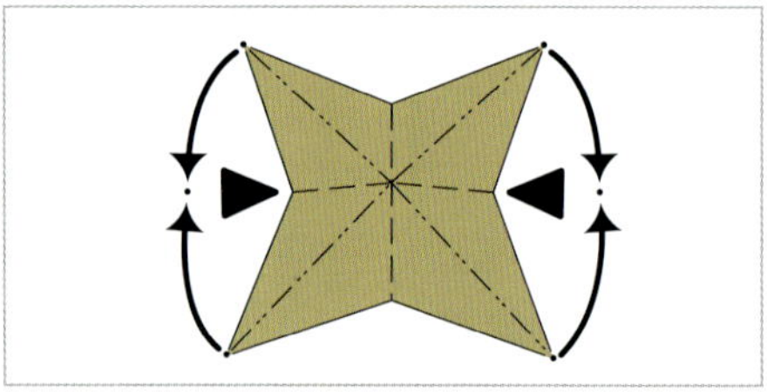

3 Empuje los costados hacia el interior permitiendo que el centro se eleve y los lados se unan.

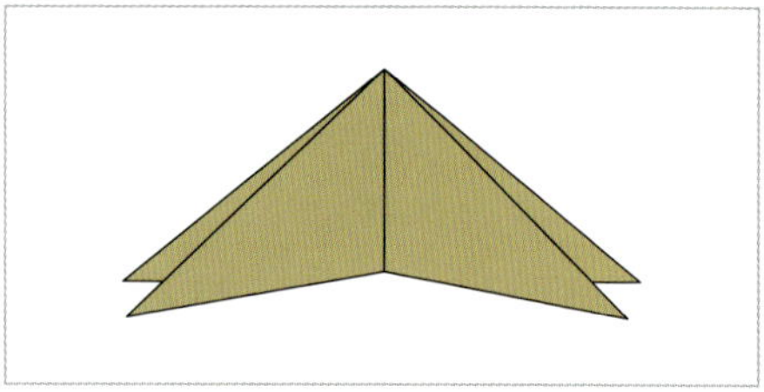

4 Aplaste la base haciendo que las dos esquinas de cada lado se unan, asegurando que todos los puntos se encuentren limpiamente en la parte inferior de la base. Observe que el color exterior está orientado hacia arriba en el paso 1.

Cortar el papel

Para realizar la mayoría de los proyectos presentados en este libro necesitará cortar su papel según tamaños muy específicos, a menudo en cuadrados perfectos, triángulos equiláteros e incluso hexágonos.

CUADRADO DE RECTÁNGULO

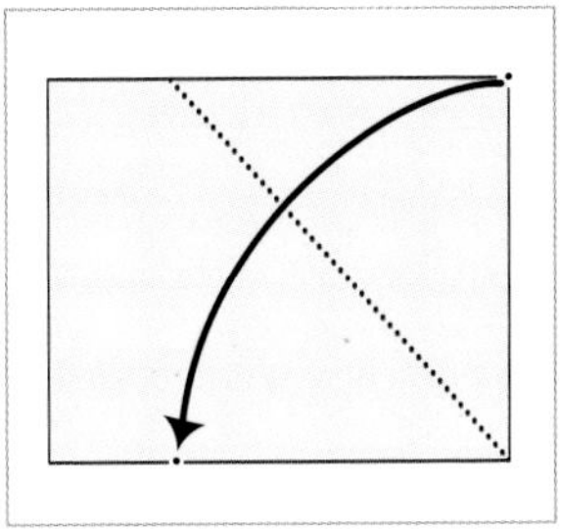

1 Pliegue una diagonal y señale el borde superior del pliegue con una pequeña marca. Despliegue.

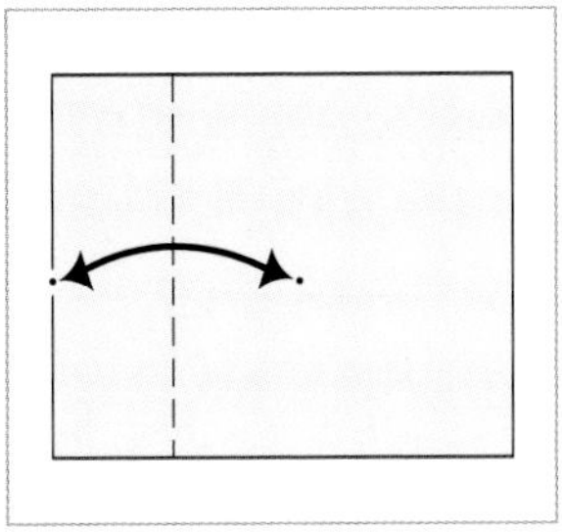

2 Pliegue por encima del borde del papel en la marca. Marque todo el pliegue. Despliegue.

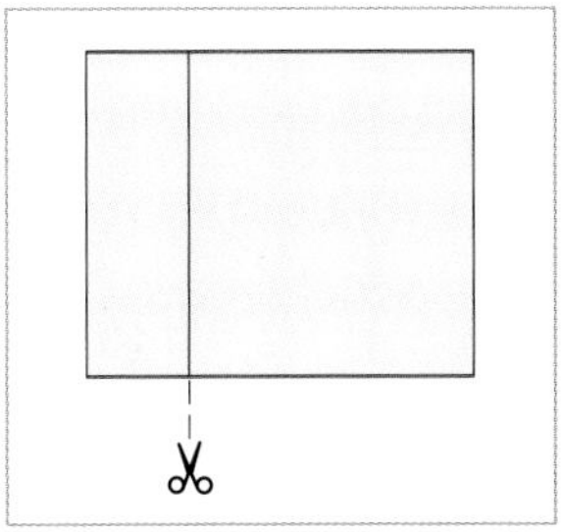

3 Corte el extremo del papel para dejar un cuadrado.

RECTÁNGULO DE CUADRADO

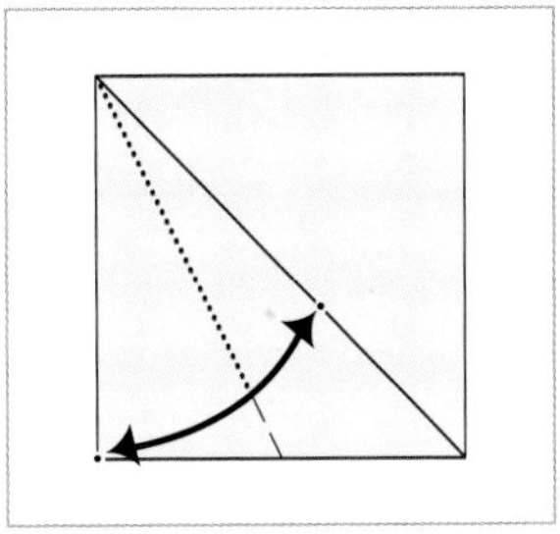

1 Pliegue un cuadrado por la mitad diagonalmente y luego pliegue uno de los lados para que se apoye a lo largo de la marca. Presione la zona donde el borde se pliega. Despliegue.

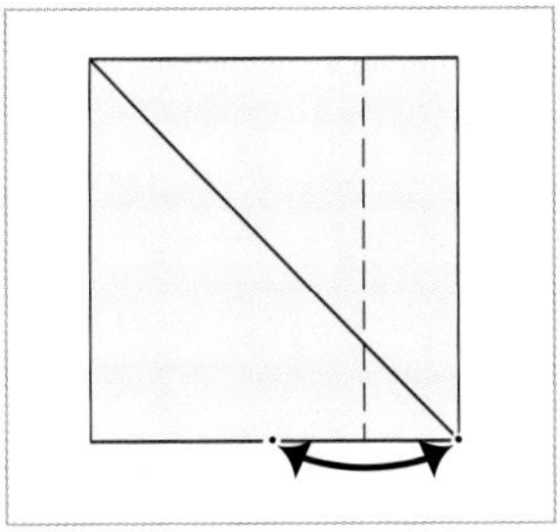

2 Pliegue hacia dentro el borde del lado opuesto para que coincida con la marca presionada.

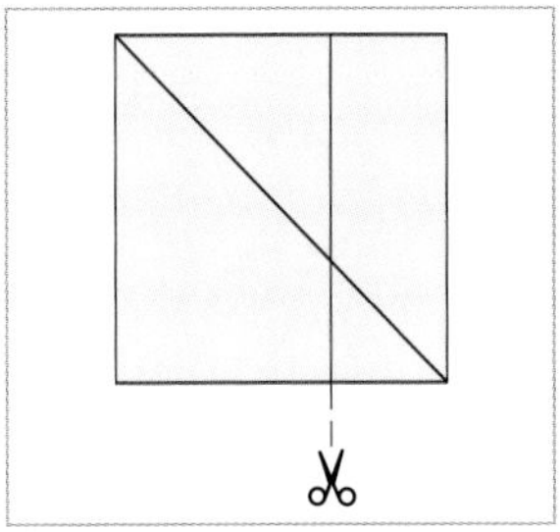

3 Corte el extremo del papel. Esto dejará un rectángulo de proporciones aproximadas a una hoja A4 (tamaño carta).

TRIÁNGULO DE RECTÁNGULO

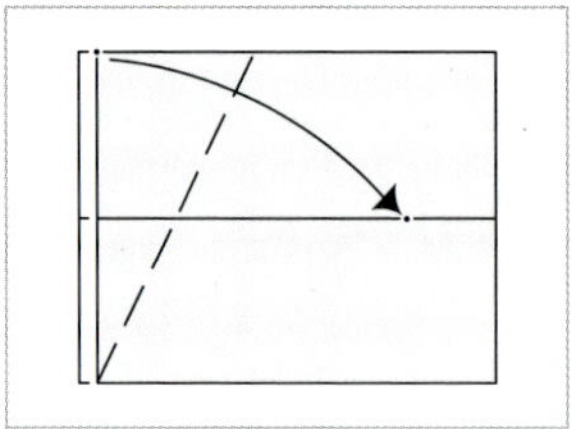

1 Marque previamente el punto medio en sentido horizontal y luego pliegue de punto a punto.

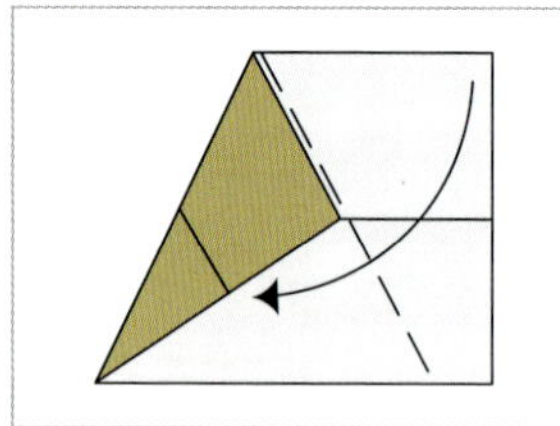

2 Pliegue de un lado a otro.

3 Despliegue.

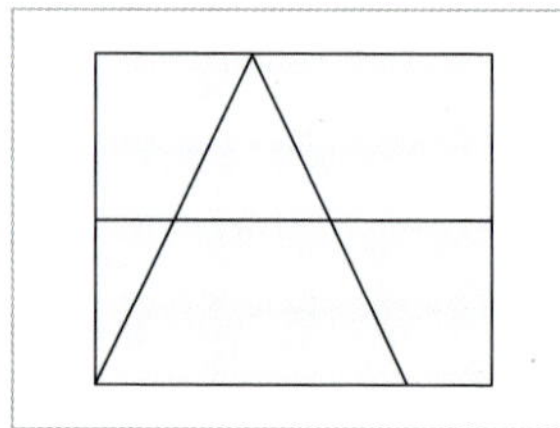

4 Corte el exceso de papel para dejar un triángulo equilátero.

HEXÁGONO DE CUADRADO

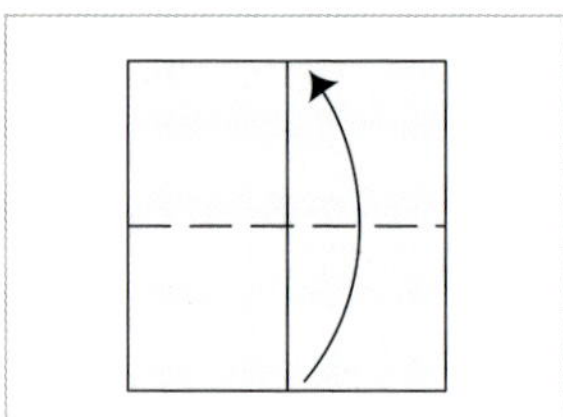

1 Marque previamente un punto medio en sentido horizontal y luego pliegue el borde inferior hacia el borde superior.

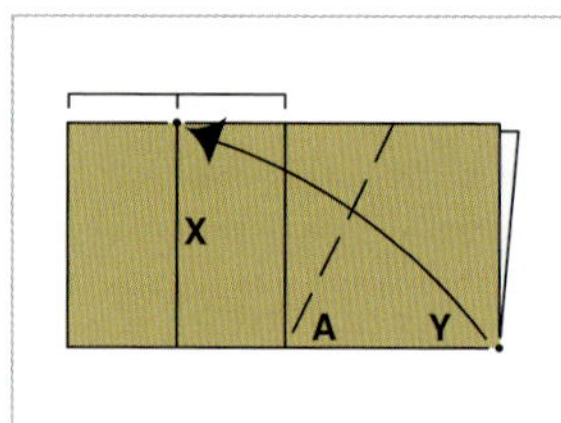

2 Presione la marca X. Pliegue la esquina Y de modo que toque la marca X y haga que esta nueva marca comience exactamente en A.

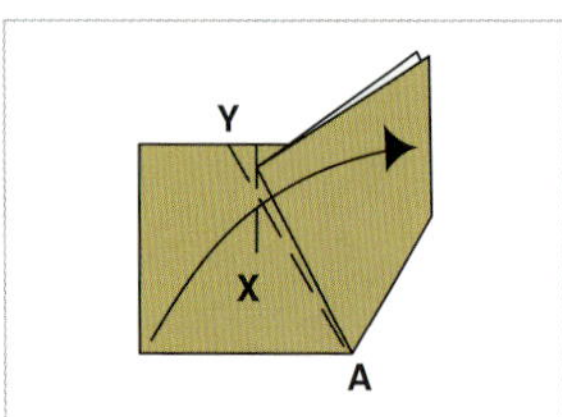

3 Pliegue de un lado a otro.

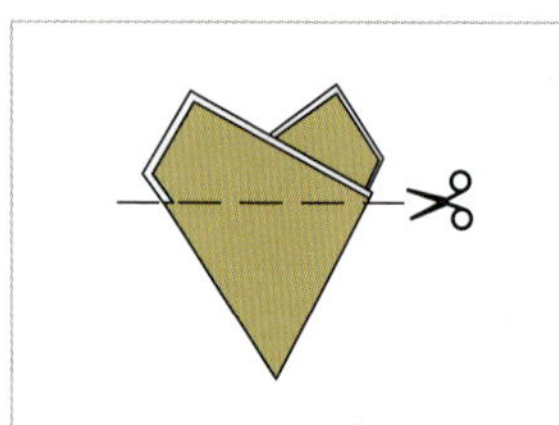

4 Corte el exceso de papel y abra el triángulo.

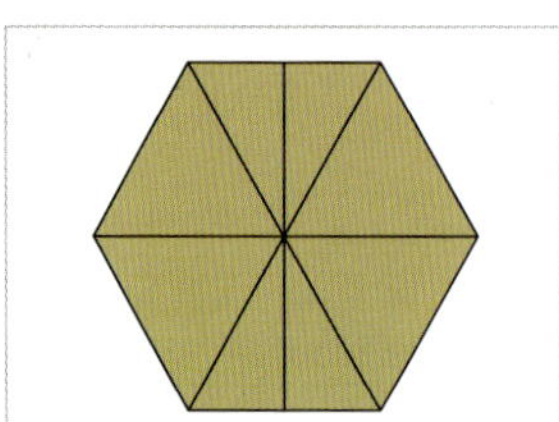

5 El hexágono completo.

Las herramientas del origami

Aquí se muestran las herramientas útiles para la creación de atractivos modelos de origami. A medida que practique esta técnica encontrará otros elementos igualmente útiles para su trabajo.

Manos: ¡Cuídelas! Use crema para compensar el lavado frecuente.

Tijeras: Use un par bien afilado y úselas sólo para cortar papel.

Plumas y lápices: Úselos para marcar las divisiones o bien añadir diferentes características a sus diseños.

Regla: Límpiela con cuidado antes de usarla.

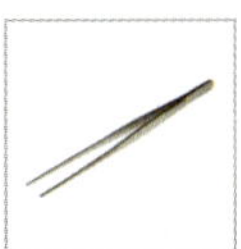

Tenacillas: Muy útiles para trabajar con modelos en miniatura con pliegues diminutos.

Guillotina: Úsela para cortar papel de envolver en cuadrados exactos.

Cola: La cola para papel puede utilizarse para pegar estructuras compuestas de dos lados.

Toallitas infantiles: Úselas para limpiar a menudo sus manos y la superficie de trabajo.

Sugerencias y consejos

El origami es un arte preciso que depende de un plegado exacto, pero es también una salida para la creatividad. A continuación se ofrecen algunas sugerencias para un plegado exitoso.

- ❑ ¡Mantenga las manos limpias! El papel se impregna de los aceites naturales de los dedos.
- ❑ Pliegue sobre una superficie para aumentar la precisión.
- ❑ Utilice una superficie limpia y lisa, ya que las irregularidades y la tierra dañan los papeles delicados.
- ❑ Pliegue hacia fuera del cuerpo utilizando pliegues de valle siempre que sea posible.
- ❑ Para los pliegues diminutos use tenacillas en lugar de los dedos.
- ❑ Altere los diseños existentes experimentando con diferentes formas y ángulos de papel.

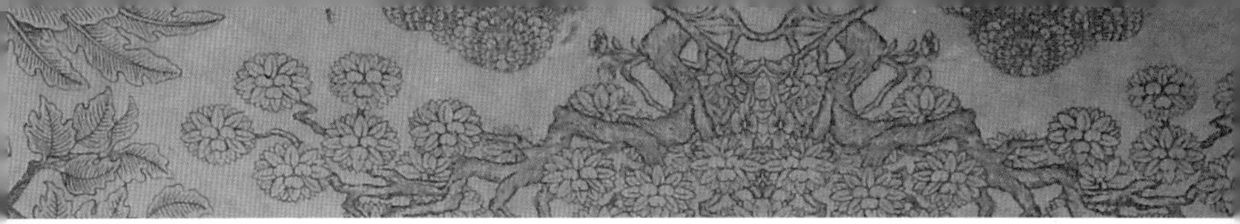

LOS PROYECTOS

Los proyectos han sido reunidos en secciones según su forma y función; puede dejar a los niños que se entretengan con un grupo de modelos que vuelan o se mueven, plegar una servilleta para una cena o bien crear un recipiente de origami o una decoración navideña. Consulte la página desplegable al final del libro mientras trabaja en los diferentes proyectos y, con un poco de práctica, será capaz de realizar cualquiera de los modelos incluidos en estas páginas. ¡Atrévase y no deje de intentarlo!

EL SELECTOR

CONTENEDORES

46–47 CAJA DE FUSE

48–49 PLATO TORCIDO

50–52 INCENSARIO

54–55 CAJA HEXAGONAL

SERVILLETAS

57–59 NENÚFAR

60–61 VELA

62–63 ABANICO

64–65 LLAMA

66–67 ESCARAPELA

68–69 CISNE

ANIMALES Y FLORES

71–73 GRULLA

74–75 MARIPOSA

76–77 ZORRO

78–79 GATO

81–82 TULIPÁN

83–85 RANA

86–88 GALLO

89–91 CONEJO

93–97 TORTUGA

98–103 NARCISO

ORIGAMI PARA NIÑOS

104–108 *CORGI* (PEQUEÑO PERRO GALÉS)

109–117 FLORERO

119–121 AVIÓN ELEFANTE

122–123 TRIQUITRAQUE

124–129 LORO

130–131 SOMBRERO DE PIRATA

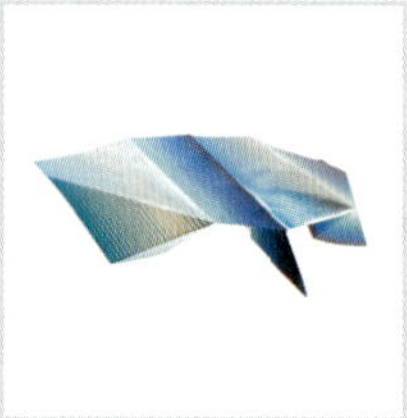
132–133 PLANEADOR

134–135 PÁJARO QUE BATE LAS ALAS

136–137 BOTE DE REMOS

138–139 ROMPECABEZAS

140–141 PERRO LADRADOR

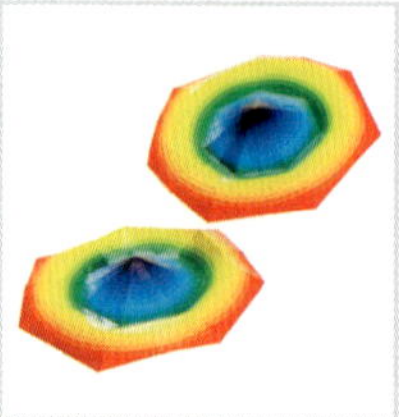
142–143 PLATILLO VOLANTE

ORIGAMI NAVIDEÑO

144–145 PÁJARO CARPINTERO

146–147 MOLINETE

148–151 FANTASMA

153–155 BISUTERÍA

156–157 ESTRELLA DE CUATRO PIEZAS

158–159 TARJETA DE MESA

160–161 ESTRELLA DE SEIS PUNTAS

162–163 ÁNGEL

EL PARAÍSO DEL PLEGADOR DE PAPEL

164–166 EL HOMBRE DE LA LUNA

169–171 CAJA SORPRESA

172–173 HEXAEDRO CON BROCHE

174–175 PELOTA MODULAR

176–177 MOSAICO DE PAPEL

178–181 PARED EXTENSIBLE

182–184 CUBO

185–186 CAJA NO DESPLEGABLE

CONTENEDORES

Los contenedores constituyen la rama más útil del origami y, como sucede con todos los diseños de papel plegado, son elegantes y atractivos a la vista. Aquí presentamos una amplia selección de ellos, desde sobres y platos simples hasta complejas y hermosas cajas de regalo. En este capítulo, los platos pueden crearse como regalos a partir de bellos papeles de colores que se adapten a su gusto. También merece la pena experimentar con diferentes clases de papel; algunos papeles hechos a mano poseen texturas fantásticas y con ellos podrá conseguir resultados asombrosos.

Sobre de regalo

NIVEL DE HABILIDAD

Necesitará

- Una hoja de papel de envolver

ESTE SOBRE DE REGALO ES PERFECTO PARA ENVOLVER CD (COMO SE MUESTRA AQUÍ), DVD Y JUEGOS DE ORDENADOR, O PUEDE USARLO TAMBIÉN PARA GUARDAR UNA TARJETA ARTESANAL PARTICULARMENTE VOLUMINOSA. NO ES MUY APROPIADO PARA ENVIARLO POR CORREO, PERO PUEDE UTILIZAR UN BOTÓN TAMBIÉN ARTESANAL A MODO DE SELLO ANTICUADO.

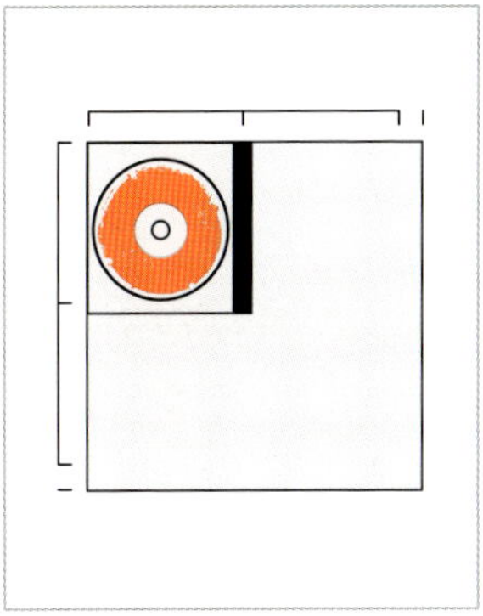

1 Coloque el CD en una esquina del papel. Mida dos veces la altura y dos veces el ancho del CD y luego añada un trozo extra. Recorte el papel según estas dimensiones.

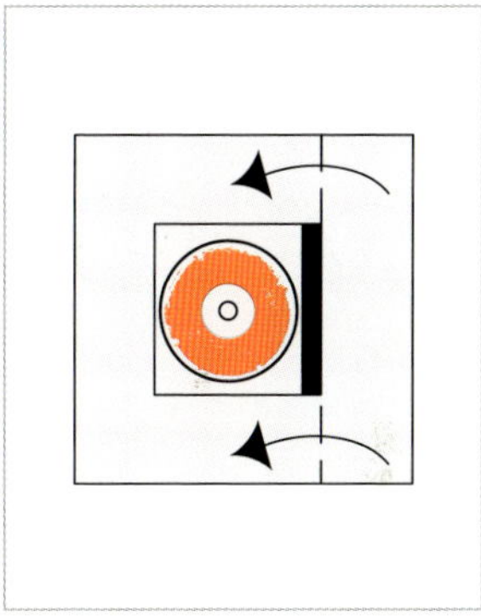

2 Coloque el CD aproximadamente en el centro del papel, cuadrado con respecto a los bordes. Pliegue el borde derecho.

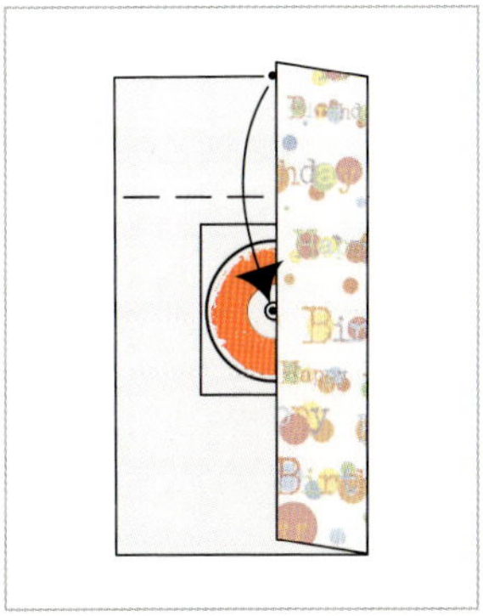

3 Pliegue hacia abajo el borde superior.

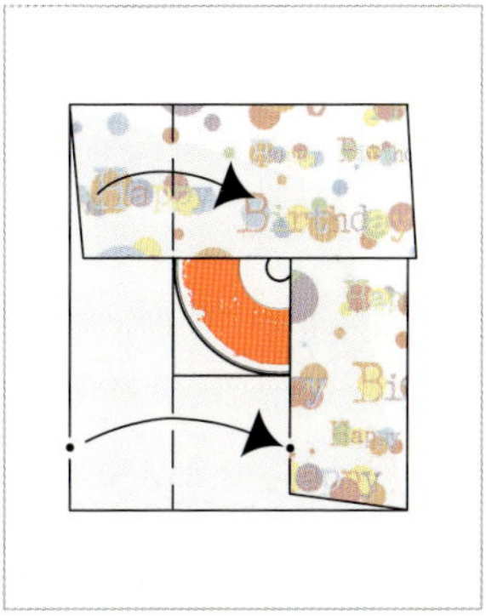

4 Pliegue hacia dentro el borde izquierdo.

5 Pliegue y despliegue el borde inferior.

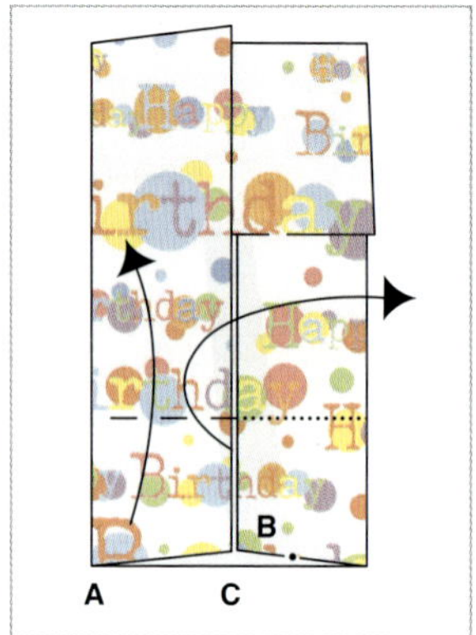

6 Pliegue de montaña A hacia el borde izquierdo. Abra B...

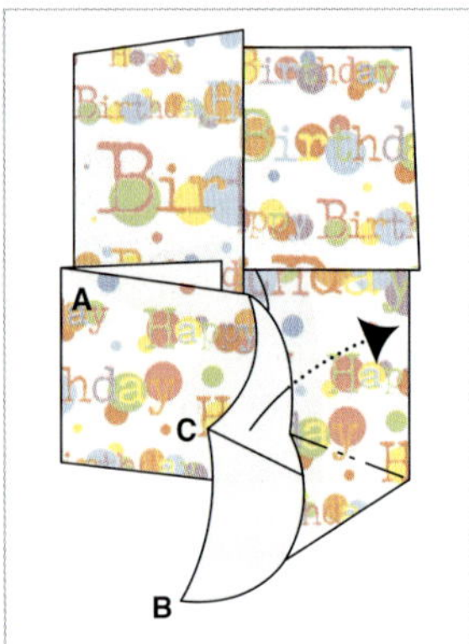

7 ...y empuje C hacia dentro, creando un pliegue de montaña a través de la parte inferior.

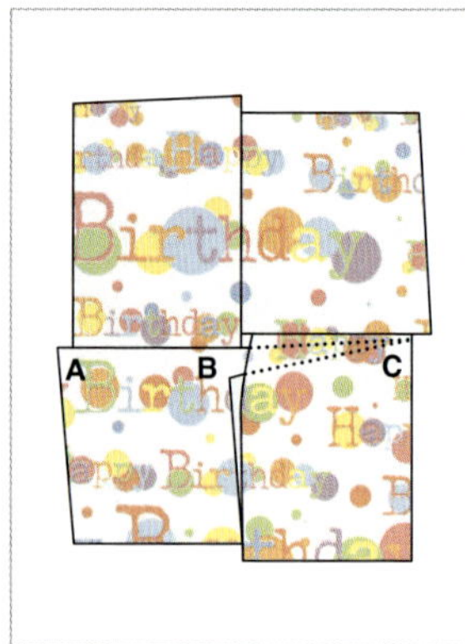

8 Pliegue con firmeza para mantener las capas unidas.

¿Por qué no empezar con el sobre de regalo descentrado para crear espacio suficiente para encajar una tarjeta en los pliegues?

Sobre plegado 1

NIVEL DE HABILIDAD

Necesitará

- Papel cuadrado de 30cm de gramaje ligero o medio plegado verticalmente por la mitad

ESTE SOBRE PODRÍA ENVIARSE POR CORREO SI UTILIZA UN PAPEL FUERTE Y CINTA ADHESIVA DE DOBLE CARA PARA SELLARLO, PERO ES TAMBIÉN UNA MANERA MUY ATRACTIVA DE PRESENTAR UNA TARJETA HECHA A MANO.

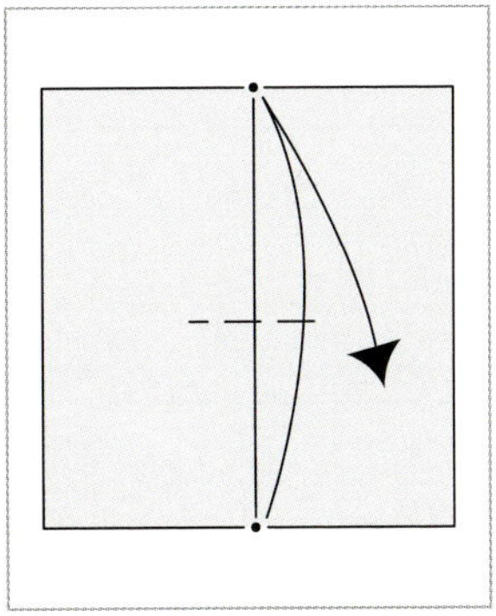

1 Pliegue el borde inferior hasta la parte superior y aplástelo en la mitad para encontrar el punto medio del cuadrado.

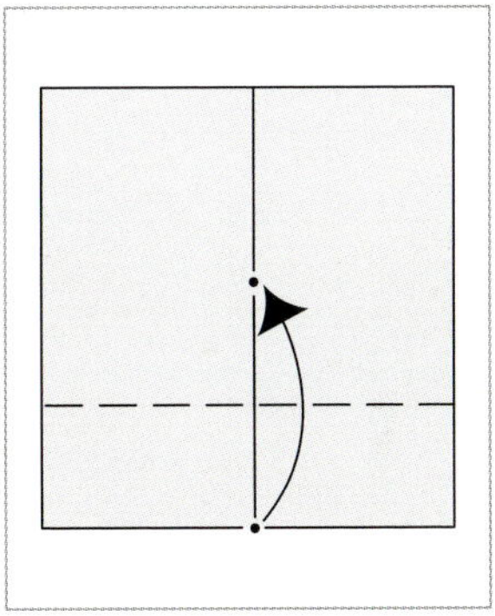

2 Pliegue el borde inferior hacia el centro.

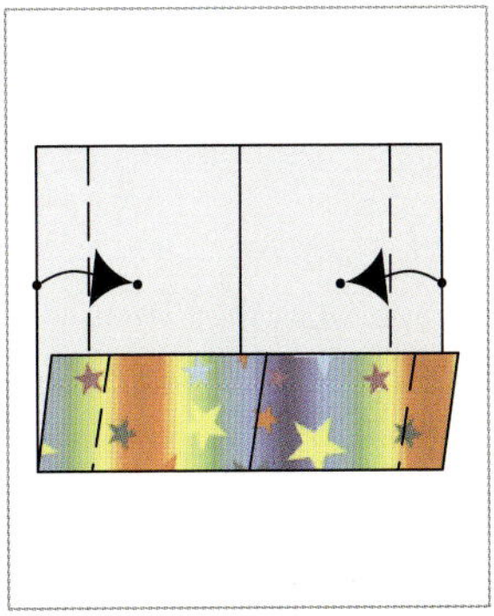

3 Pliegue los lados hacia el centro.

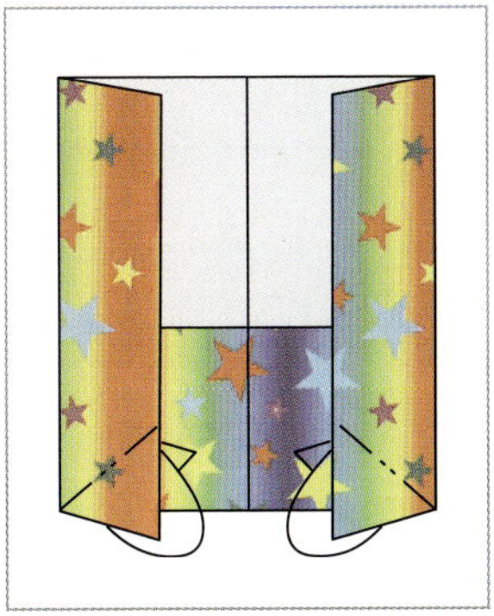

4 Pliegue las esquinas sueltas detrás de la parte inferior.

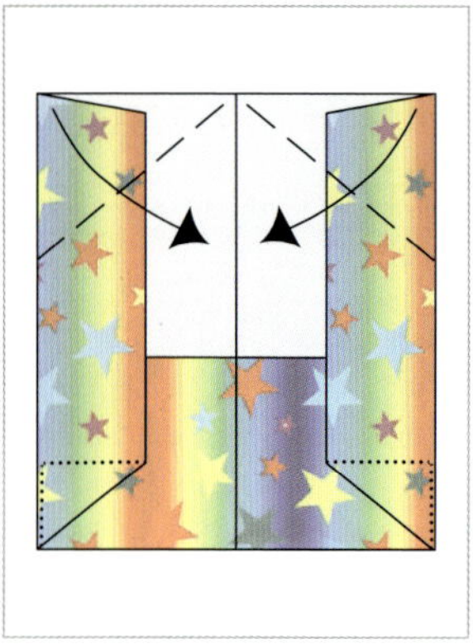

5 Pliegue las esquinas superiores dentro del pliegue vertical del centro.

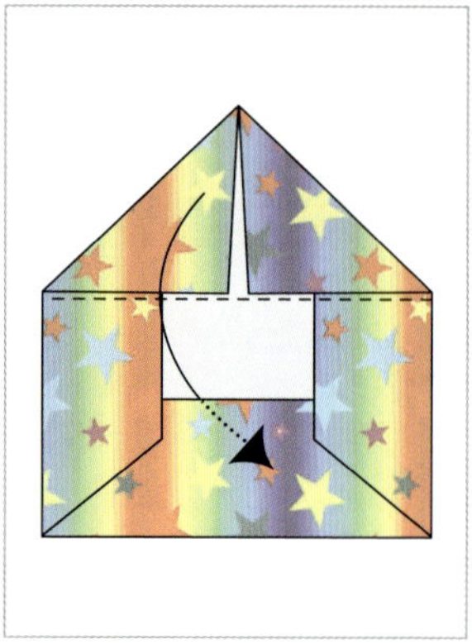

6 Pliegue a través de la base de los triángulos superiores, metiéndolos dentro del bolsillo. Esto cierra el sobre.

Los sobres pueden hacerse con papel de envolver para que haga juego con el regalo envuelto, o bien con papel hecho a mano para conseguir un efecto lujoso.

Sobre plegado 2

NIVEL DE HABILIDAD

Necesitará

- ❒ Un cuadrado de 30cm de papel de gramaje ligero o medio

EN ESTE CASO SE TRATA DE UN SOBRE MÁS COMPLEJO Y QUE NO ES LO BASTANTE RESISTENTE PARA ENVIARLO POR CORREO. NO OBSTANTE, ES MUY ATRACTIVO, SOBRE TODO CUANDO SE REALIZA CON PAPEL A RAYAS.

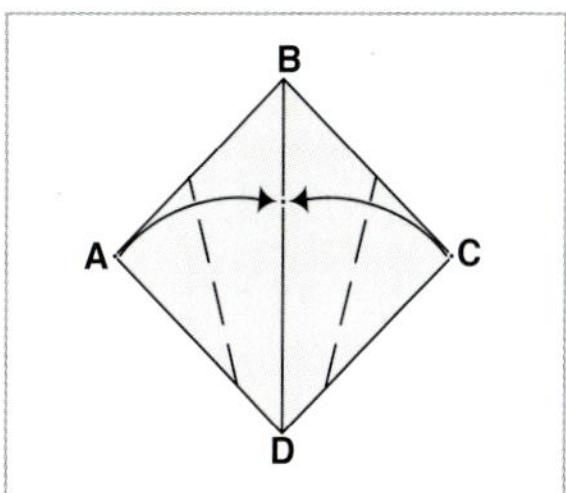

1 Pliegue una línea (BD). Despliegue. Pliegue las esquinas A y C hacia el doblez central, asegurándose de que los pliegues no se unen a la esquina D.

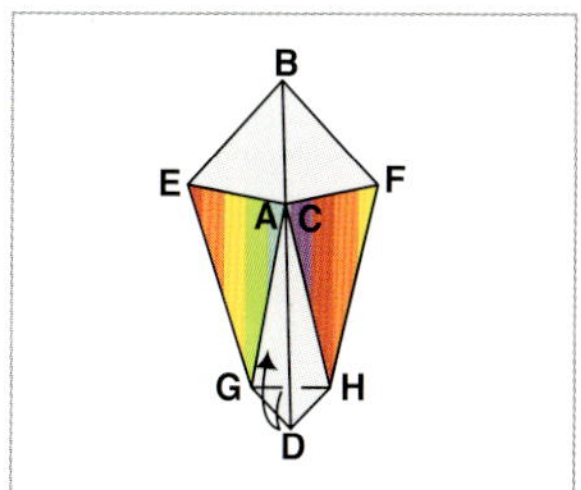

2 Pliegue y despliegue G a H.

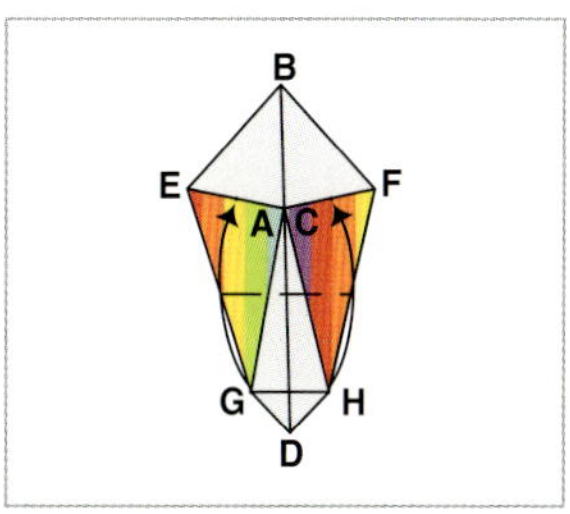

3 Pliegue D hacia arriba de modo que la esquina G se apoye en el borde EA y la esquina H en CF.

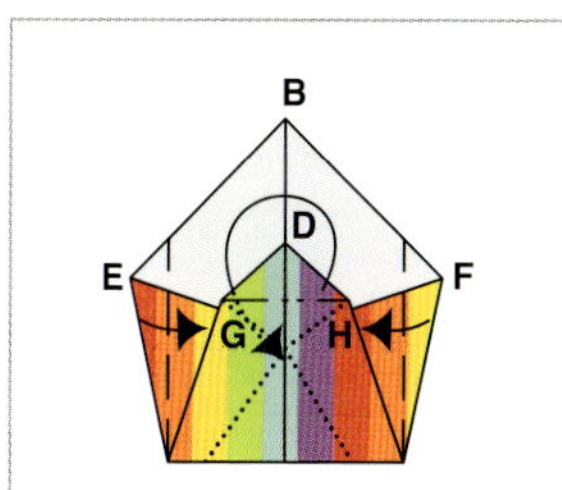

4 Pliegue D hacia dentro, insertándolo detrás de A y C; esto aplana G y H. Pliegue con fuerza E y F contra los bordes G y H.

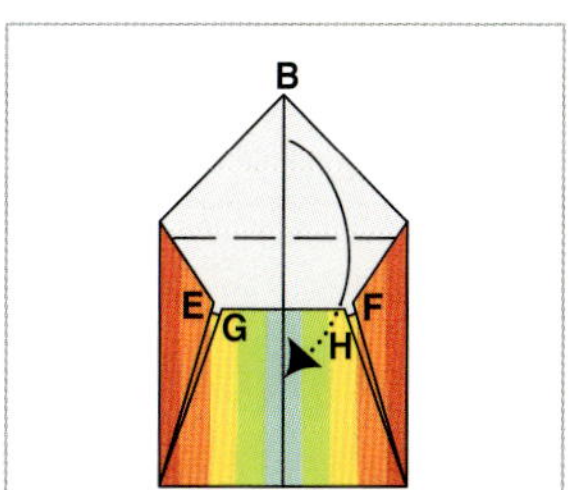

5 Deslice B debajo del borde GH y empújelo hasta que no pueda avanzar más. Aplane y pliegue.

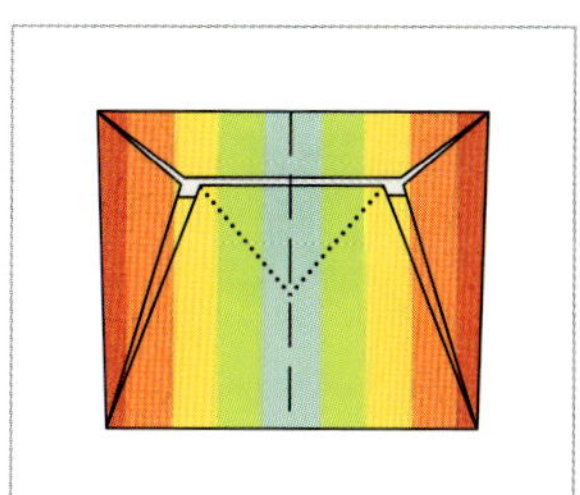

6 El sobre está terminado. Para abrirlo, tire de la esquina B.

Véase también

Base preliminar, página 21

Caja estrellada

NIVEL DE HABILIDAD

Necesitará

- ❒ Una base preliminar con un cuadrado de papel de gramaje medio de 20cm

ESTE DISEÑO ELEGANTE Y TRADICIONAL SE REALIZA CON PLIEGUES *SQUASH*. SI UTILIZA PAPEL CON DIFERENTES COLORES EN CADA LADO, LA ESTRELLA TENDRÁ UN COLOR DIFERENTE DEL DE LA CAJA. LA APERTURA DE LA CAJA CUANDO ESTÁ TERMINADA PROPORCIONA UN NOTABLE CLÍMAX DE LA SECUENCIA.

1 Comience con una base preliminar con el extremo abierto hacia abajo. Pliegue una aleta de borde natural hacia el pliegue central.

2 Levante la aleta hacia usted y haga un pliegue *squash*, separando las capas de forma pareja hacia cada lado.

3 Haga girar el papel y repita la operación con la aleta opuesta.

4 Sostenga el papel en el aire y haga un pliegue de montaña en la mitad exterior de la forma de cometa, metiendo las aletas hacia el interior. Repita esta operación con las tres aletas restantes.

5 Haga un pliegue horizontal firme uniendo la base de los dos triángulos pequeños.

6 Despliegue y gire el punto en la parte superior hacia abajo hasta donde llegue sin forzarlo. Repita la operación en la aleta del otro lado.

7 Pliegue la aleta de la izquierda hacia la derecha y haga girar el punto superior hacia abajo hasta donde llegue sin forzarlo.

8 Pliegue la aleta derecha hacia la izquierda y repita la operación para el punto restante.

9 Haga girar el papel hasta que quede invertido, coloque un dedo dentro de la abertura y comience a aplastar la base hasta formar un cuadrado. Agüce los pliegues alrededor de la base para acabar.

El color en el interior de la base acabará en el interior de la caja. Use papel con lados de colores contrastantes para conseguir un mejor efecto.

Caja japonesa

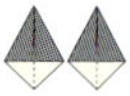

NIVEL DE HABILIDAD

Necesitará

- Una hoja de papel de gramaje medio o pesado de 30cm x 45cm

ESTE DISEÑO TRADICIONAL ES MÁS UN TAZÓN QUE UNA CAJA, PERO COMPENSA SU FALTA DE TAPA CON UNA ELEGANTE SIMPLICIDAD DE DISEÑO. ES MUY FUERTE Y PUEDE HACERSE DEPRISA PARA COLOCAR LOS BOCADILLOS EN UNA FIESTA DE ÚLTIMO MOMENTO.

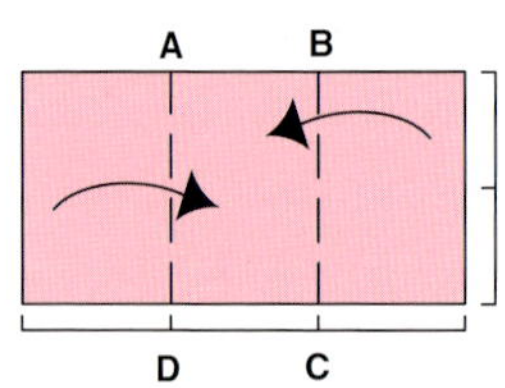

1 Divida el papel en tercios, plegando primero BC hacia la izquierda, luego plegando AD por encima y hacia la derecha.

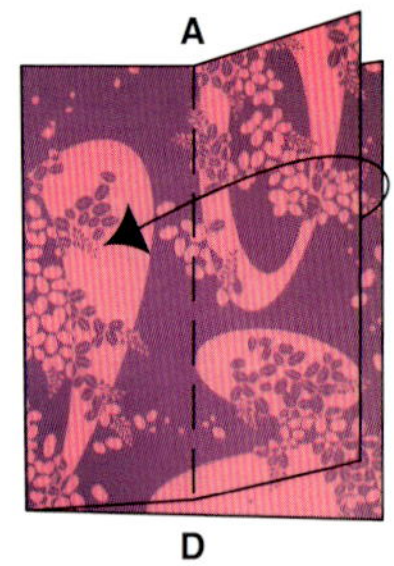

2 Pliegue AD nuevamente hacia el borde izquierdo.

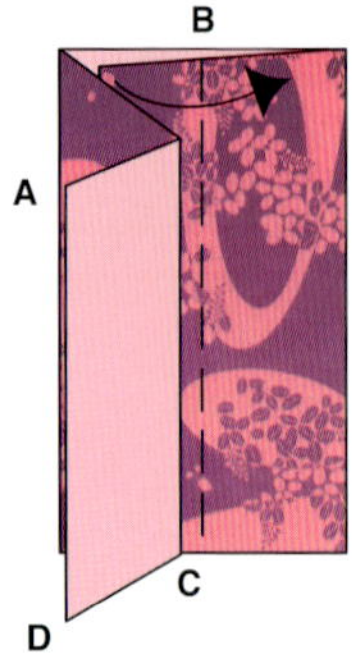

3 Extraiga el borde BC de debajo de AD y pliéguelo otra vez hacia la derecha.

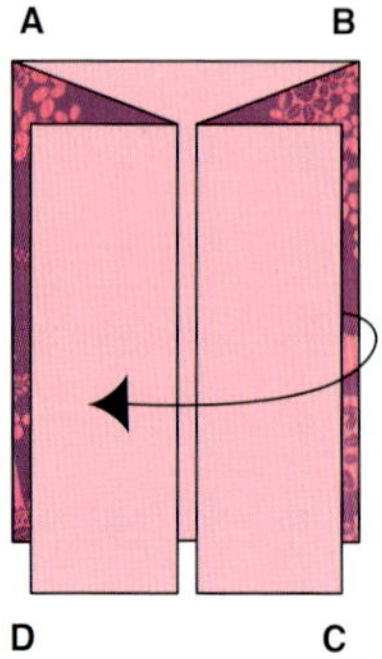

4 Despliegue BC de modo que se una y cubra AD.

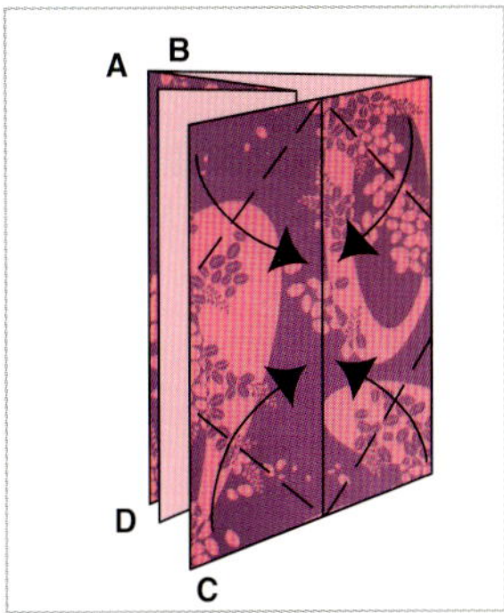

5 Gire hacia dentro las cuatro esquinas, con las de B y C siendo capas simples.

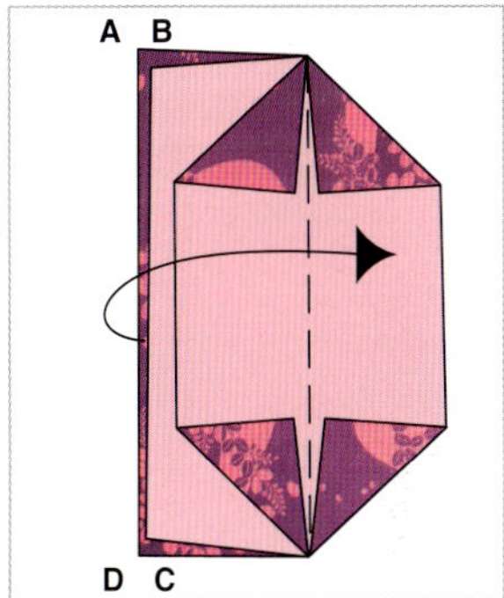

6 Pliegue BC nuevamente hacia la derecha para que se encuentre con el borde de la derecha.

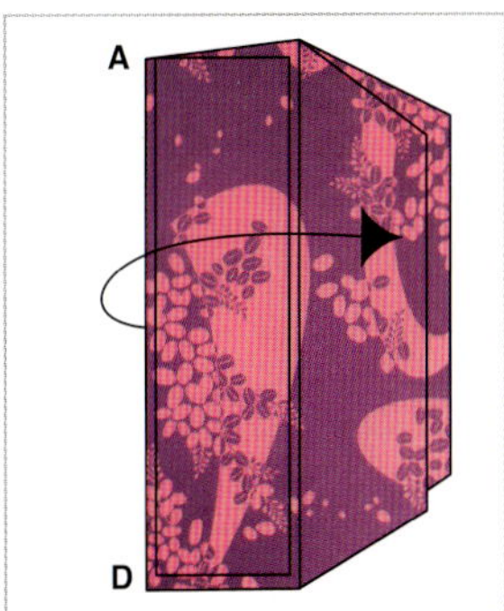

7 Despliegue AD hacia la derecha.

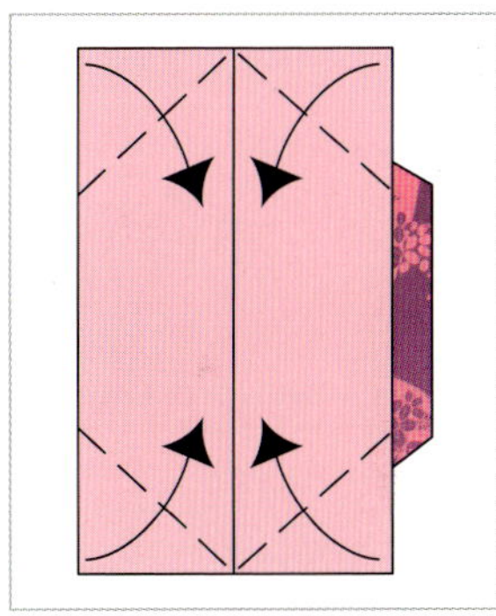

8 Gire hacia dentro las cuatro esquinas para que se encuentren con el pliegue central.

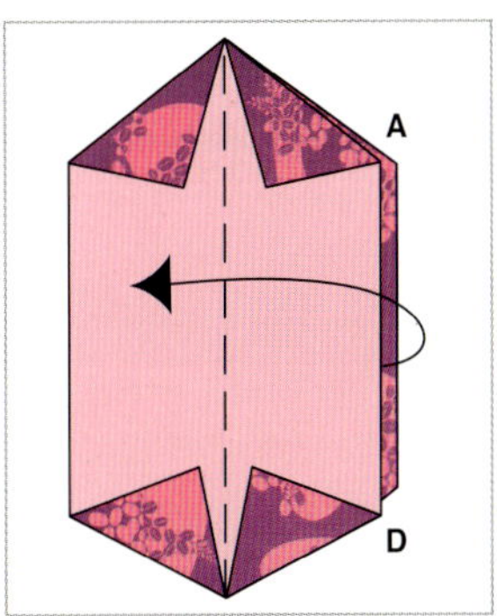

9 Pliegue AD hacia la izquierda.

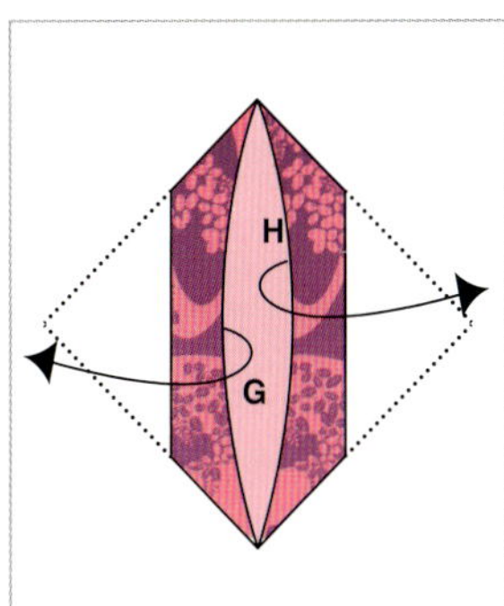

10 Ahora el papel es simétrico. Abra la ranura en G y H...

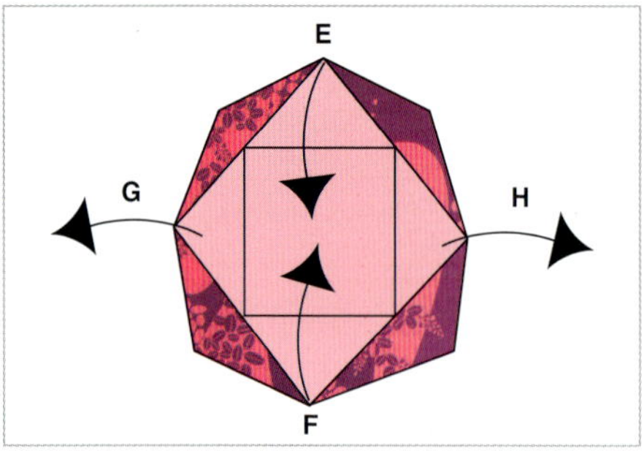

11 ...abriendo la caja. Continúe tirando de modo que, cuando G y H se separen, E y F se unan en el medio...

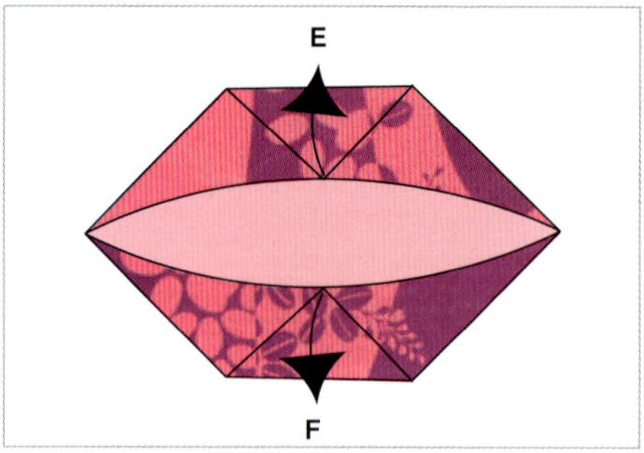

12 ...de este modo. Abra ligeramente EF para completar la caja.

Esta caja luce mejor con colores vivos a fin de aumentar el impacto de la simplicidad de su diseño.

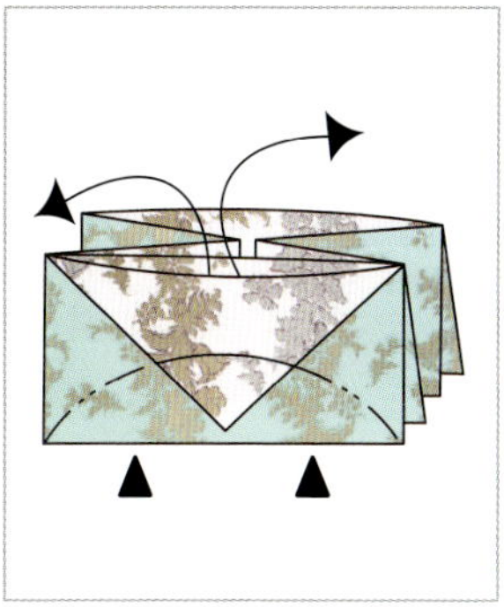

11 Empuje el borde inferior hacia arriba con un pliegue curvo, de modo que los bordes superiores del bolsillo se separen en una forma curva.

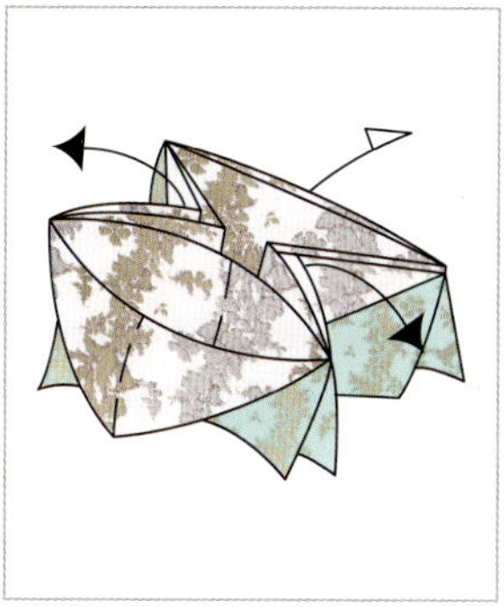

12 Repita la operación en los otros tres lados. Ahora el plato está terminado. Arregle los bordes interiores a fin de conseguir un atractivo bolsillo central en forma de estrella.

Para la confección de estas cajas consiga papel de envolver de dos caras o utilice dos hojas de papel de morera pegadas.

Caja de Fuse

NIVEL DE HABILIDAD

Necesitará

- Ocho hojas de papel de gramaje ligero o medio de 15cm

TOMOKO FUSE PROVOCÓ UNA PEQUEÑA REVOLUCIÓN EN EL ORIGAMI CUANDO DIO A CONOCER SU SISTEMA PARA HACER CAJAS CON VARIAS HOJAS DE PAPEL. ÉSTE ES EL MODELO MÁS SIMPLE DE SU AMPLIO REPERTORIO Y UN CLÁSICO EN CUANTO A ECONOMÍA Y EFICACIA.

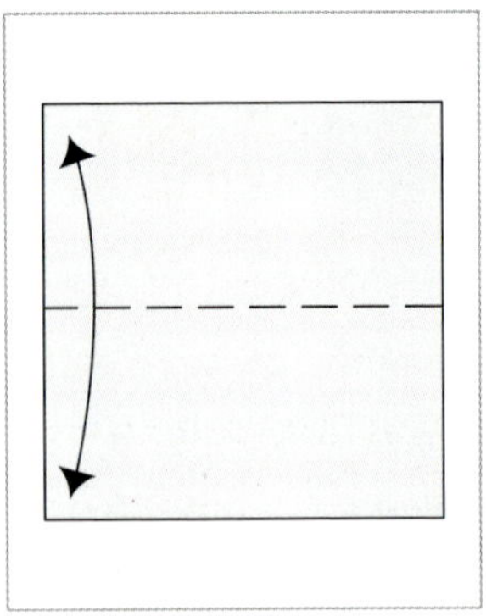

1 Comience con un cuadrado, con el lado más claro hacia arriba, y marque por la mitad.

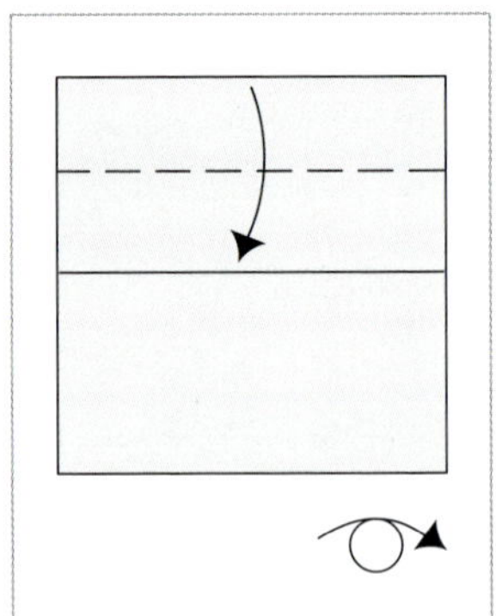

2 Pliegue el borde superior hasta la marca central. Dé la vuelta al papel.

3 Pliegue por la mitad de lado a lado, marque y despliegue. Vuelva a colocar el papel en su posición original.

4 Marque la diagonal inferior derecha y despliegue.

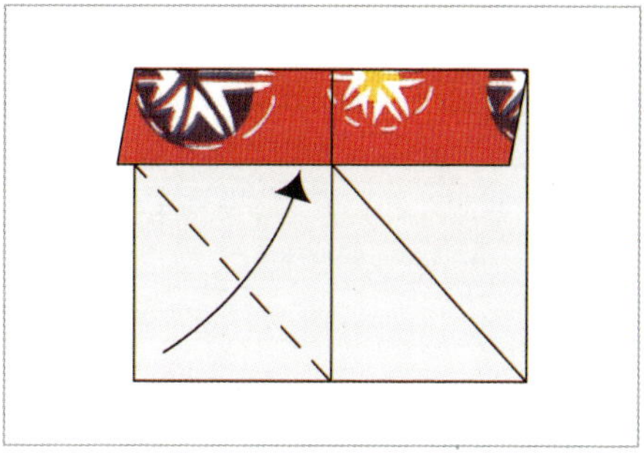

5 Pliegue la esquina inferior izquierda hacia el centro.

6 Pliéguelo como en el dibujo. Pellizque el tercio superior de la marca central para formar un valle.

7 Gire la aleta triangular hacia abajo para acabar la unidad. Haga otros tres de la misma manera.

8 Acomode dos unidades como se muestra en el dibujo y encájelas parcialmente entre ellas. Repita la operación con las otras dos unidades. Deslice hacia dentro cada par, poco a poco, hasta que encajen perfectamente para formar una caja.

Es posible que sienta que necesita un par de manos extra en la etapa final de este proyecto, pero debe perseverar, ya que el resultado es delicioso y también muy útil.

Plato torcido

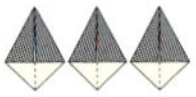

Necesitará

- Papel cuadrado de 30cm de gramaje ligero o medio

ESTE PLATO UTILIZA UNA TÉCNICA DE CIERRE MUY SIMPLE PARA FORMAR LOS LADOS. LAS MARCAS ESTÁN PREPARADAS PREVIAMENTE, UNA TÉCNICA QUE SE CONOCE COMO "PREPLEGADO". DEBE ASEGURARSE DE QUE TODO EL PREPLEGADO ES EXACTO. PLIEGUE LAS MARCAS EN SENTIDO INVERSO PARA CREAR UN PLATO QUE SE "TUERCE" EN EL OTRO SENTIDO.

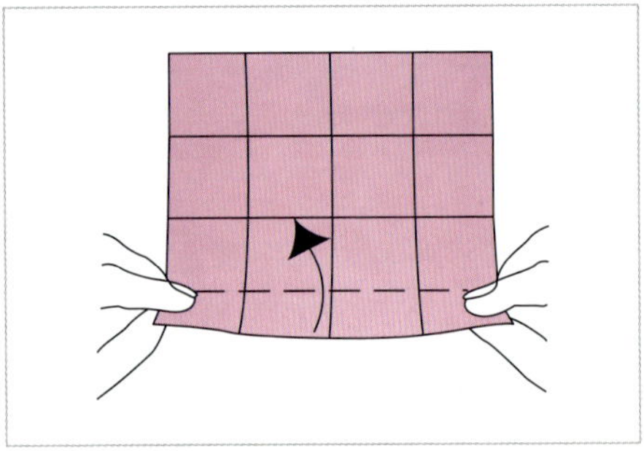

1 Divida un cuadrado en dieciséis cuadrados más pequeños. Pliegue el borde más próximo por encima de la marca central.

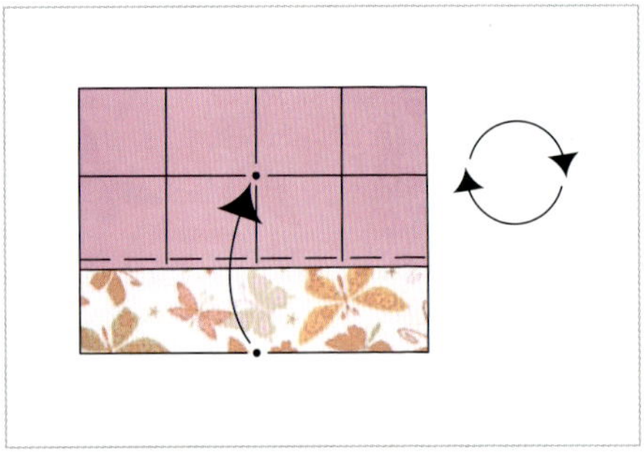

2 Pliegue el mismo borde una vez más usando para ello la marca a mitad de camino. Haga girar el papel 180 grados.

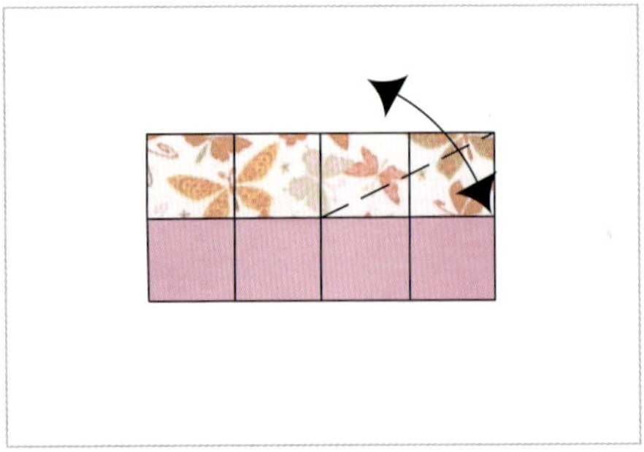

3 Haga una marca que una la esquina superior derecha externa con el centro de su papel.

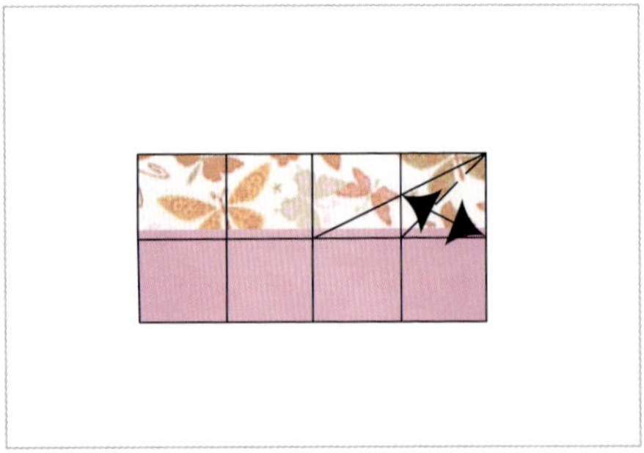

4 Despliegue. Luego pliegue los bordes cortos de la derecha para que se encuentren con la marca más reciente.

5 Abra el papel y repita los pasos 1 a 4 en los otros tres bordes. Despliegue una vez más y dé la vuelta al papel.

6 Pellizque uno de los "dardos" creados en los pasos 1-5 y ciérrelos plegando el pequeño triángulo detrás.

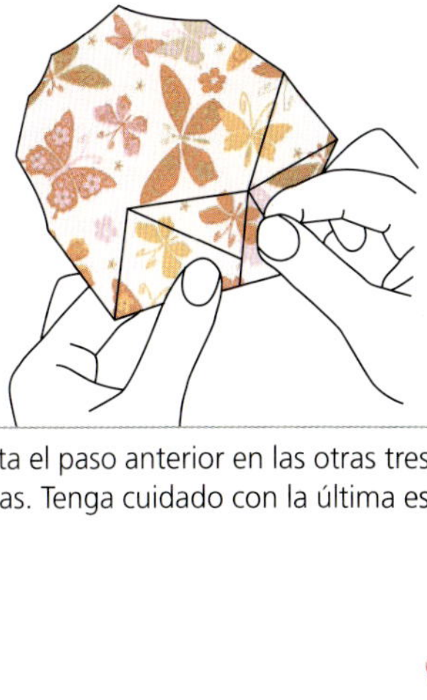

7 Repita el paso anterior en las otras tres esquinas. Tenga cuidado con la última esquina.

El empleo de papel con un dibujo en uno de sus lados y un color liso en el otro imita el diseño de los cuencos chinos.

Incensario

NIVEL DE HABILIDAD

Necesitará

- ❒ Papel cuadrado de 20cm de gramaje medio cubierto con papel de aluminio

EL REVERENDO PHILIP SHEN DE HONG KONG ESTÁ ESPECIALIZADO EN LA CREACIÓN DE DISEÑOS GEOMÉTRICOS QUE ADQUIEREN SU FORMA A PARTIR DE UN MODELO DE PREPLEGADOS CUIDADOSAMENTE DISEÑADO. EL USO DE PAPEL DE ALUMINIO REDUCE EL RIESGO DE INCENDIO, PERO NO DEBE DEJAR ESTE DISEÑO DESATENDIDO.

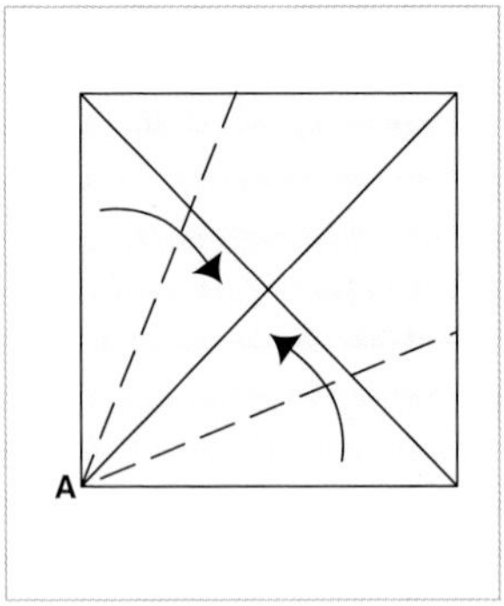

1 Pliegue el papel a través de las diagonales para hacer dos marcas. Pliegue hacia la marca central los dos bordes que se unen en A.

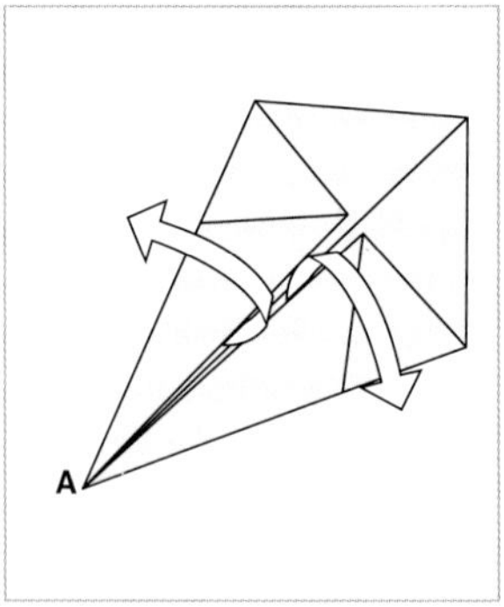

2 Despliegue.

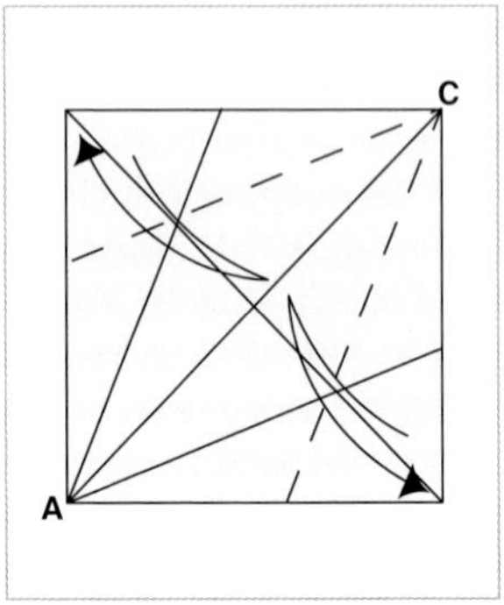

3 Repita la operación con los otros dos bordes que se unen en C.

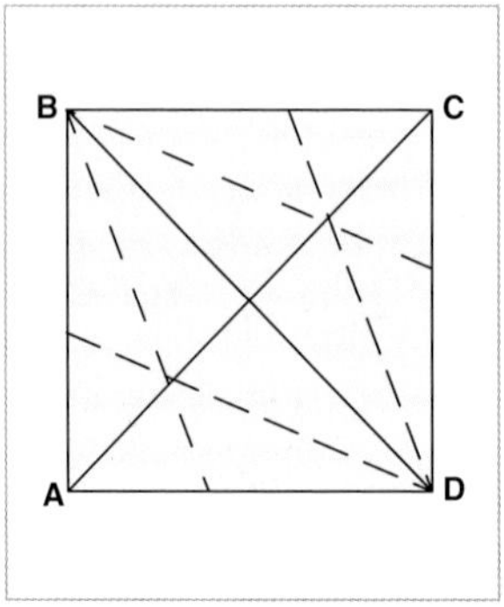

4 Repita la operación con los dos bordes que se unen en B y luego con los que se unen en D.

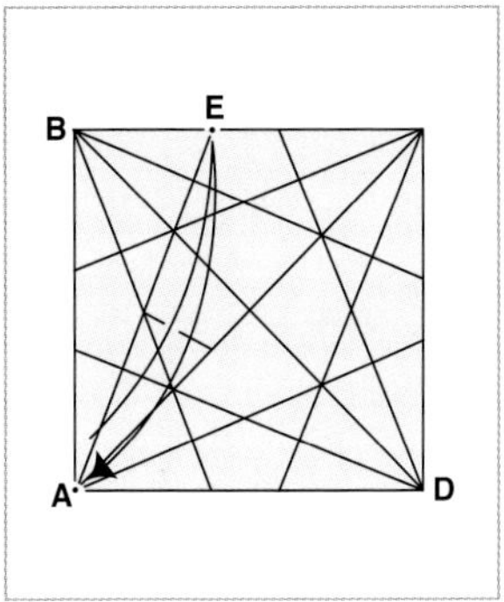

5 Pliegue de A a E, estando E en el extremo de la marca superior hecha en el paso 1. Marque sólo donde se muestra.

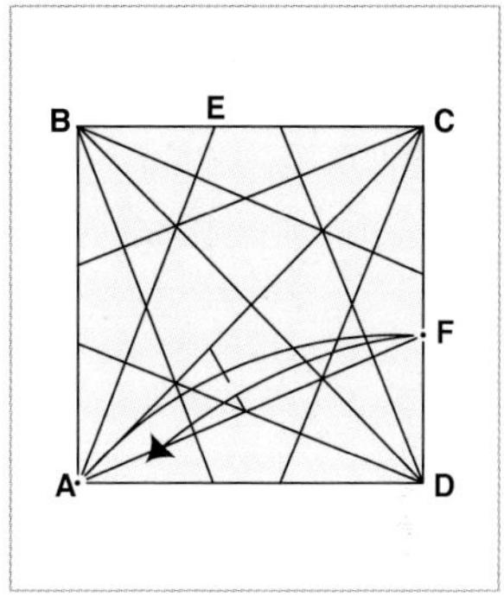

6 Repita la operación doblando de A a F, estando E en el extremo de la marca inferior hecha en el paso 1.

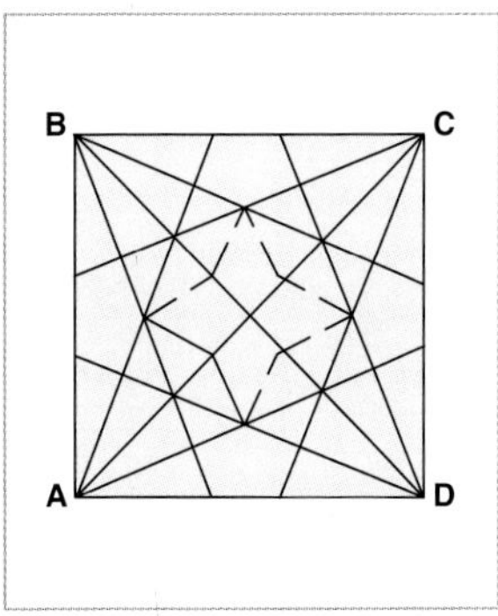

7 Repita la operación para B, C y D, efectuando otras seis marcas cortas.

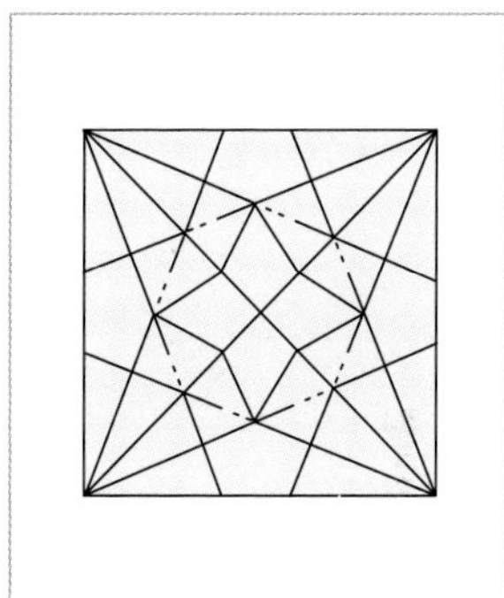

8 Vuelva a marcar el octágono con pliegues de montaña.

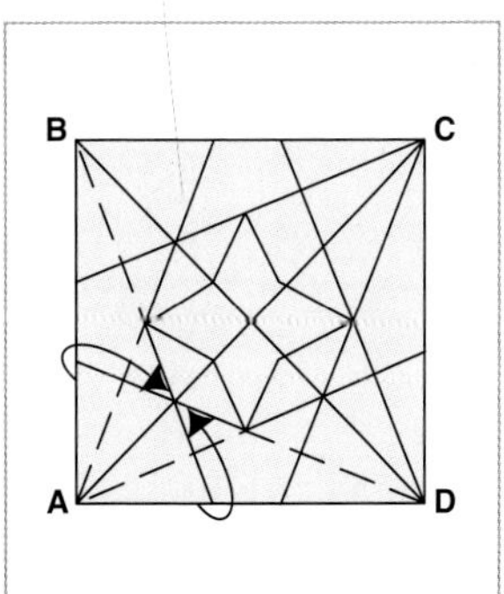

9 Pliegue hacia dentro las marcas como se muestra en el dibujo.

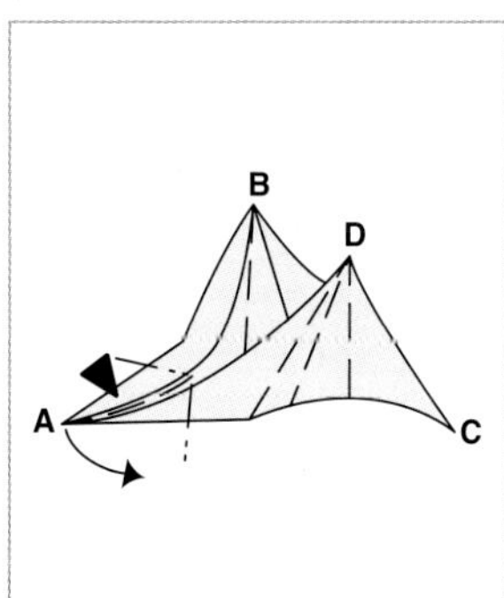

10 Invierta A a lo largo de las marcas existentes...

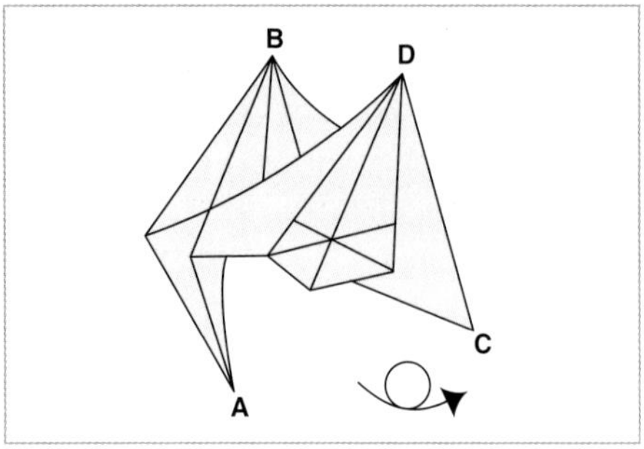

11 ...de este modo. Dé la vuelta al papel.

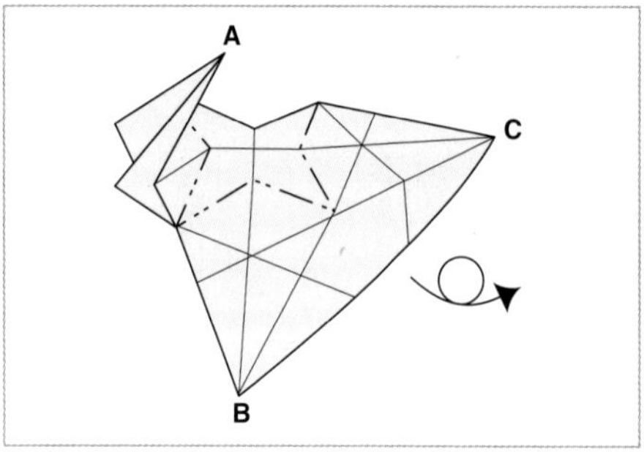

12 Vuelva a dar la vuelta al papel y repita los pasos 9-12 con B, C y D formando otras tres patas.

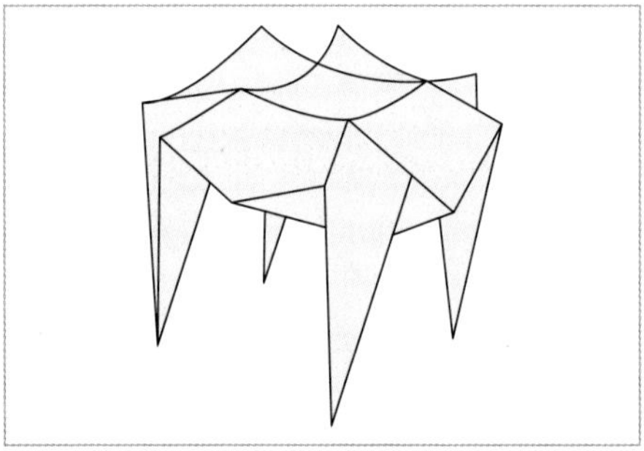

13 Fortalezca la forma interior de la estrella con pliegues de montaña.

Aunque este modelo se ha realizado utilizando papel de aluminio, el incensario nunca debe dejarse desatendido mientras está ardiendo el incienso.

Caja hexagonal

NIVEL DE HABILIDAD

Necesitará

- Una tira de papel de color sólido de 26,5cm x 20,5cm
- Una tira de papel estampado de 27,5cm x 10cm

ESTAS HERMOSAS CAJAS PUEDEN HACERSE SIN UTILIZAR COLA. ¡VEA SI ES CAPAZ DE DESCUBRIR CÓMO SE HACE! SI DESEA QUE LA CAJA CONTENGA UN REGALO PESADO, UTILICE CARTÓN PARA LA BASE.

LA CAJA

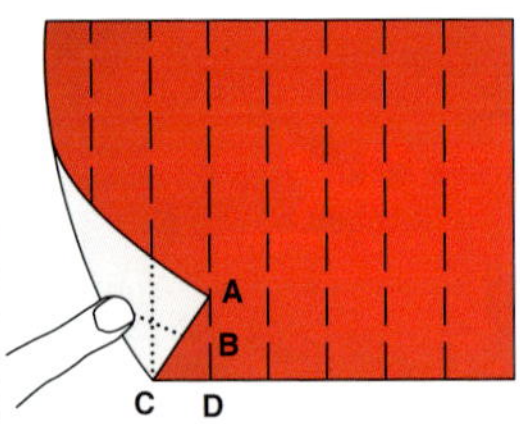

1 Pliegue el papel estampado en ocho partes iguales usando todos los pliegues de montaña. Pliegue el punto A hasta que se apoye en la marca D. Pliegue desde el punto C hasta la marca B.

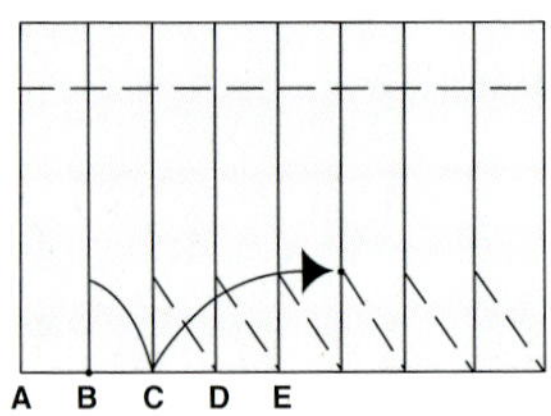

2 Continúe marcando todas las secciones a través de la parte inferior del papel. Pliegue hacia abajo una tira de 2cm en la parte superior del papel.

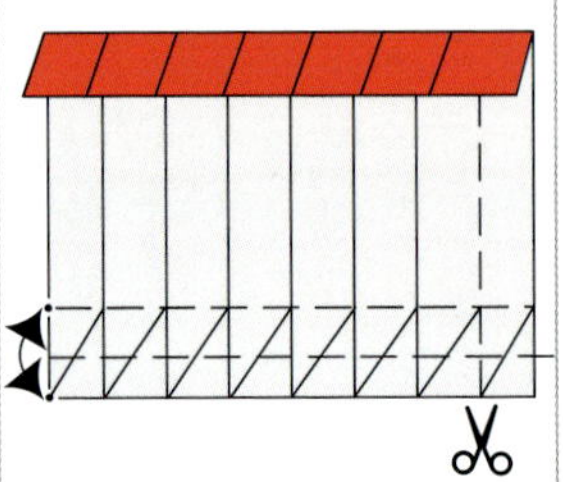

3 Pliegue a lo largo de la parte superior las marcas angulares. Despliegue. Pliegue la parte inferior del papel hacia la marca previa. Corte esta tira de papel. Corte la octava parte de la derecha.

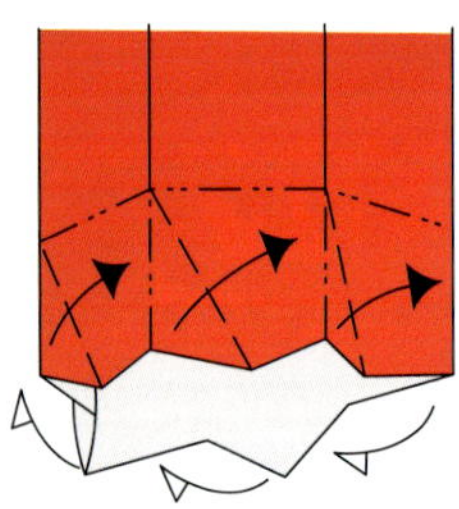

4 Forme un tubo y pegue con cola los dos paneles del extremo, uno encima del otro. Pliegue las piezas de los extremos como se muestra en el dibujo y péguelas juntas.

LA TAPA

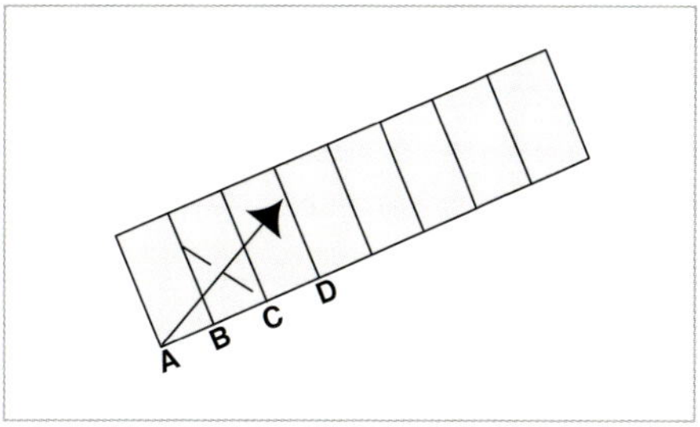

5 Pliegue la tira de papel coloreado en ocho secciones y pliegue el punto A hasta la marca D. Haga una marca entre el punto C y la línea B.

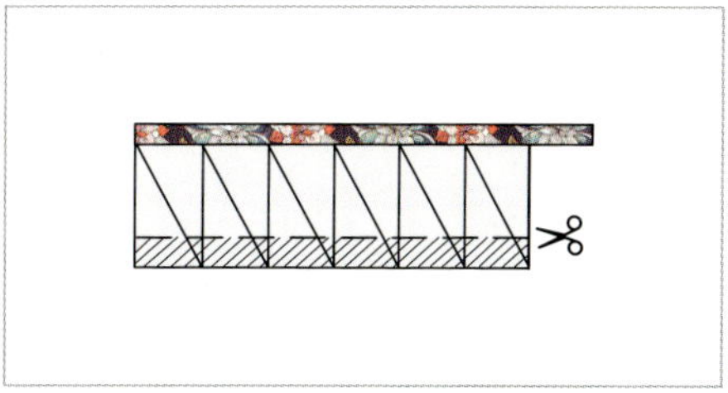

7 Pliegue una tira de 1,5cm a lo largo del papel. Corte esta tira además del panel del extremo.

8 Forme un tubo. Pegue la tira extra dentro del pliegue en la base. Pliegue para formar una roseta.

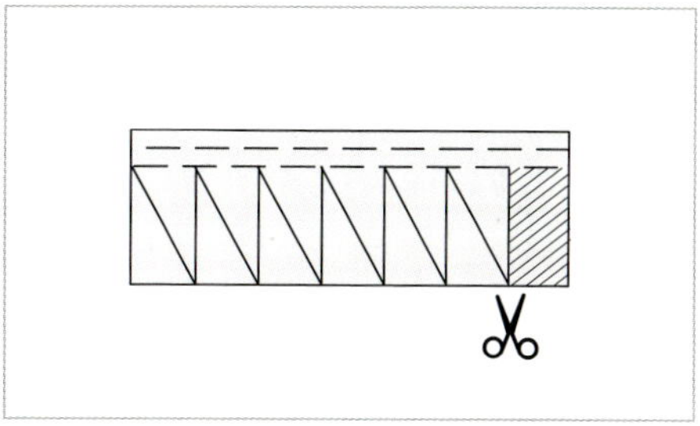

6 Marque a lo largo de la parte superior de las marcas angulares. Pliegue la parte inferior del papel hacia la marca anterior. Corte la octava parte de la derecha.

Esta caja puede hacerse en diferentes tamaños. Sólo tiene que alterar el tamaño de las tiras de papel con las que comienza a trabajar.

SERVILLETAS

El plegado de servilletas es, tal vez, la variación de origami más conocida. Es una técnica muy simple, pero muy efectiva cuando se la combina con lugares atractivos donde colocarlas. A diferencia de otras manifestaciones del origami, se utiliza con frecuencia en ambientes comerciales; en restaurantes o por los restauradores en los eventos importantes. Las servilletas de papel se utilizan en otras técnicas de papel artesanales, como es el caso del *découpage*, y se presentan en miles de diseños.

Nenúfar

NIVEL DE HABILIDAD

Necesitará

- Una servilleta de papel cuadrada de 30cm y de color apagado

ÉSTA ES LA VERSIÓN COMPLETA DE UN PLEGADO DE SERVILLETA QUE PUEDE VERSE OCASIONALMENTE EN LOS RESTAURANTES. UNA SERIE SIMPLE DE PLIEGUES SE ABRE GRADUALMENTE Y SE TRANSFORMA EN EL HERMOSO DISEÑO TERMINADO. ES ALGO CASI MÁGICO. USE UNA SERVILLETA DE PAPEL, YA QUE LAS SERVILLETAS DE TELA NO ADQUIRIRÁN ESTA FORMA.

1 Pliegue las esquinas hacia el centro.

2 Pliegue nuevamente las esquinas hacia el centro.

3 Pliegue nuevamente las esquinas hacia el centro.

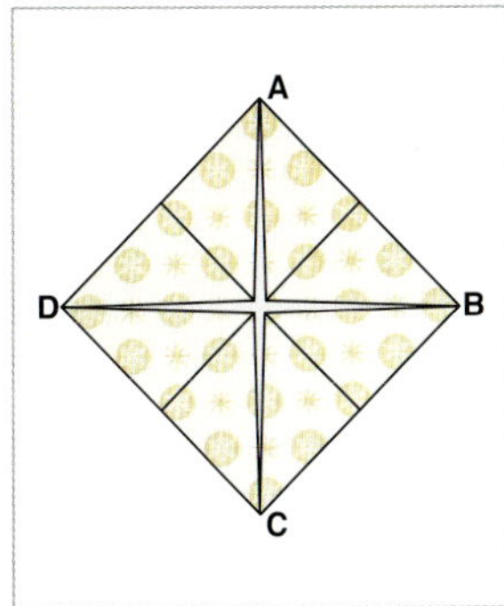

4 Observe ABCD. Dé la vuelta al papel.

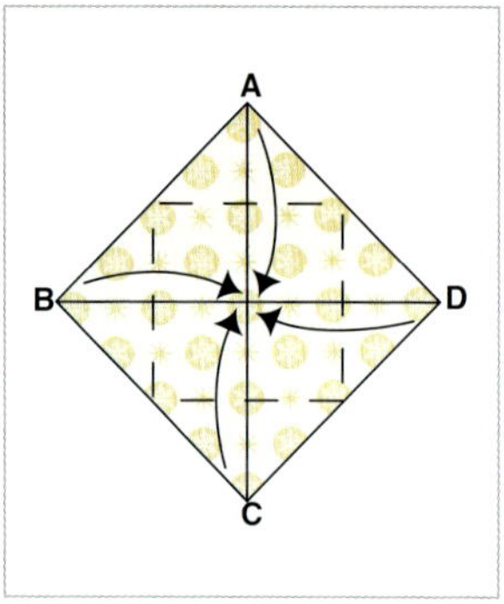

5 Una vez más, pliegue las esquinas hacia el centro.

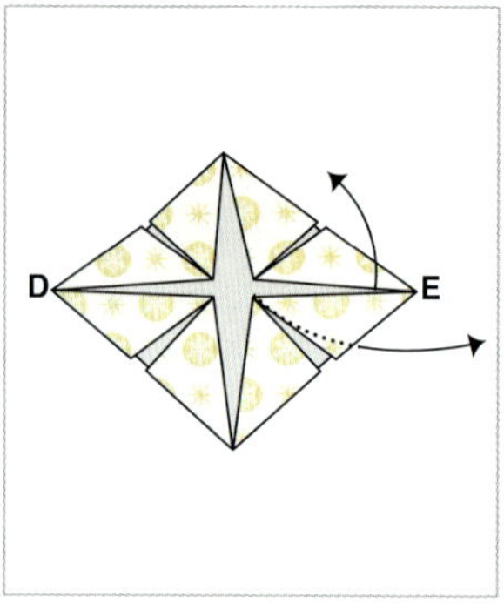

6 Observe E. Mantenga todas las capas planas y tire de la esquina A, mencionada en el paso 4.

7 Sostenga como se muestra en el dibujo. Tire con fuerza de A hacia arriba, de modo que se despliegue alrededor de E...

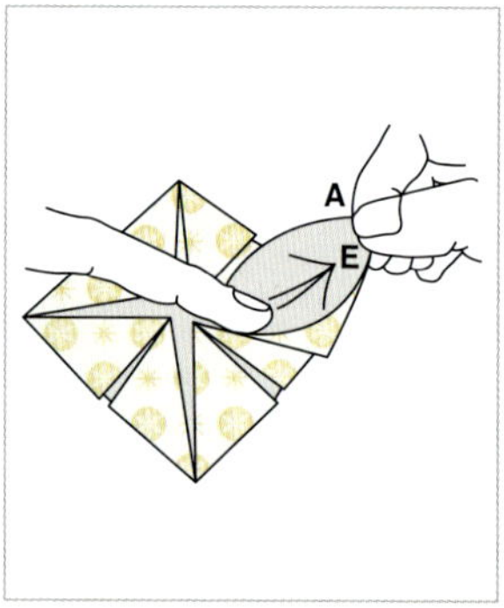

8 ...de este modo. Repita la operación con B, C y D, manteniendo la presión sobre el centro.

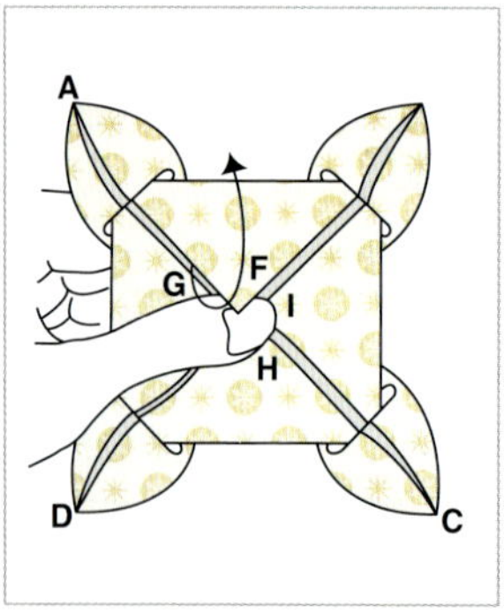

9 Dé la vuelta al papel. Observe FGHI. Levante F...

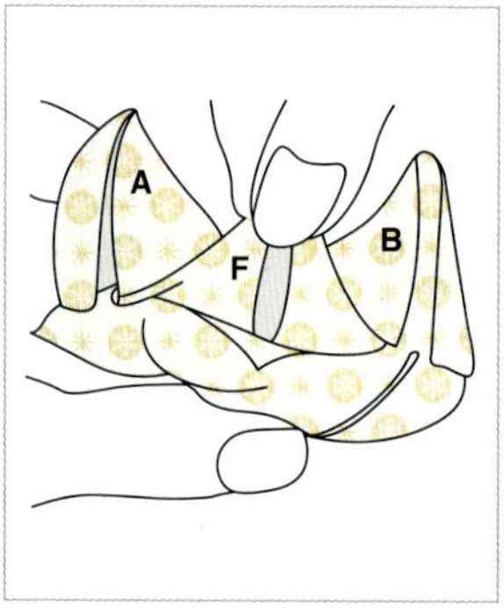

10 ...y tiré hacia arriba entre A y B hasta donde pueda llegar.

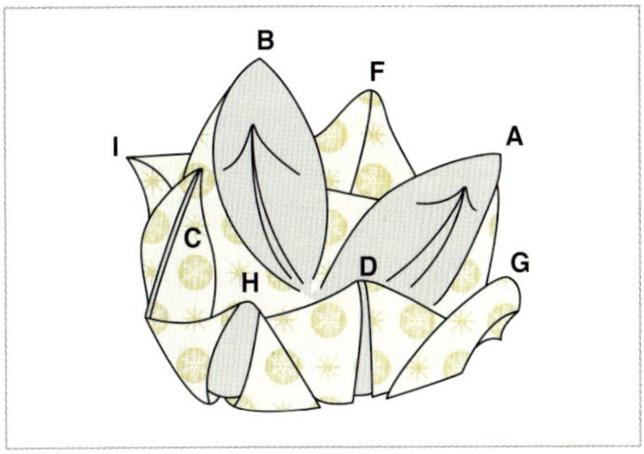

11 Repita la operación con G, H e I, sin dejar de presionar el centro.

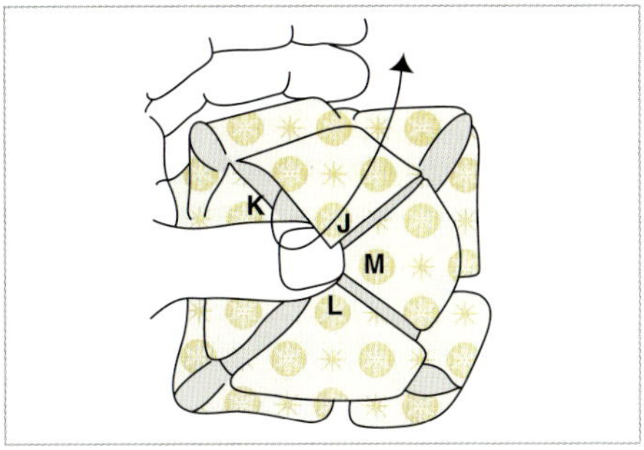

12 Dé la vuelta al papel. Observe JKLM. Levante J y llévelo delante de A. Repita la operación con K, L y M.

Estas hermosas servilletas son engañosamente complejas. ¡No le diga a nadie cuán simples son en realidad!

Vela

NIVEL DE HABILIDAD

Necesitará

- ❑ Una servilleta de papel cuadrada de 30cm con un dibujo en uno de los lados

USE ESTA ENCANTADORA SERVILLETA CON UN COLOR SÓLIDO PARA CONSEGUIR UN *LOOK* SIMPLE Y ELEGANTE, PERO ESTA FORMA ES IGUALMENTE BUENA PARA EXHIBIR SERVILLETAS ILUSTRADAS. LAS SERVILLETAS PARA LAS FIESTAS INFANTILES SON ESPECIALMENTE APROPIADAS, YA QUE ESTE DISEÑO ES FÁCIL DE DESPLEGAR EN CASO DE QUE SE DERRAME ALGUNA BEBIDA.

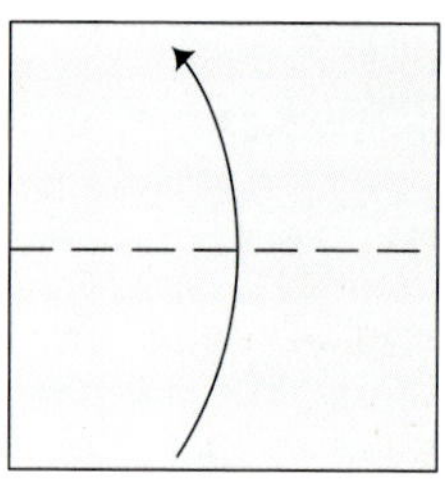

1 Pliegue el borde inferior hacia la parte superior.

2 Pliegue hacia abajo la esquina derecha.

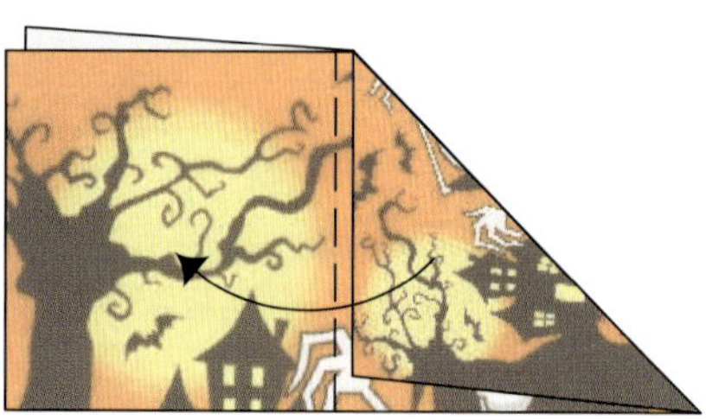

3 Pliegue la esquina de la derecha a través del borde izquierdo.

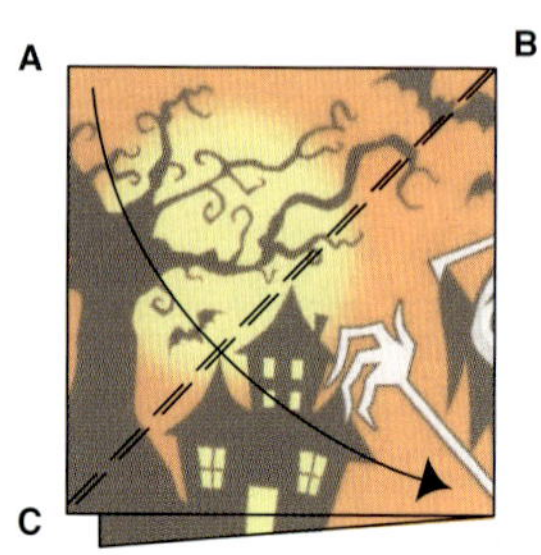

4 Pliegue la esquina A hacia abajo. Observe B y C.

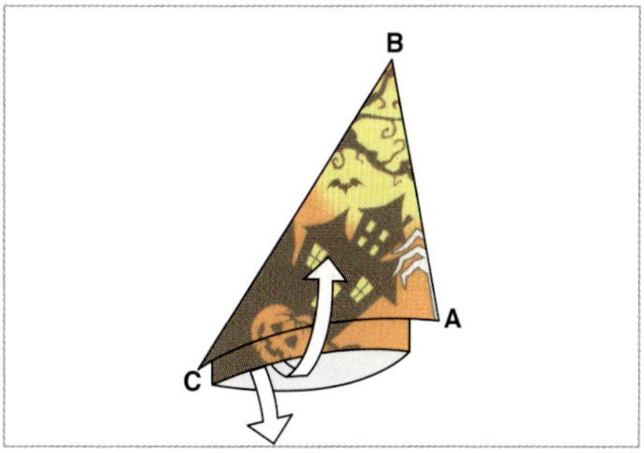

5 Abra la esquina C, aplanando la marca BC.

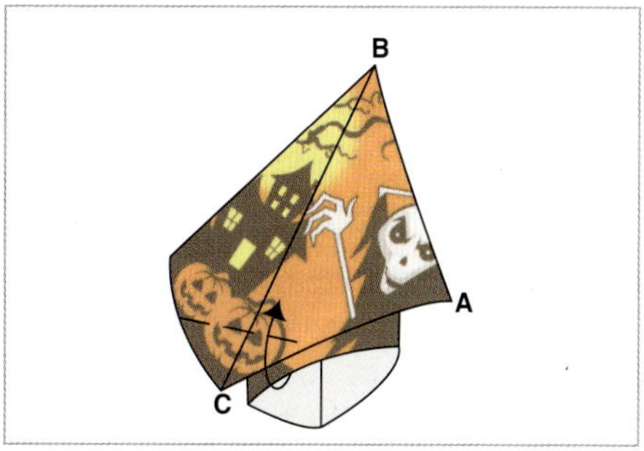

6 Pliegue hacia arriba el extremo de la esquina C...

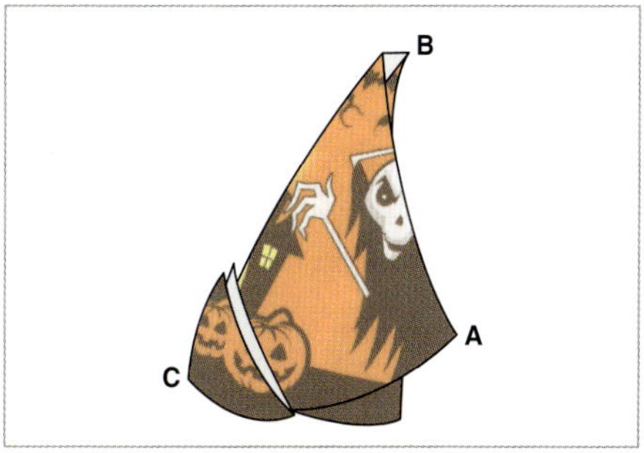

7 ...para cerrar y completar la servilleta vela.

Estas servilletas fantasmagóricas se consiguen en una tienda local, pero hay miles de diseños online.

Abanico

NIVEL DE HABILIDAD

Necesitará

- ❑ Una servilleta de papel cuadrada de 44cm

ÉSTE ES UN PLEGADO DE SERVILLETA MUY ATRACTIVO QUE RESULTA IGUALMENTE EFECTIVO CON SERVILLETAS DE TELA O PAPEL. PARA CONSEGUIR UN PLEGADO QUE SEA REALMENTE PRECISO USE UNA PLANCHA. CON LAS SERVILLETAS DE PAPEL, APAGUE LA SALIDA DE VAPOR; CON LAS SERVILLETAS DE TELA, ROCÍE CON ALMIDÓN Y UN POCO DE VAPOR PARA CONSEGUIR UN BORDE NÍTIDO.

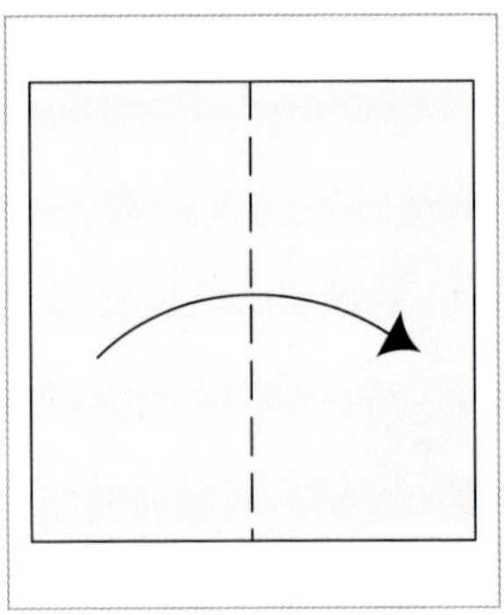

1 Pliegue por la mitad y marque con firmeza.

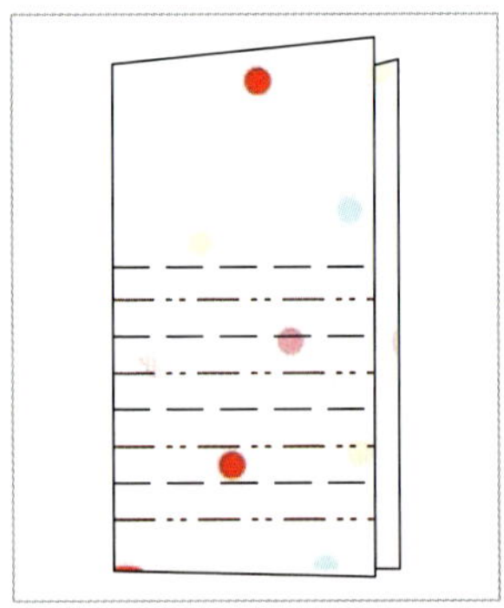

2 Plise la servilleta cada 1,5cm hasta superar ligeramente la mitad y acabando con los plisados en la parte superior.

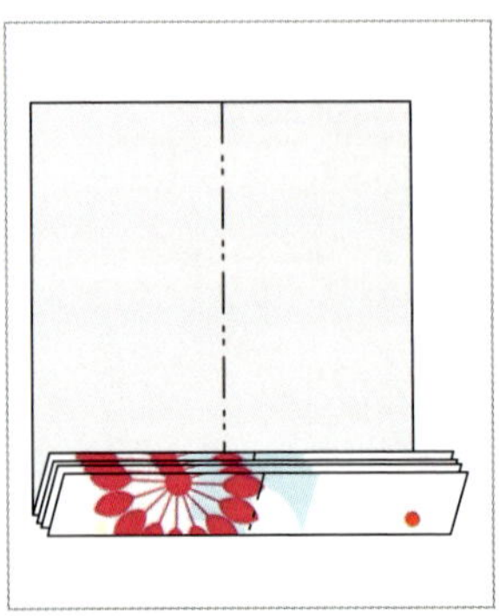

3 Haga un pliegue de montaña y pellizque con firmeza el centro de los plisados.

4 Abra los bordes en la parte superior, pliegue hacia abajo los bordes no plisados para que descansen sobre los dobleces.

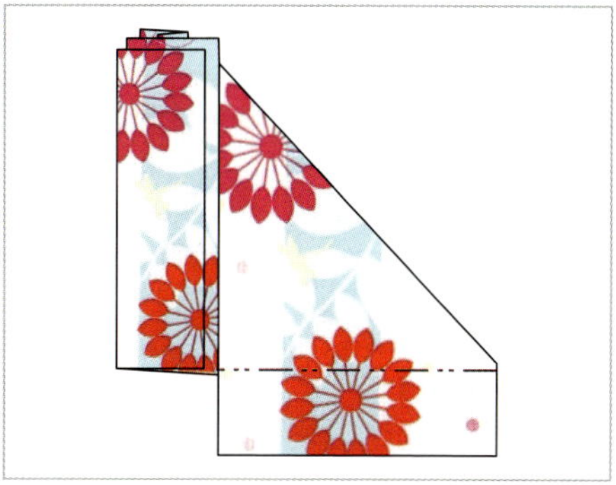

5 Pliegue el extremo saliente por debajo para mantener unida la servilleta. Marque con firmeza.

6 Sostenga la servilleta recta y despliegue los dobleces. Use el soporte triangular para sostener el abanico.

Cuando utilice servilletas estampadas, trate de alinearlas de diferentes maneras en el paso 1 para conseguir el efecto final más atractivo.

Llama

NIVEL DE HABILIDAD

Necesitará

- Una servilleta de papel cuadrada de 44cm

ESTE PLEGADO ESTÁ DISEÑADO PARA COLOCARLO DENTRO DE UNA COPA DE VINO, PERO LA BASE TAMBIÉN PODRÍA SOSTENERSE EN UN ARO DE SERVILLETA. PARA CONSEGUIR UN EFECTO REALMENTE VISTOSO, USE UNA SERVILLETA CON LADOS DE DIFERENTES COLORES, O BIEN MÁS DE UNA SERVILLETA CONTRASTANTE EN CADA COPA.

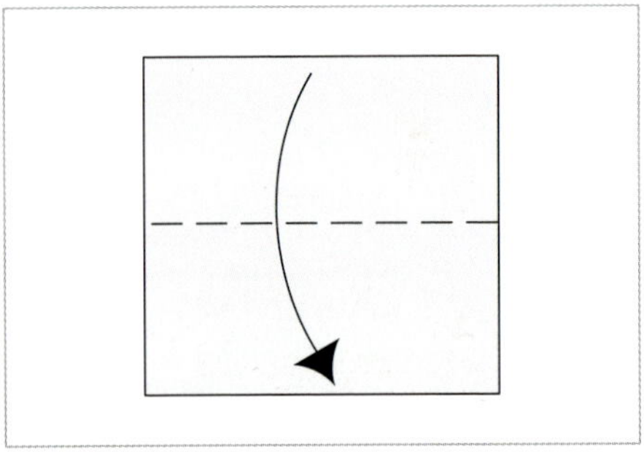

1 Pliegue el borde superior hacia la parte inferior.

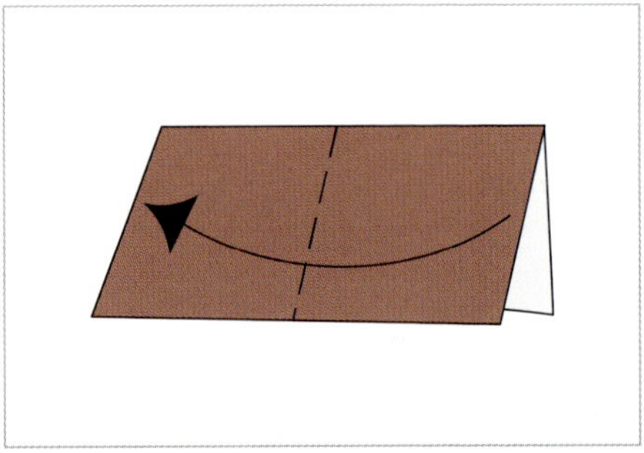

2 Pliegue el borde derecho hacia la izquierda.

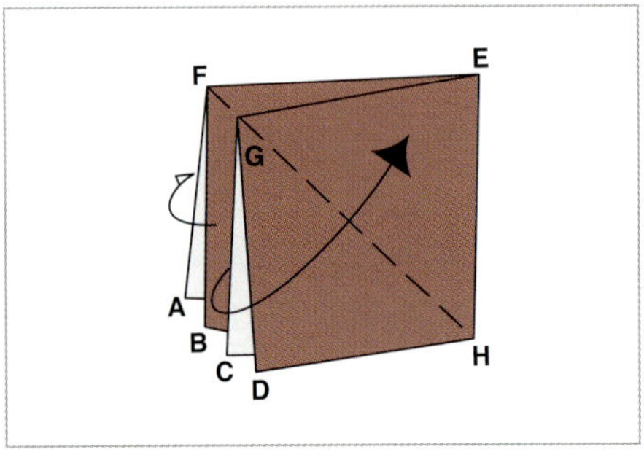

3 Pliegue A y B por detrás para tocar E; pliegue C y D hacia el frente para tocar E. Marque FH y GH...

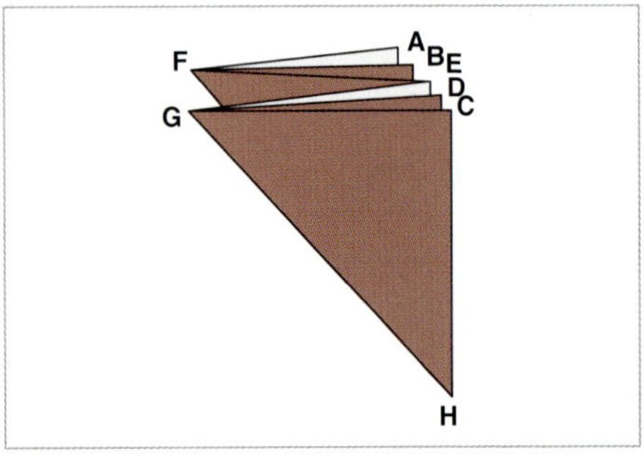

4 ...de este modo.

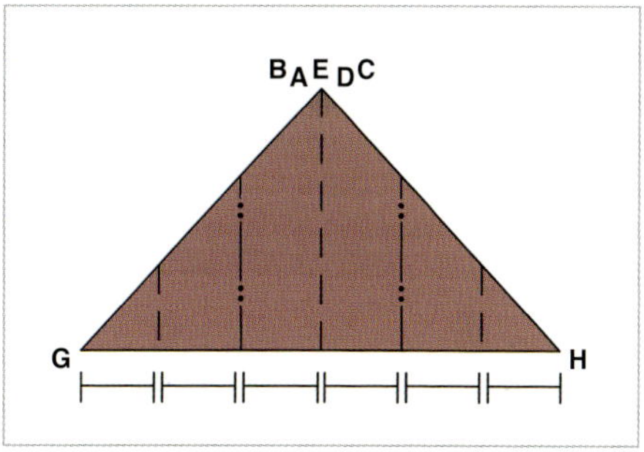

5 Pliegue el triángulo en seis divisiones verticales, para que tenga...

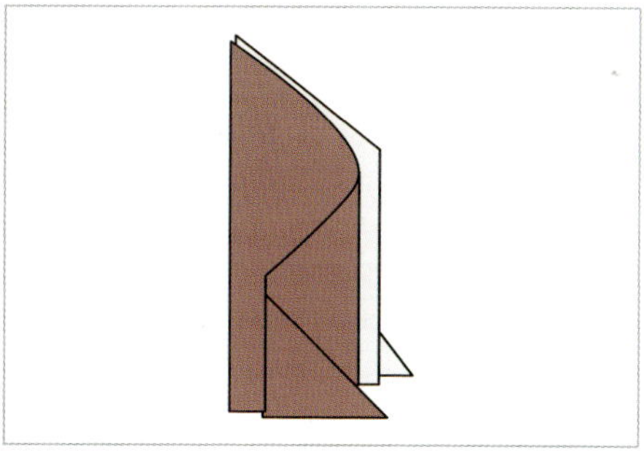

6 ...este aspecto.

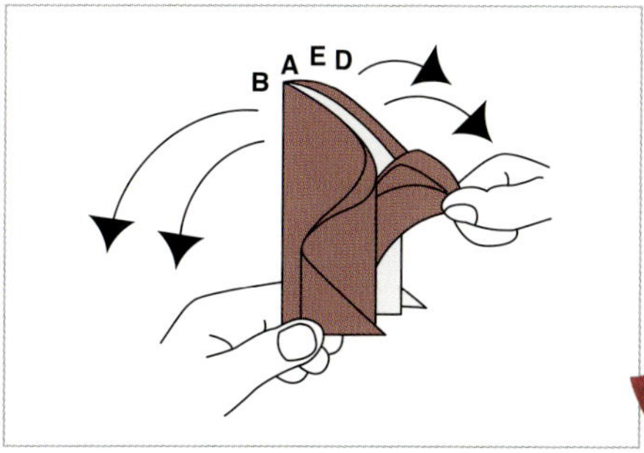

7 Sostenga la servilleta firmemente por la parte inferior. En la parte superior hay cinco capas de esquinas. Tire de la esquina C como muestra el dibujo hasta donde sea posible. Repita la operación con la esquina D junto a ella, pero sin llevarla tan lejos. Repita en el otro lado, tirando de B más allá de A. Coloque la servilleta dentro de una copa o en un aro de servilleta.

Tenga cuidado con las velas que haya encendido en la mesa de la cena, ya que las esquinas de la servilleta tienen la altura exacta para que el fuego prenda en ellas.

Escarapela

NIVEL DE HABILIDAD

Necesitará

- ❑ Una servilleta de papel cuadrada de 33cm

ÉSTE ES UNO DE LOS PLEGADOS DE SERVILLETAS MÁS DECORATIVOS Y ESPECTACULARES, LO BASTANTE IMPRESIONANTE PARA UTILIZARLO EN LAS OCASIONES MÁS IMPORTANTES. ¡SIN DUDA TENDRÁ UN GRAN IMPACTO ENTRE SUS INVITADOS A LA CENA!

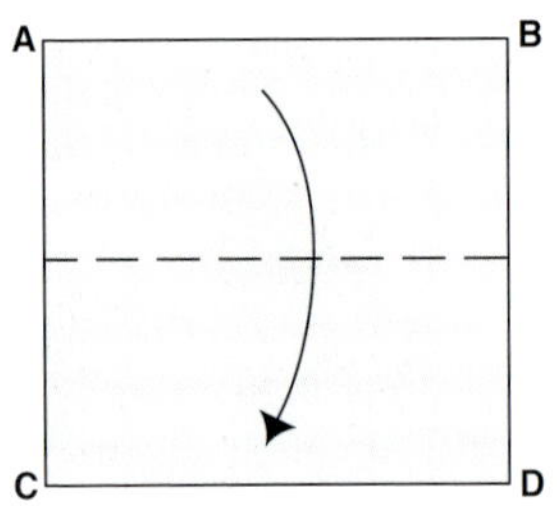

1 Si la servilleta ya está plegada en cuartos (como sucede con la mayoría de ellas), pase al punto 3; si no es así, pliegue AB hacia CD.

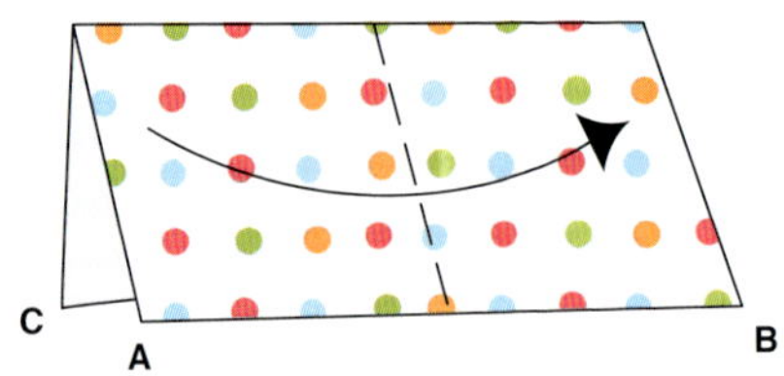

2 Pliegue AC hacia BD.

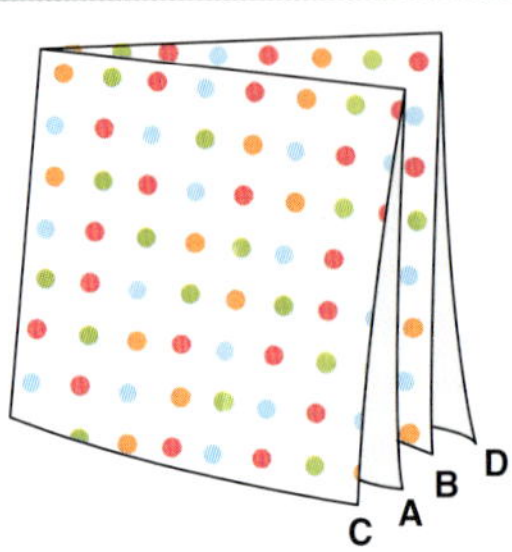

3 Observe CABD. Gire a la posición del paso 4.

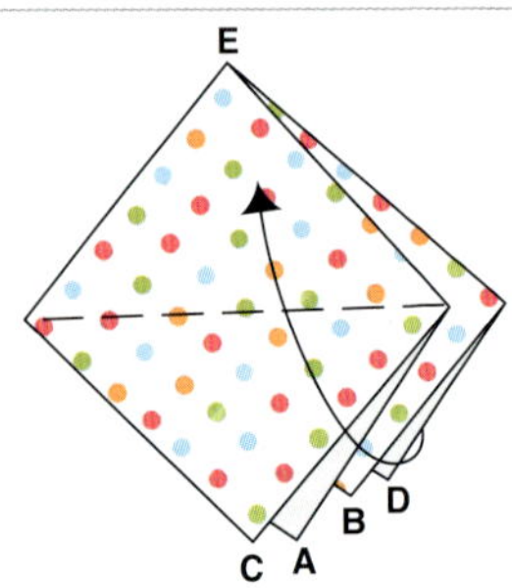

4 Pliegue CABD hacia E.

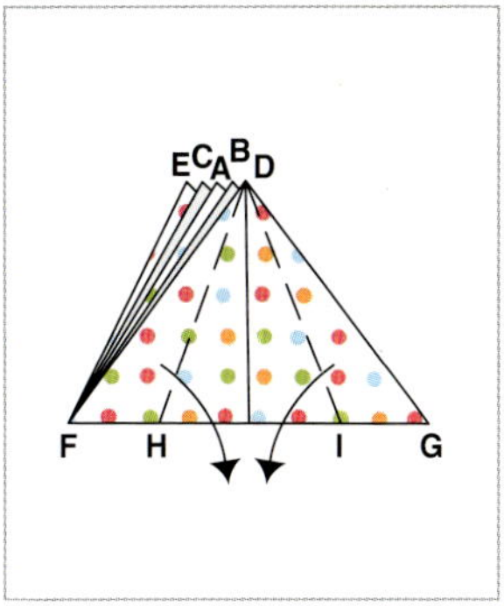

5 Pliegue hacia dentro los bordes inclinados del triángulo de modo que FE y GE se encuentren en el medio.

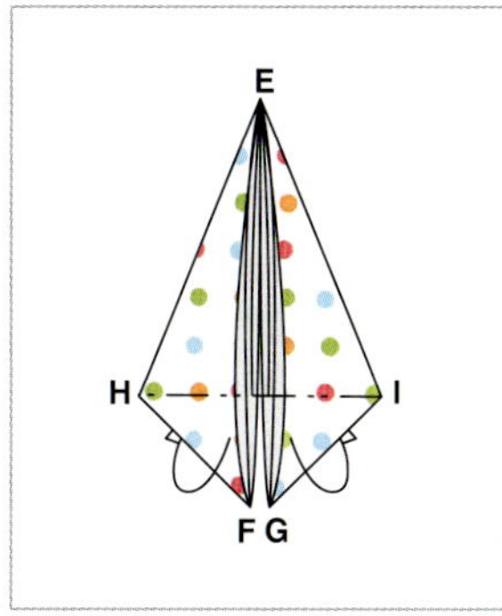

6 Pliegue F y G por detrás para formar un borde recto entre H e I.

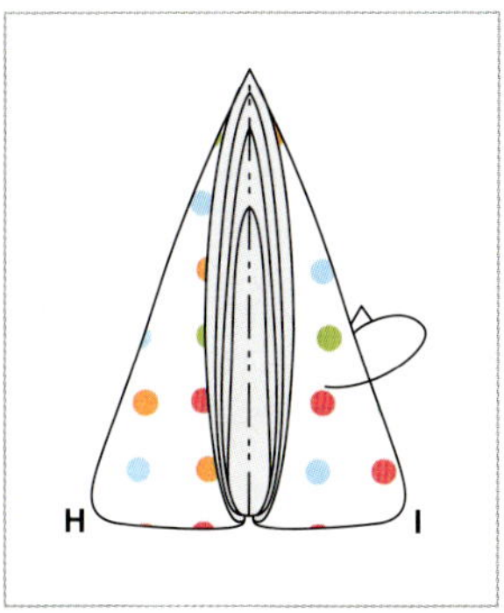

7 Pliegue I por detrás, doblando la forma por la mitad hacia el medio.

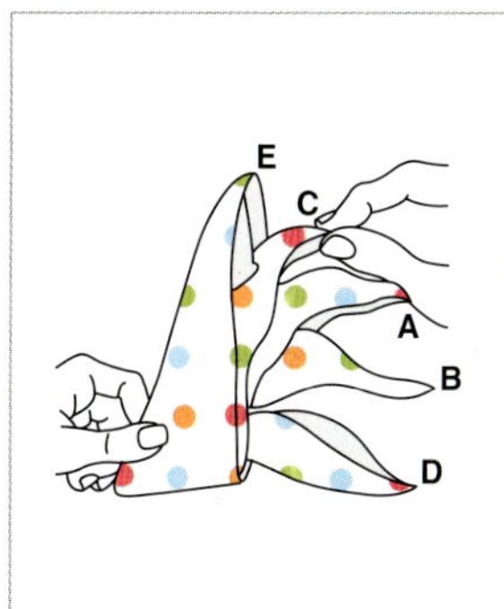

8 Coja H e I firmemente con una mano. Con la otra mano tire de D tanto como sea posible desde el nido de capas. Tire de B, pero no como ha hecho con D, luego repita la operación con A y finalmente con C.

9 La servilleta terminada.

Para crear servilletas de dos caras, elija servilletas de papel que hagan juego y quite las dos hojas de papel superiores de cada una. Plánchelas juntas sin vapor.

Véase también

Base de cometa, página 20

Cisne

NIVEL DE HABILIDAD

Necesitará

- ❑ Una servilleta de tela
- ❑ Un cuadrado más pequeño de papel de aluminio

ESTE MODELO ES MÁS UN CENTRO DE MESA QUE UN PLEGADO DE SERVILLETA CONVENCIONAL, PERO ES DIVERTIDO Y MÁS DESAFIANTE. EXTIENDA EL PAPEL DE ALUMINIO ENCIMA DE LA SERVILLETA ANTES DE PLEGAR LA BASE DE COMETA, YA QUE ELLO PROPORCIONARÁ AL CISNE LA RIGIDEZ SUFICIENTE PARA MANTENERSE EN POSICIÓN VERTICAL.

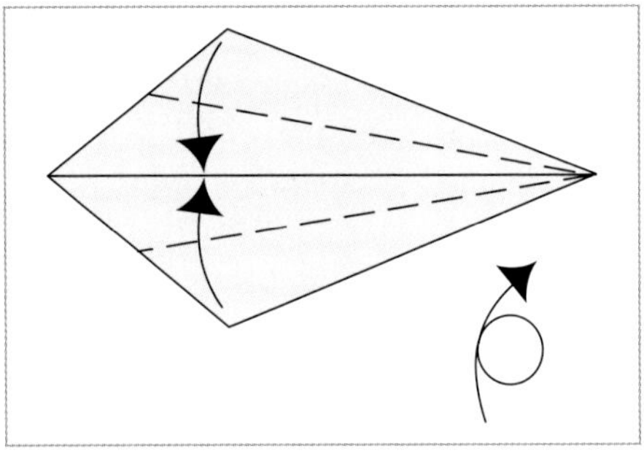

1 Comience con la base de cometa boca abajo. Pliegue los bordes largos hacia la marca del centro. Dé la vuelta al papel.

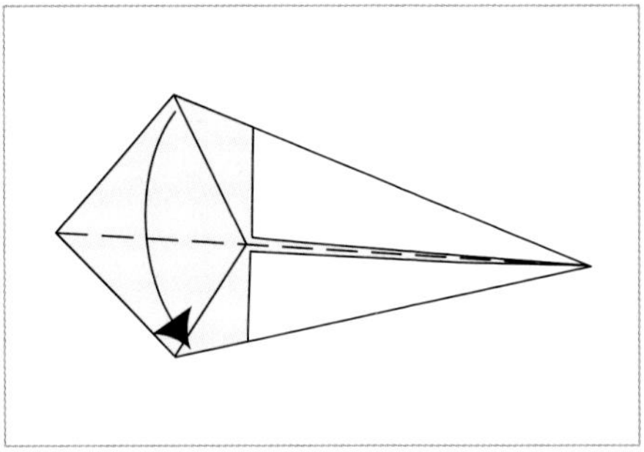

2 Haga un pliegue de valle a lo largo de la marca central.

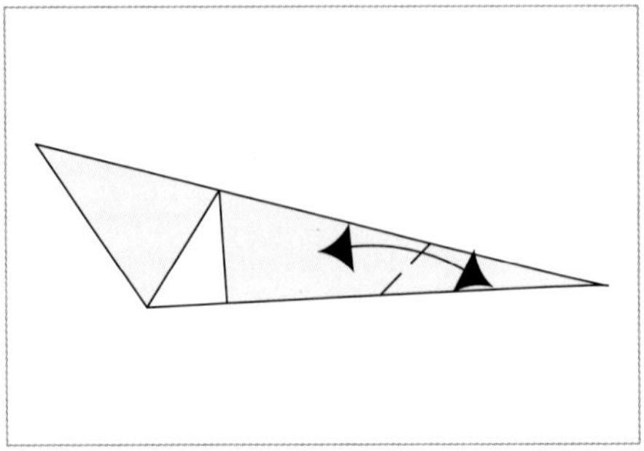

3 Pliegue la punta hacia atrás para crear el cuello; marque con firmeza. Despliegue.

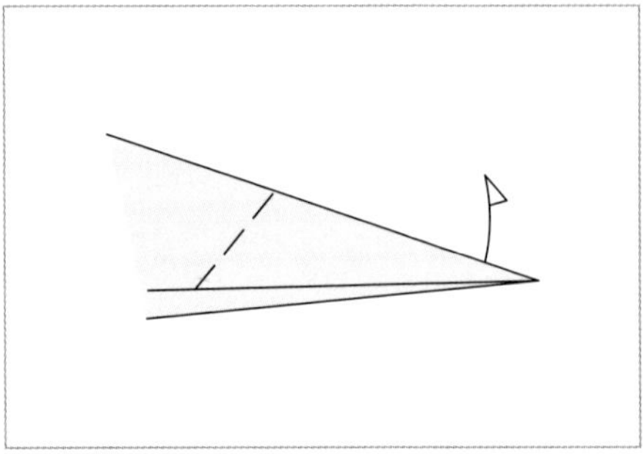

4 Haga un pliegue invertido exterior usando las marcas realizadas en el paso 3.

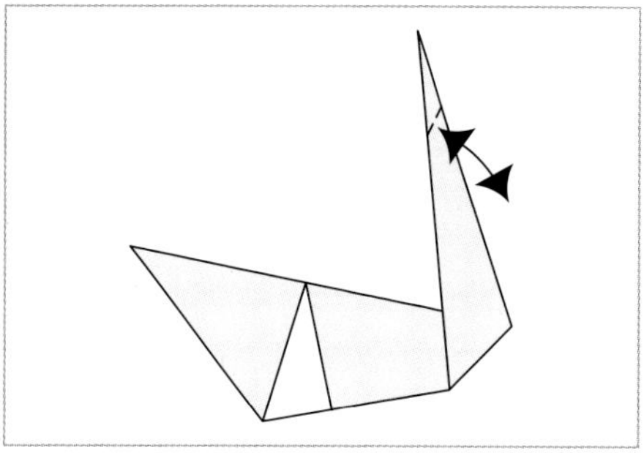

5 Pliegue la punta hacia delante para formar el pico; marque con firmeza. Despliegue.

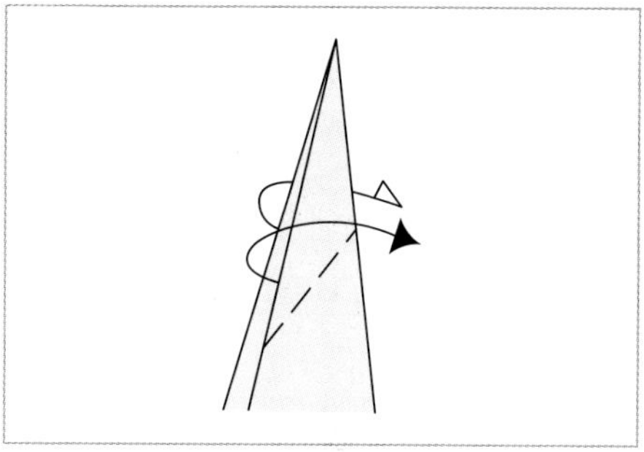

6 Haga un pliegue invertido exterior usando las marcas realizadas en el paso 5.

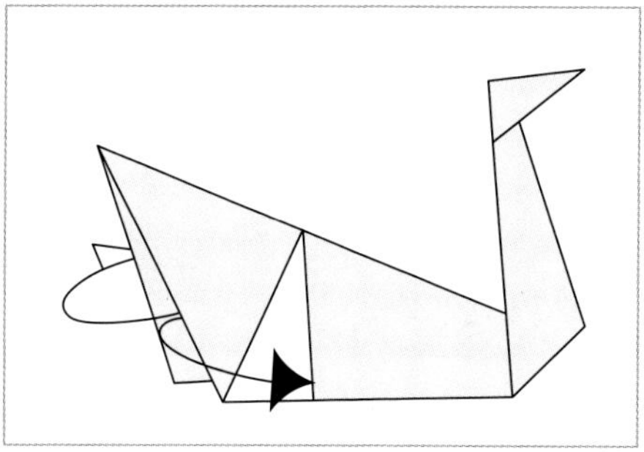

7 Abra ligeramente los pliegues inferiores para crear una base para el cisne.

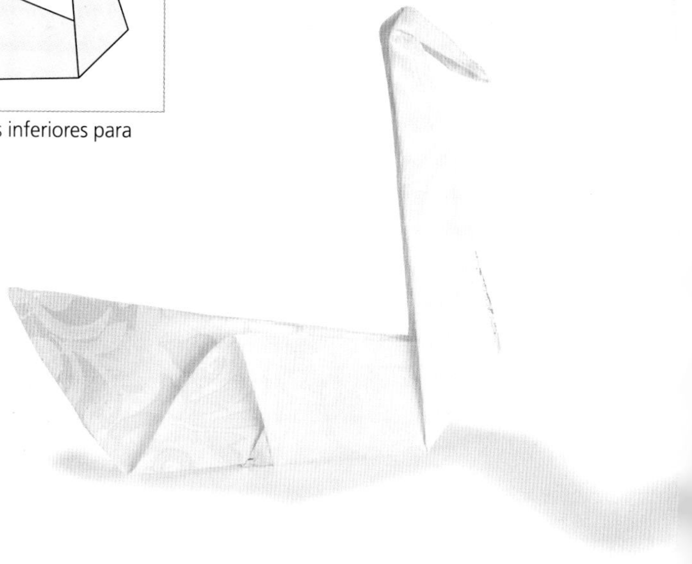

Podría plegar cisnes con papel blanco y escribir sobre ellos con una pluma dorada para crear hermosas tarjetas de mesa para bodas.

ANIMALES Y FLORES

Hay miles de diseños de animales y flores hechos con origami. Algunos de ellos son muy simples, mientras que otros son enormes y elaborados. Estos diseños son extremadamente populares entre practicantes de origami que poseen diferentes niveles de habilidad; esto es posible porque los modelos no son juzgados por reglas estéticas abstractas sino a través de una sola frase: "¿Puedes adivinar qué es?" ¡Pliegue un gato o una rana en una habitación llena de gente y no tardará en ser el centro de atención de un público numeroso e interesado!

Grulla

Véase también

Base preliminar,
página 21

NIVEL DE HABILIDAD

Necesitará

- ❒ Un cuadrado de 15cm de papel de gramaje ligero o medio en una base preliminar

LA GRULLA ES PROBABLEMENTE EL DISEÑO DE ORIGAMI MÁS CONOCIDO DEBIDO A LA POPULARIDAD DE LA HISTORIA DE SADAKO SASAKI (VÉASE PÁGINA 7) Y LA ADOPCIÓN DE ESTE DISEÑO COMO EL SÍMBOLO DEL MOVIMIENTO MUNDIAL POR LA PAZ.

1 Con el extremo abierto de la base apuntando hacia abajo, pliegue ambos lados hacia dentro para que se encuentren con la marca central, luego despliegue.

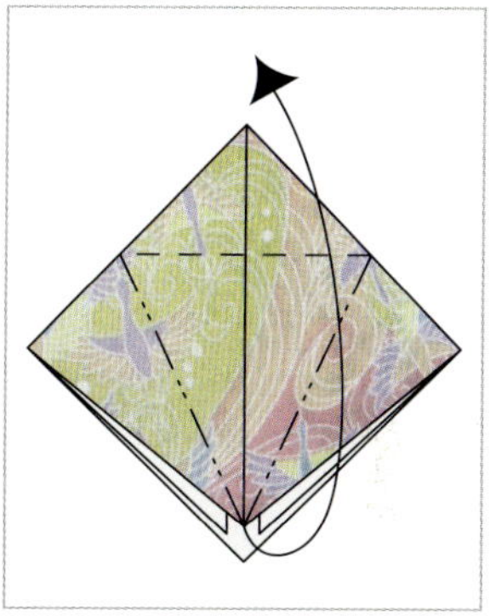

2 Pliegue hacia abajo la esquina superior como en el dibujo. Despliegue. Levante la aleta superior en el extremo inferior y pliéguelo hacia arriba, permitiendo que los lados se dirijan hacia dentro. Éste es un pliegue pétalo.

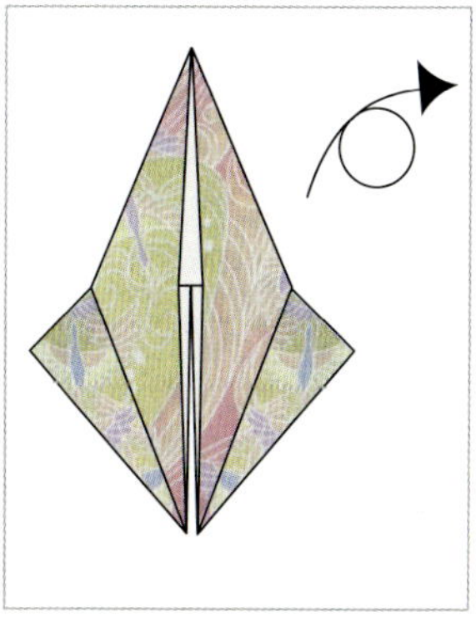

3 Pliegue de forma plana. Dé la vuelta al papel y repita los pasos 1-3 en el otro lado.

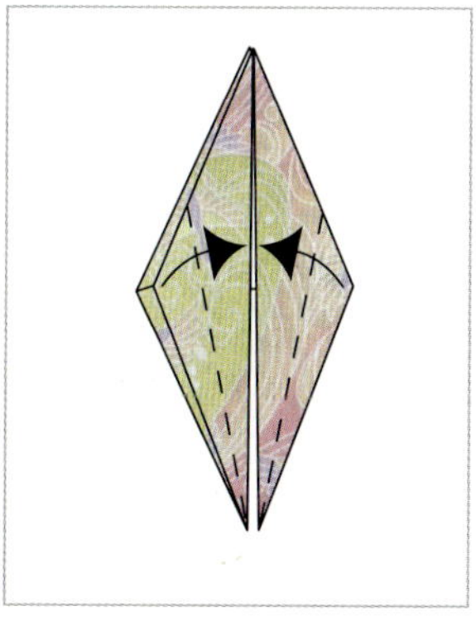

4 Con el extremo abierto apuntando hacia abajo, pliegue ambos lados hacia la marca central. Repita la operación en el otro lado.

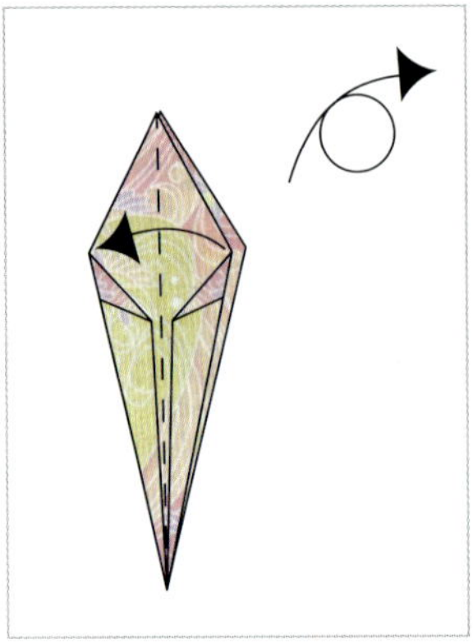

5 Pliegue una de las capas hacia la izquierda, luego dé la vuelta al modelo.

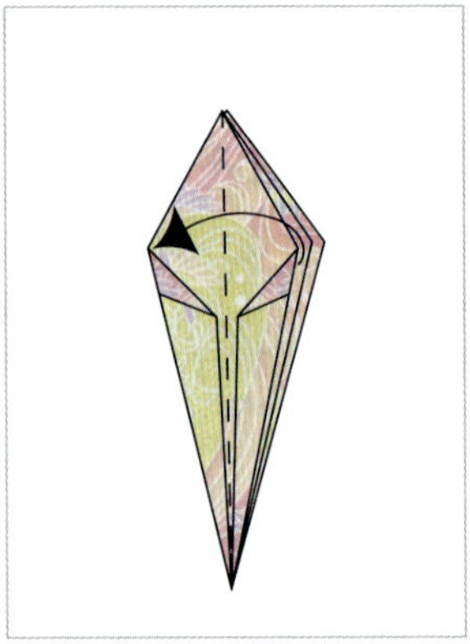

6 Repita el paso 5 en este lado. Ahora el modelo debe ser simétrico.

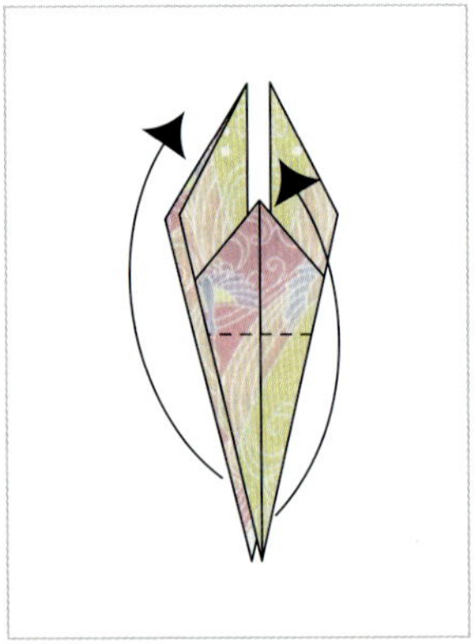

7 Pliegue la punta inferior para que se encuentre con las puntas superiores.

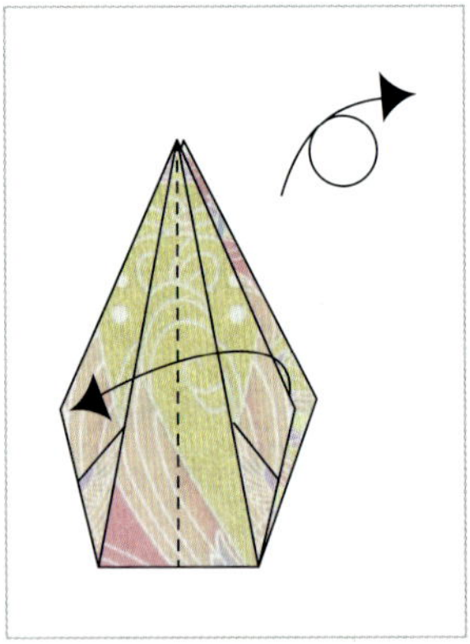

8 Pliegue una capa hacia la izquierda, dé la vuelta al modelo y repita la operación. Ahora el modelo debe ser simétrico.

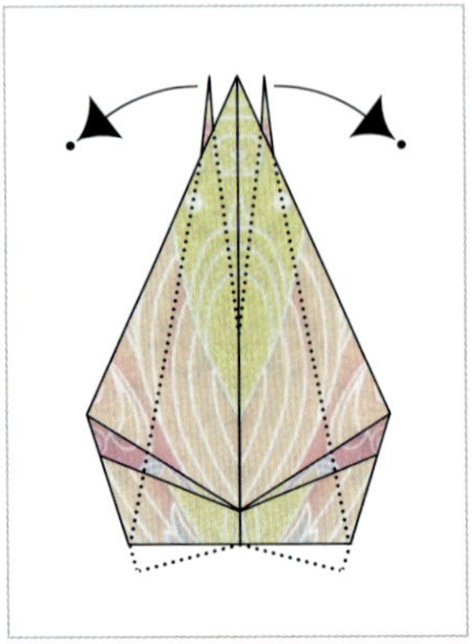

9 Pliegue las puntas interiores hacia fuera según las posiciones indicadas.

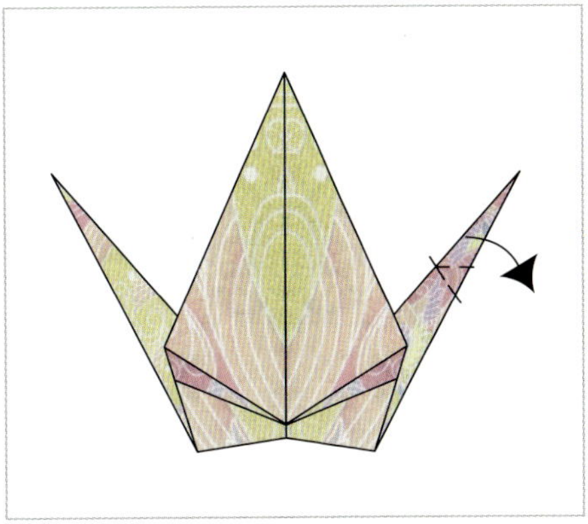

10 Haga un pliegue invertido para crear la cabeza.

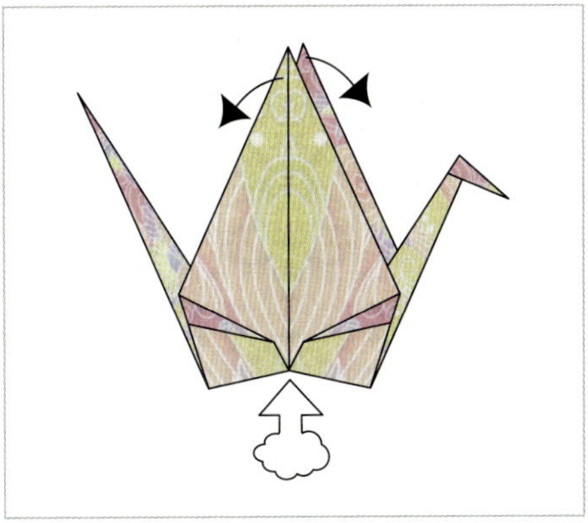

11 Tire suavemente de las alas y sople dentro del orificio situado en la parte inferior para hinchar el modelo.

Para crear grullas con un hilo como la Senbarazu que se reproduce en la página 7, use una aguja de coser para enhebrar el hilo a través de las grullas y añada una cuenta en el extremo del hilo.

Mariposa

Necesitará

- ❒ Papel de gramaje ligero o medio de 15cm x 7,5cm

Consejo de artista: cambie el tamaño del papel para crear diferentes formas de alas. El origami es una forma de arte muy creativa y ¡éste es un buen lugar para comenzar a desplegar sus alas!

AKIRA YOSHIZAWA FUE EL PADRE DEL ORIGAMI MODERNO. ÉSTA ES SU MARIPOSA MÁS CONOCIDA, EL LOGOTIPO DEL CENTRO INTERNACIONAL DE ORIGAMI, FUNDADO PARA AYUDAR A DIFUNDIR LA AMISTAD Y LA PAZ A TRAVÉS DEL MUNDO DEL ORIGAMI. AQUÍ SE EXHIBE SIN LAS INSTRUCCIONES ESCRITAS, COMO ERA LA INTENCIÓN ORIGINAL DE SU CREADOR.

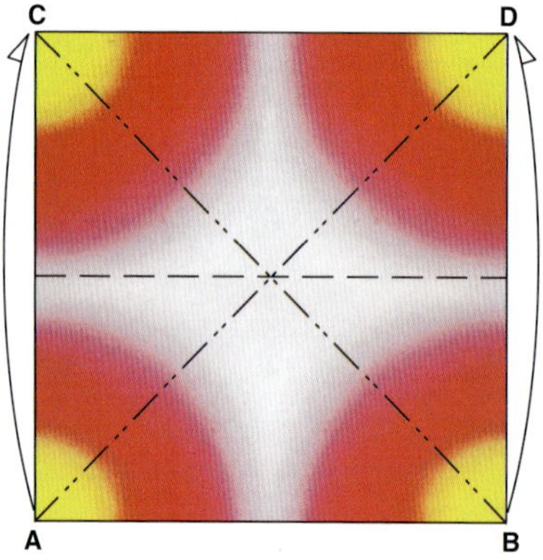

1

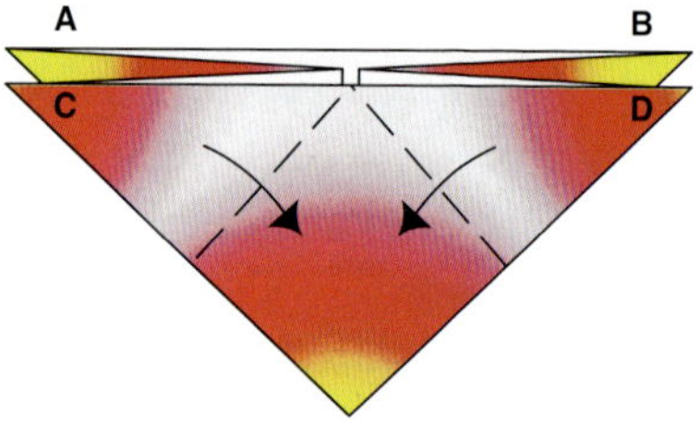

2

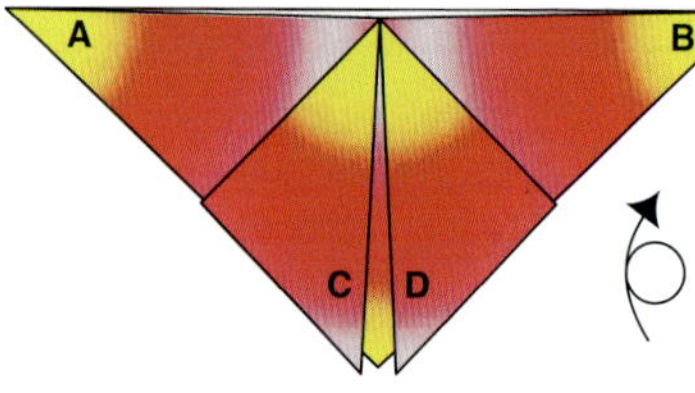

3

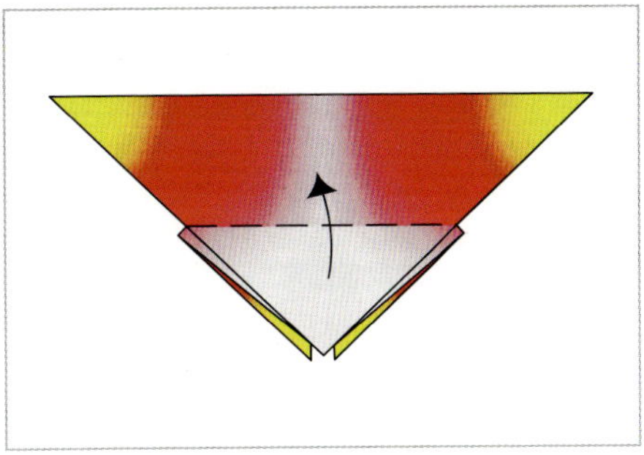

4

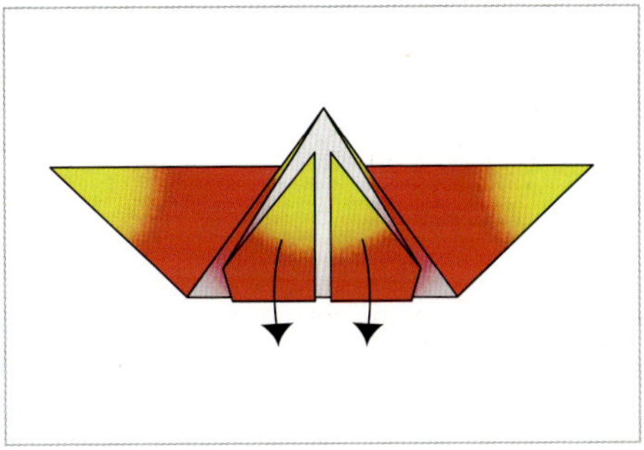

5

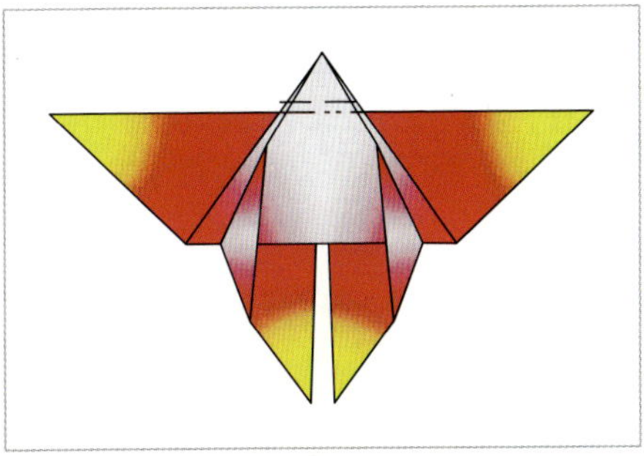

6

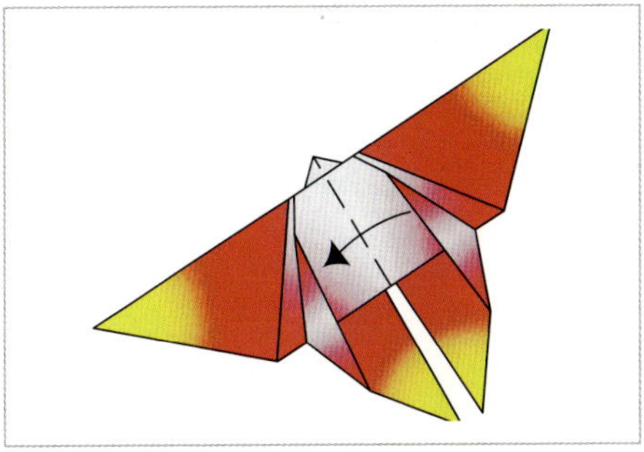

7

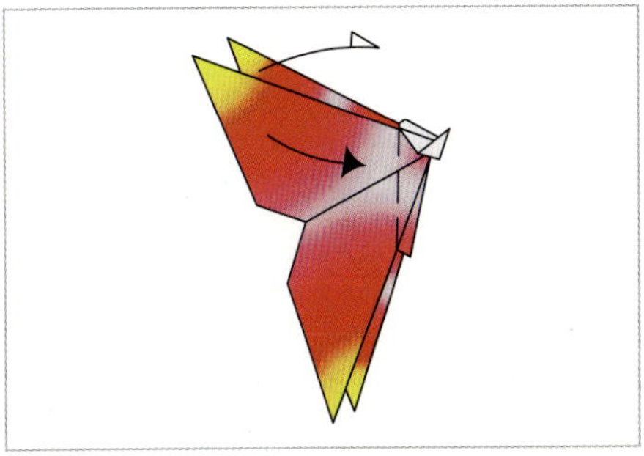

8

Trate de colgar del techo sus mariposas de origami usando hilo o bien fije una de ellas a una tarjeta hecha a mano.

Zorro

NIVEL DE HABILIDAD

Necesitará

- ❒ Papel de gramaje ligero o medio de 15cm x 7,5cm

Consejo de artista: para crear cachorros use papel de gramaje ligero que tenga la mitad del tamaño del modelo de sus padres. Compruebe las proporciones antes de cortar múltiples cuadrados. ¡Las tenacillas resultan muy útiles para las pequeñas orejas y narices!

LA ESTILIZACIÓN TÍPICA DE LOS DISEÑOS JAPONESES SE MUESTRA CON BUENOS RESULTADOS EN ESTE DISEÑO CREADO POR MITSUE OKUDA. ASIMISMO, AUNQUE EL DISEÑO NO ES SIMÉTRICO, SE VE BIEN DESDE TODOS LOS ÁNGULOS. ¡A MENUDO EL MODELO DE ORIGAMI MÁS EFECTIVO ES EL MÁS SIMPLE!

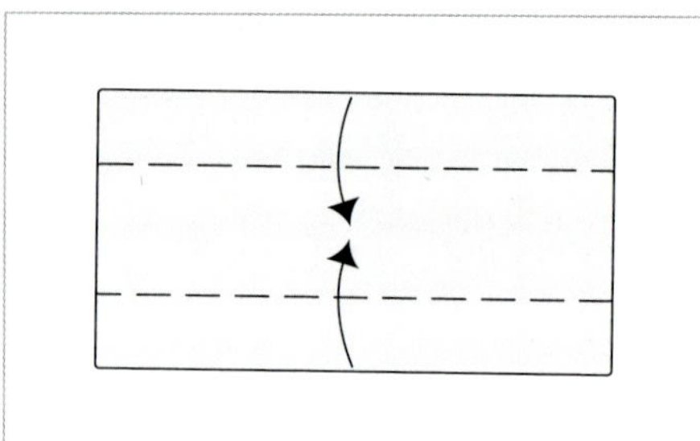

1 Pliegue los bordes largos hacia la marca central.

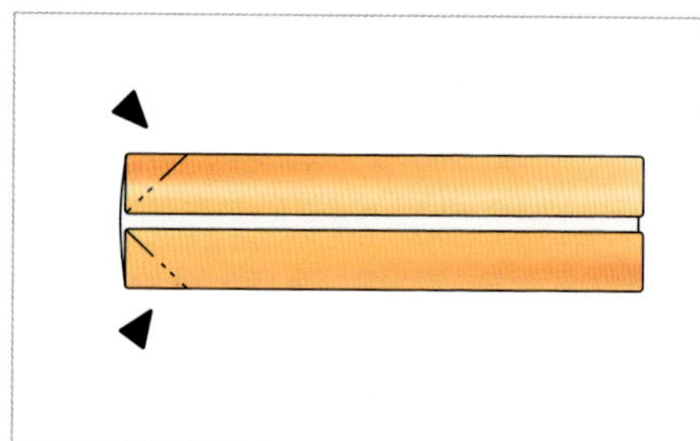

2 Pliegue invertido dos veces a la izquierda.

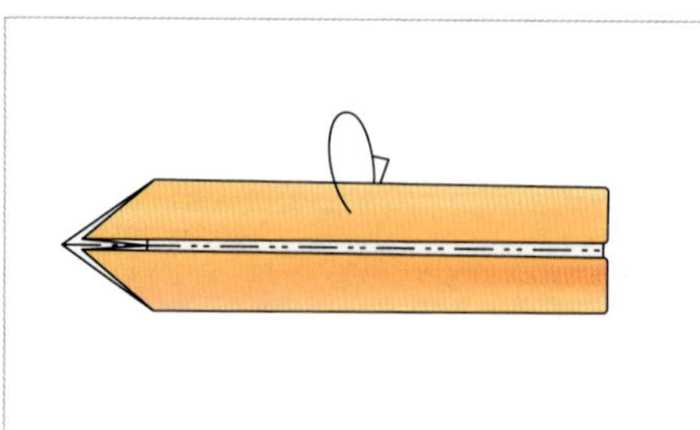

3 Pliegue de montaña por la mitad.

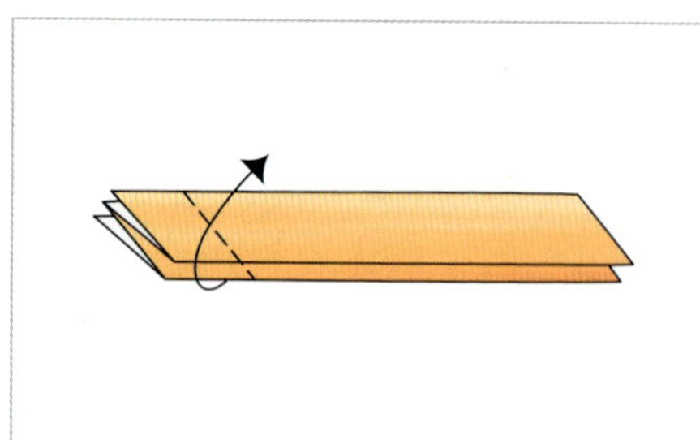

4 Pliegue de valle.

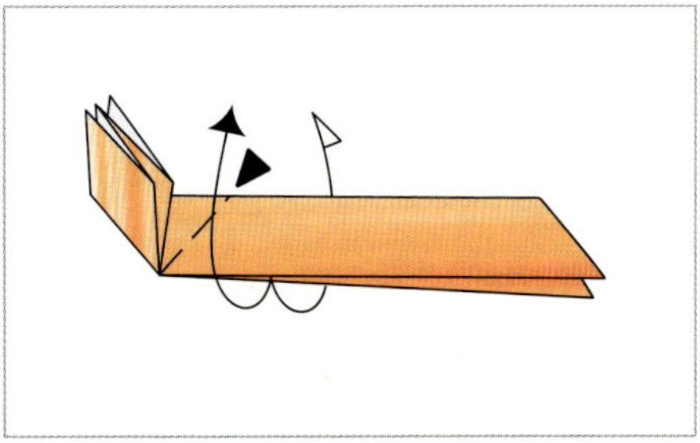

5 Pliegue invertido exterior.

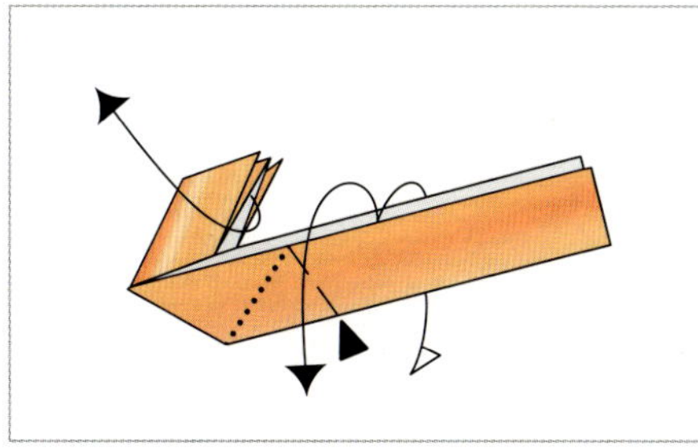

6 Estire dos capas hacia la izquierda para permitir que se eleve el punto central (la nariz). Pliegue invertido exterior a la derecha como se muestra en el dibujo.

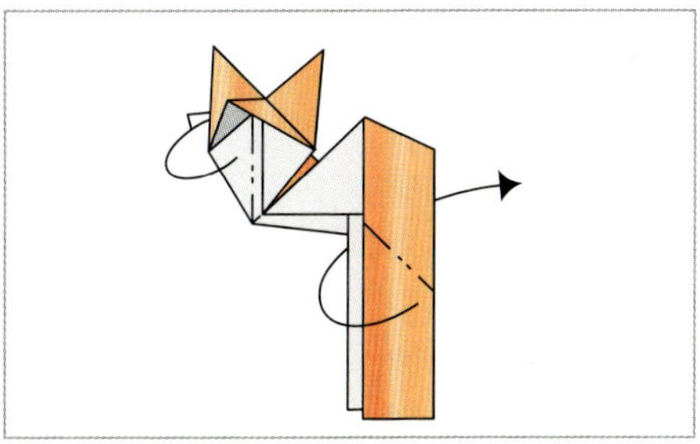

7 Pliegue de montaña para la cola. Pliegue la oreja izquierda alrededor de la parte trasera.

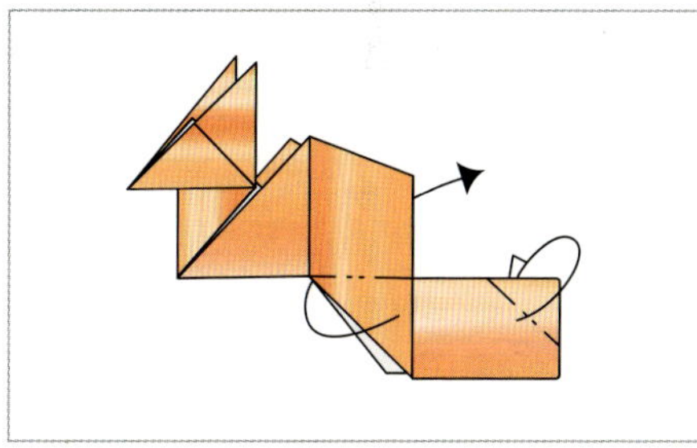

8 Estreche la punta de la cola. Pliegue de montaña detrás de la cola.

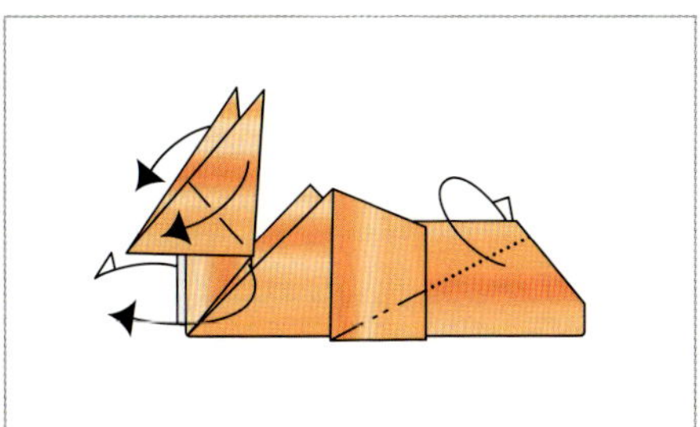

9 Estreche la cola. Lleve las orejas hacia delante.

Cuando esté haciendo familias de animales, use el mismo tipo de papel para que su relación sea evidente.

Gato

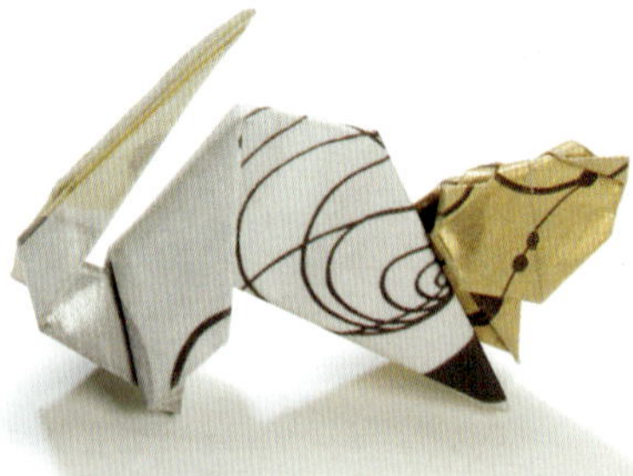

Véase también

Base de cometa, página 20

Necesitará

- Papel cuadrado de gramaje ligero o medio de 15cm para la base de cometa

Consejo de artista: elija con cuidado el diseño de su papel para sugerir la coloración y las marcas de su animal de origami. El dibujo en el diseño de este papel proporciona un encantador efecto de caparazón de tortuga.

EL GATO ES UN TEMA COMPLICADO PARA CAPTURAR EN PAPEL DEBIDO A SU FORMA CURVA Y FLUIDA. LOS EXPERTOS EN ORIGAMI, SIN EMBARGO, ESTARÍAN DE ACUERDO EN QUE EL DISEÑO DE TOSHIE TAKAHAMA ES EL MÁS EXITOSO. COMO PODRÁ APRECIAR, ES EXPRESIVO E INMEDIATAMENTE RECONOCIBLE.

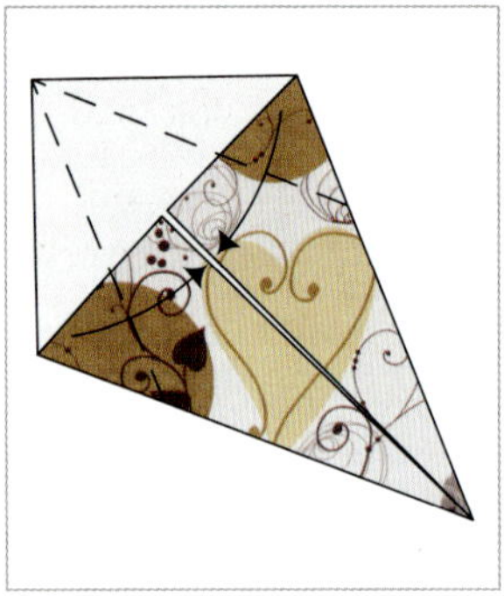

1 Pliegue los bordes cortos hacia el centro.

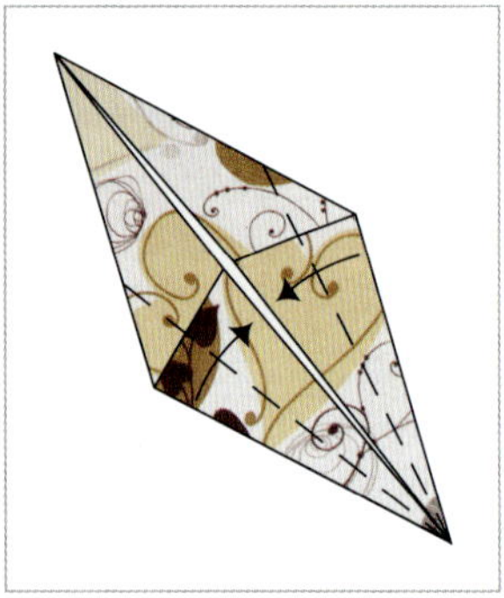

2 Estreche la esquina a la derecha. Mantenga la esquina tan precisa como sea posible. Repita la operación en la izquierda.

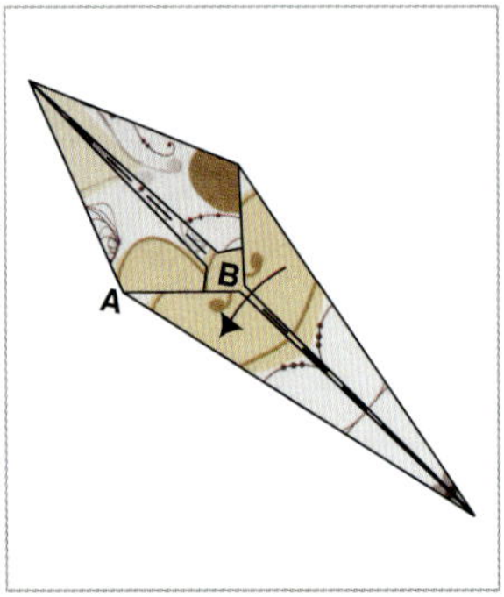

3 Pliegue por la mitad. Observe A y B.

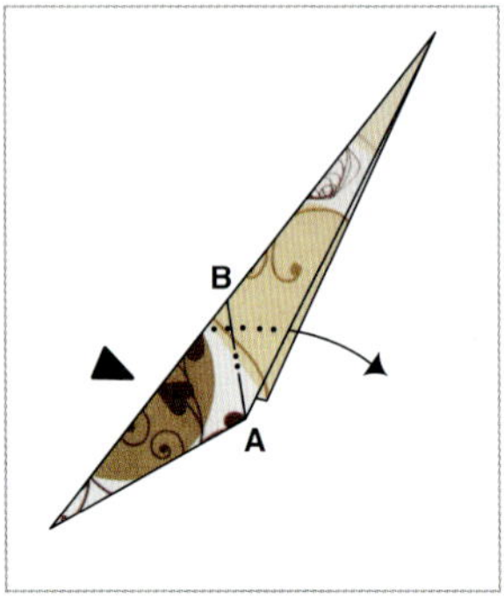

4 Invierta la esquina roma a lo largo de AB, luego...

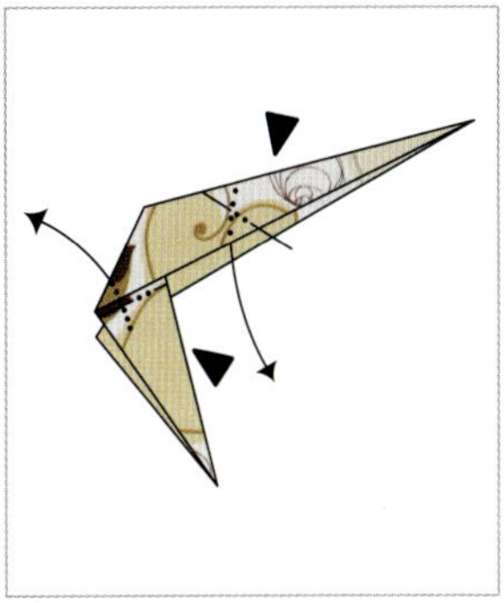

5 ...inviértala nuevamente hacia arriba nivelada con el borde abierto. Invierta la esquina puntiaguda hacia la posición que se muestra en el paso 6.

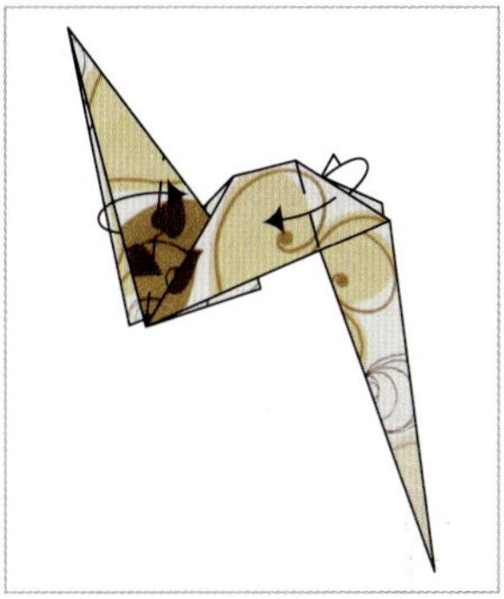

6 Pliegue de valle en la capa delantera de la izquierda hacia la derecha, de modo que la punta quede erguida. Gire el extremo puntiagudo de dentro hacia fuera como se muestra en el dibujo.

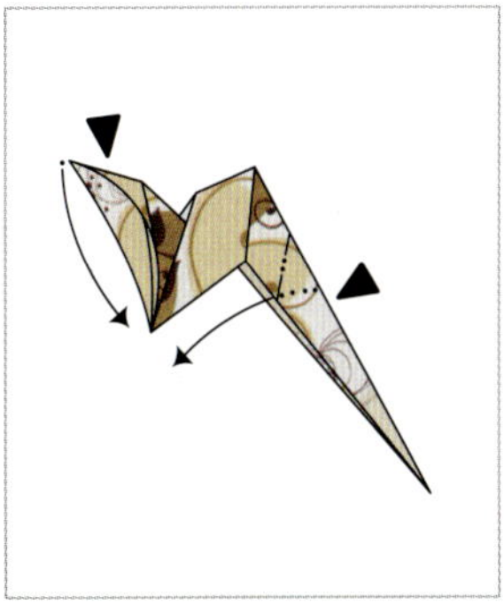

7 Pliegue *squash* en la punta. Invierta la cola.

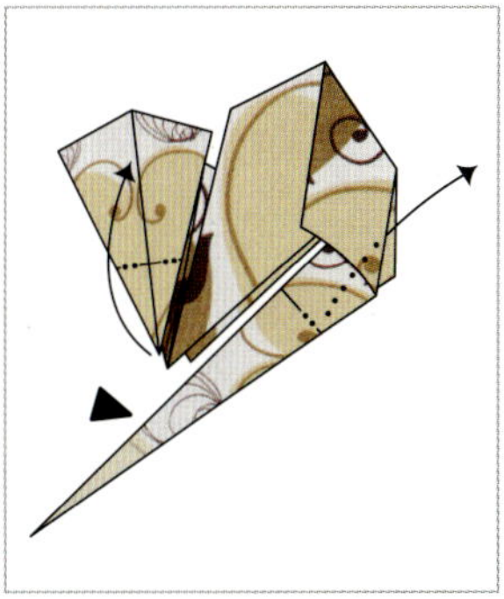

8 Inserte la punta dentro de la cara, plegando como se muestra en el dibujo. Invierta la cola.

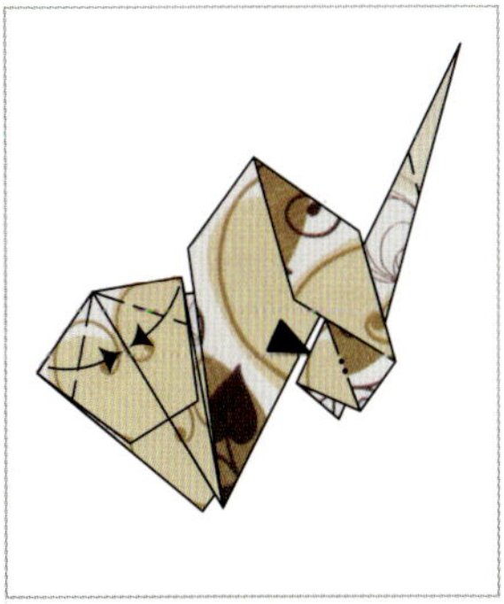

9 Pliegue las orejas hacia delante. Invierta las patas traseras. Pliegue invertido exterior para la cola.

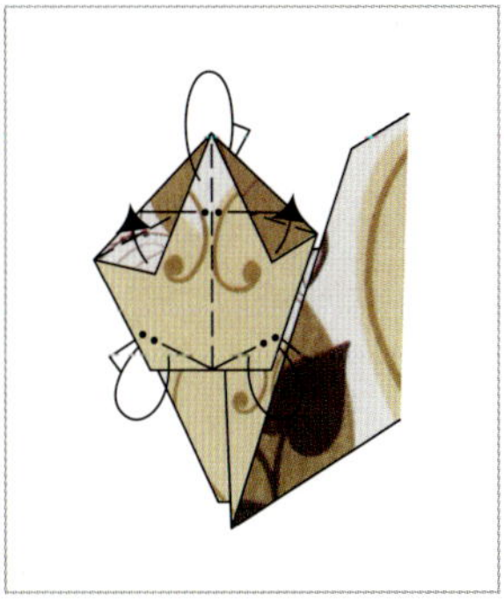

10 Modele la nariz. Pliegue detrás la parte superior de la cabeza. Pliegue las orejas hacia arriba.

Véase también
Base preliminar, página 21
Base de cometa, página 20

Tulipán

NIVEL DE HABILIDAD

Necesitará

- Papel dúo cuadrado de 7,5cm (base preliminar)
- Cuadrado de 15cm de papel verde (base de cometa)

Consejo de artista: el empleo de papel dúo en colores brillantes y contrastantes le ayudará a dar la impresión de que se trata de auténticos tulipanes

EL TULIPÁN ES UNA DE LAS MÁS SIMPLES Y ATRACTIVAS FLORES DE ORIGAMI. SU CREADOR, EL ARTISTA JAPONÉS KUNIHIRO KASAHARA, HA ESCRITO MÁS DE 100 LIBROS DE ORIGAMI –INCLUIDOS ALGUNOS EN INGLÉS– QUE PRESENTAN SU PROPIA Y PROLÍFICA PRODUCCIÓN.

PÉTALOS

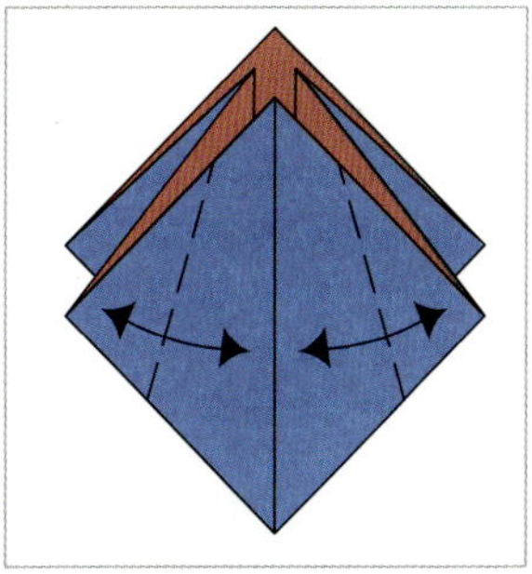

1 Comience con la base preliminar. Con la esquina abierta en la parte superior, pliegue las esquinas delanteras hacia la marca del centro. Repita la operación en la parte posterior.

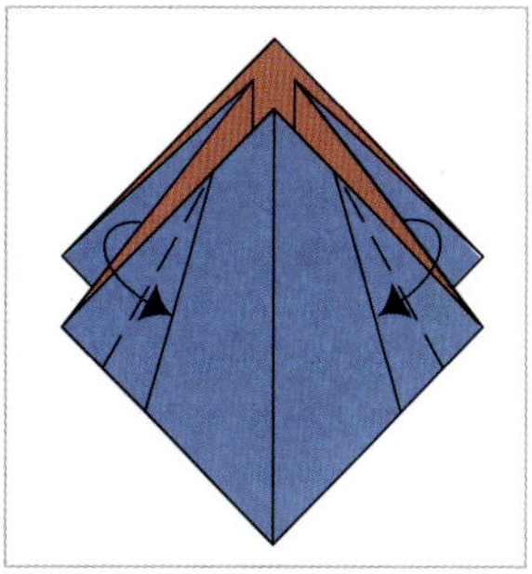

2 Pliegue los bordes abiertos hacia la marca. Repita la operación en la parte posterior.

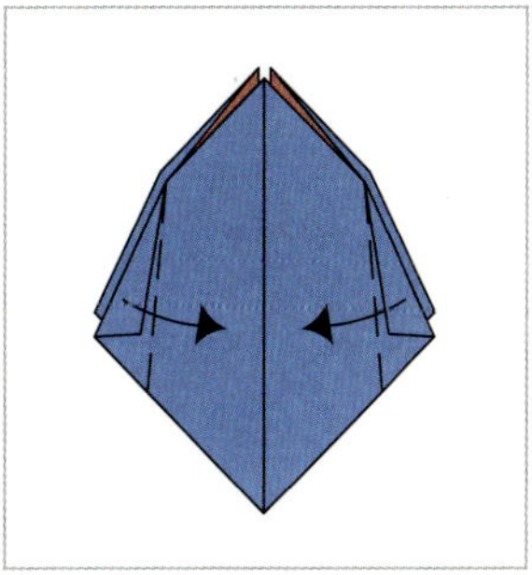

3 Pliegue por encima a lo largo de las marcas del paso 1. Repita la operación en la parte posterior.

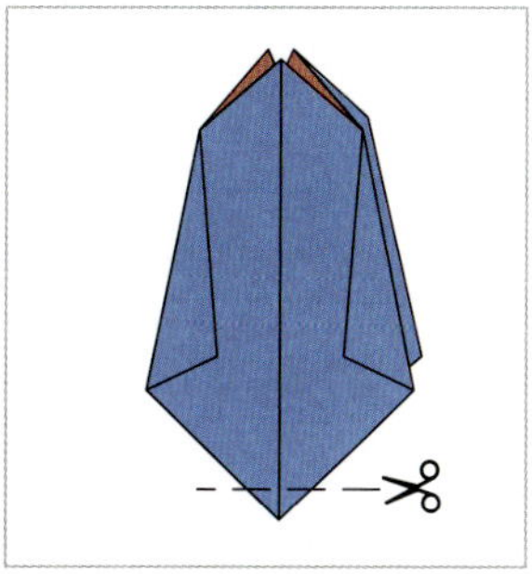

4 Con un par de tijeras corte la punta. Corte menos de lo que piensa que debiera cortar, ya que el orificio se puede agrandar pero no se puede hacer más pequeño.

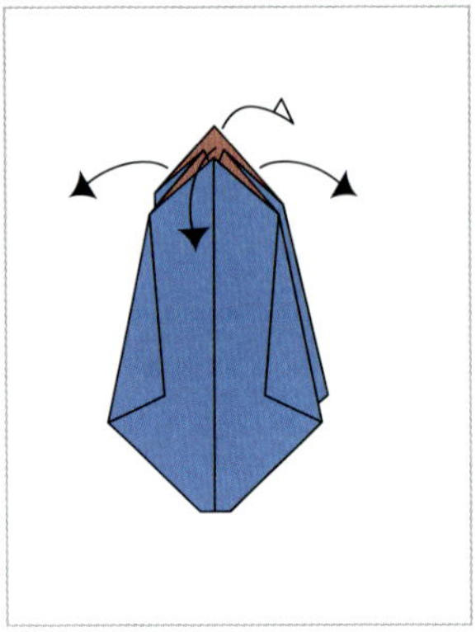

5 Abra suavemente la flor hacia fuera, redondeando los lados a medida que avanza.

TALLO

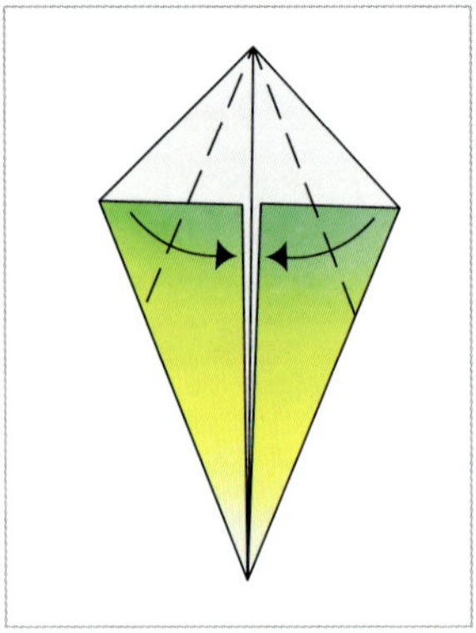

6 Comience con la base de cometa. Pliegue los bordes cortos hacia la marca central.

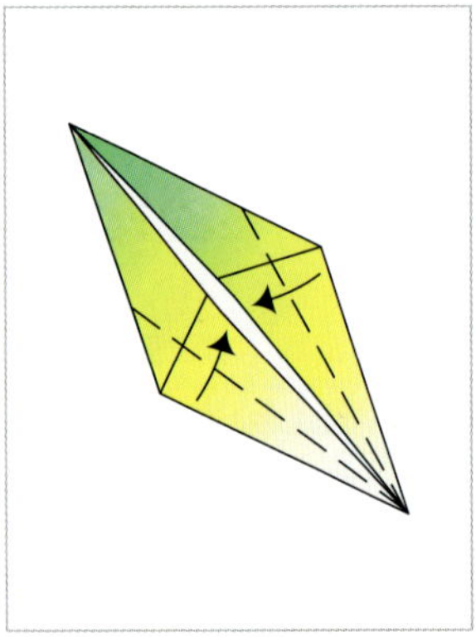

7 Pliegue los lados largos hacia el centro para estrechar el modelo.

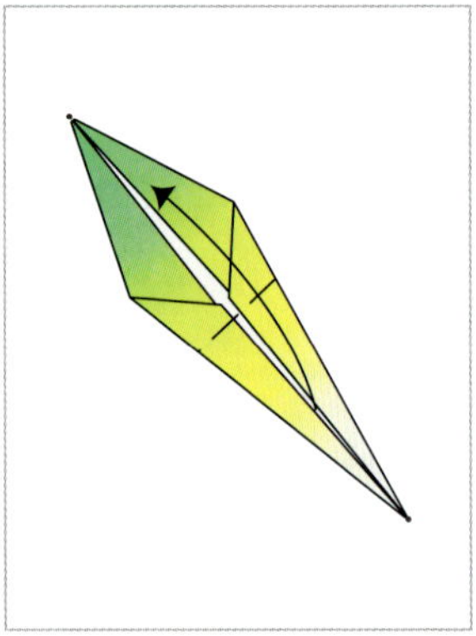

8 Pliegue por la mitad con las puntas juntas.

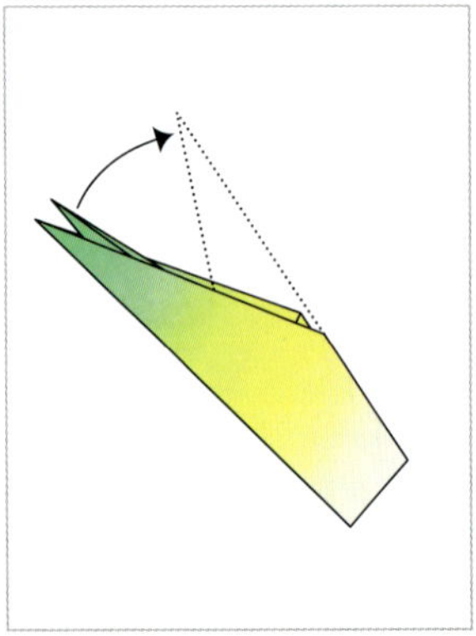

9 Tire de la punta aguzada hacia la posición punteada. Pellizque el papel hasta aplanarlo en la parte inferior para permitir que la punta aguzada conserve su nueva posición.

10 Ahora el tallo está completo. Inserte la espiga aguzada en la base de los pétalos.

Rana

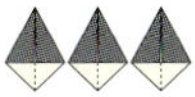

NIVEL DE HABILIDAD

Necesitará

- Papel cuadrado de 20cm de gramaje ligero o medio
- O papel de gramaje pesado de 20cm x10cm (comience en el paso 2)

ESTE MODELO TRADICIONAL QUE REPRESENTA A UNA RANA SALTADORA ES UNO DE LOS GRANDES FAVORITOS ENTRE LOS NIÑOS, Y, CON UN POCO DE AYUDA, ES RAZONABLEMENTE FÁCIL PARA ELLOS CREAR UNA VERSIÓN SIMPLIFICADA CON TODA CLASE DE PAPELES DE COLORES Y MOTIVOS EXCITANTES.

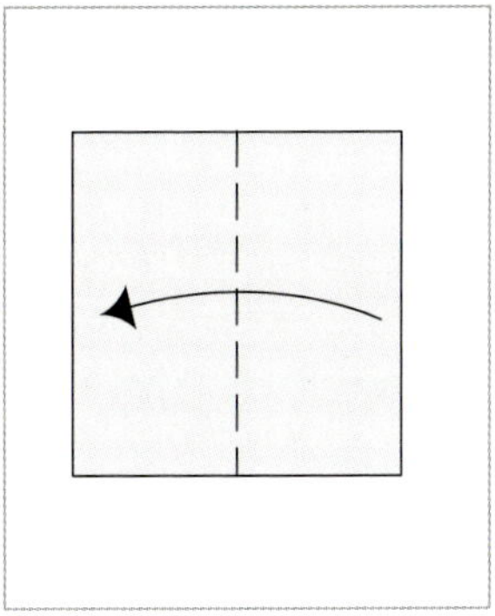

1 Comenzando con el lado blanco del papel hacia arriba, pliegue el cuadrado por la mitad en el medio.

2 Pliegue la esquina izquierda hacia abajo hasta encontrar el borde opuesto. Despliegue.

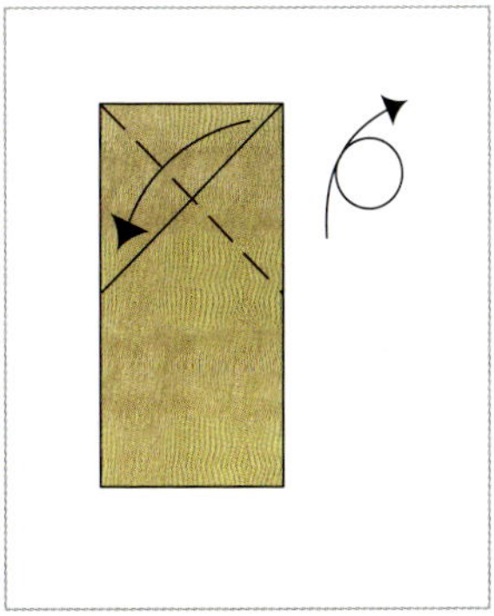

3 Repita la operación en el lado derecho. Dé la vuelta al papel.

4 Haga un pliegue de valle en la parte superior del papel de modo que la marca divida en dos las marcas anteriores. Luego despliegue.

5 Utilice las marcas existentes para crear dos pliegues *squash*, uno a cada lado. Dé la vuelta al papel.

6 Haga un pliegue de valle para la nariz de la rana y luego húndala dentro de la cabeza. (No incluya este paso con los niños pequeños). Pliegue la parte inferior del papel hacia arriba para que descanse a lo largo de la base del triángulo.

7 Pliegue los lados hacia el medio y marque con firmeza.

8 Pliegue nuevamente la parte inferior del papel por la mitad, marque con firmeza y despliegue.

9 Sujete las esquinas interiores en la parte inferior y tire de las esquinas hacia arriba y hacia fuera. Aplane el papel de modo que se formen dos triángulos dentro de las capas. Marque con firmeza.

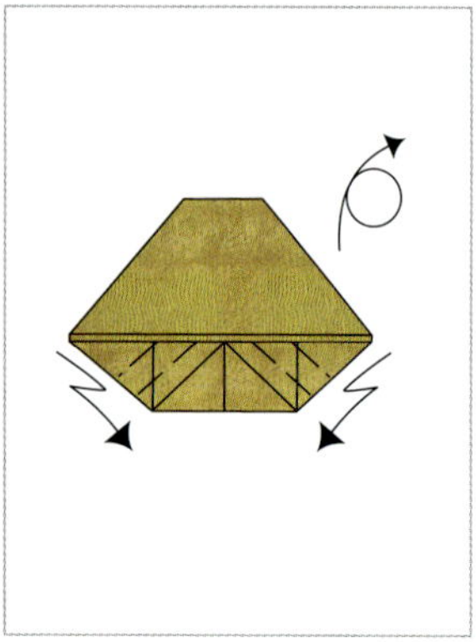

10 Pliegue como se muestra en el dibujo para formar las patas traseras. Dé la vuelta al papel.

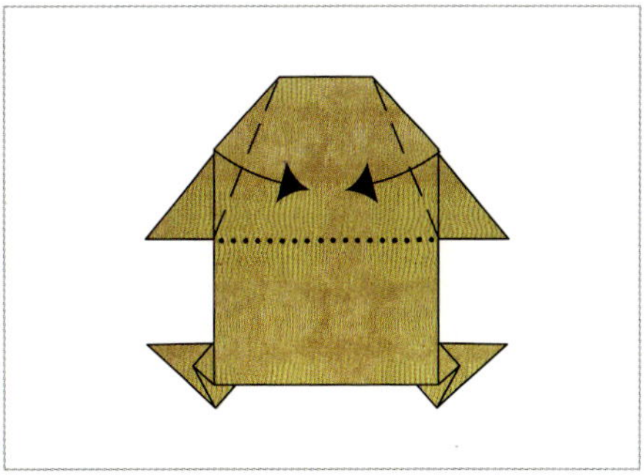

11 Pliegue hacia dentro las dos esquinas delanteras para crear ojos saltones.

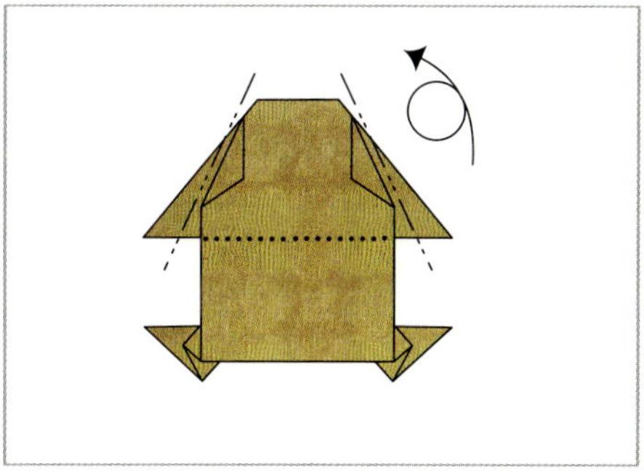

12 Pliegue las patas delanteras por debajo, de modo que queden ocultas nuevamente por el cuerpo de la rana. Dé la vuelta al papel.

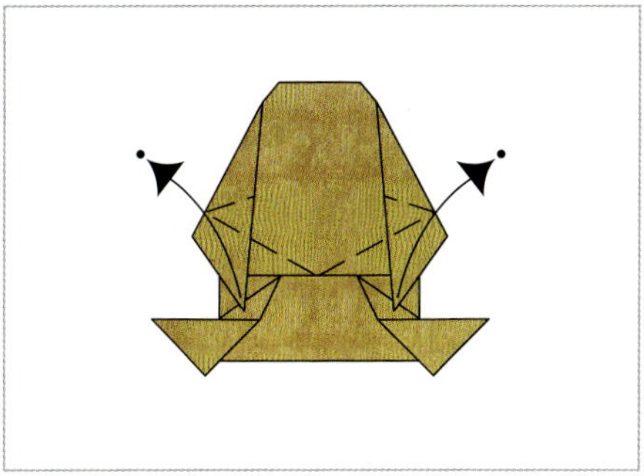

13 Tire de las patas de rana hacia fuera hasta los puntos mostrados en el dibujo y pliéguelas planas.

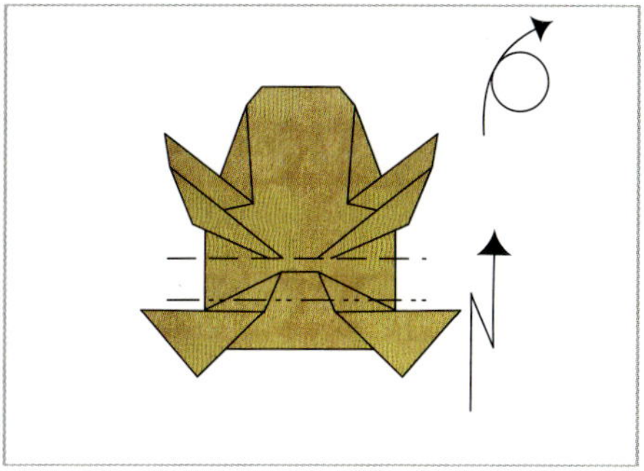

14 Pliegue las patas traseras como muestra el dibujo, presionando las marcas con fuerza para crear el muelle. ¡Dé la vuelta al modelo y que comience a brincar!

Para hacer que su rana salte debe presionar hacia abajo en el extremo posterior, comprimiendo el pliegue y dejando que el dedo se deslice fuera de la rana.

Gallo

NIVEL DE HABILIDAD

Necesitará

- ❒ Un cuadrado de papel de 15cm de gramaje medio marcado en ambas diagonales

ESTE DISEÑO, REALIZADO POR FLORENCE TEMKO, DE ESTADOS UNIDOS, ES UN EJEMPLO FANTÁSTICO DE ORIGAMI QUE RESULTA INMEDIATAMENTE RECONOCIBLE AL TIEMPO QUE SIGUE PARECIENDO DOBLADO, ALGO QUE, CURIOSAMENTE, NO CONSIGUEN TODOS LOS MODELOS DE ORIGAMI.

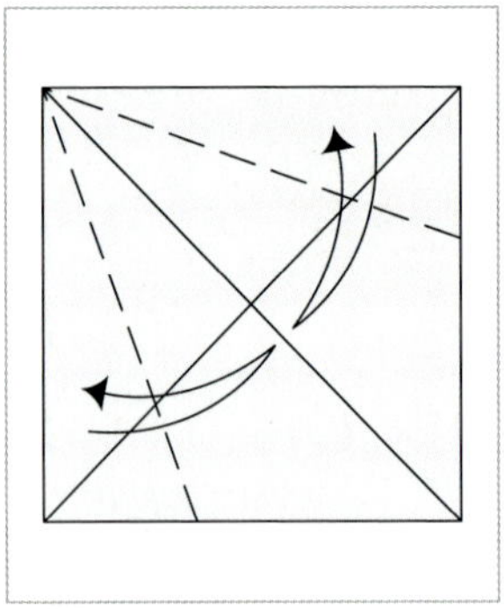

1 Pliegue los bordes superior e izquierdo hacia la marca central. Despliegue.

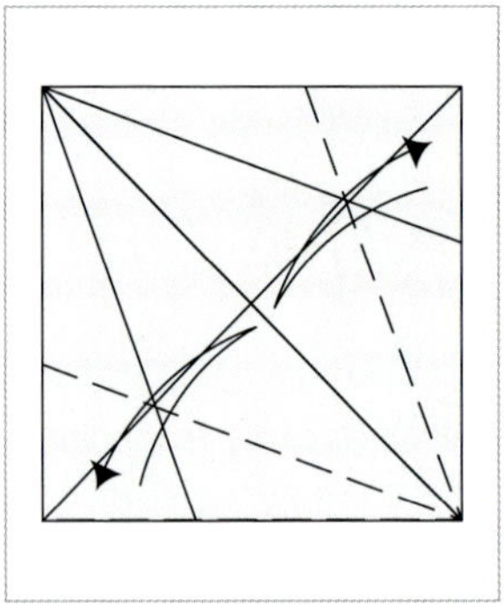

2 Repita la operación para los bordes derecho e inferior.

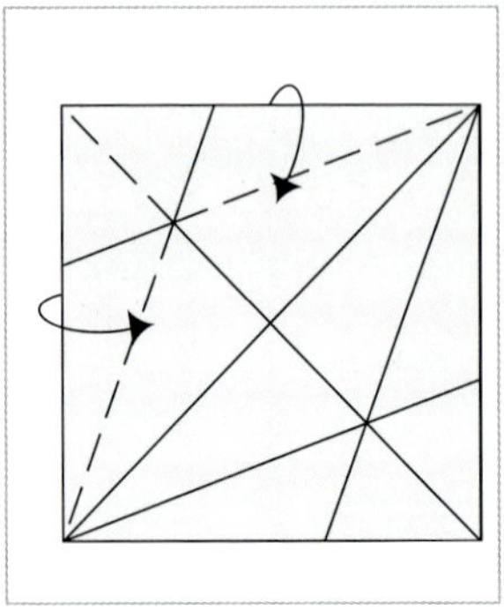

3 Pliegue hacia dentro las tres marcas como muestra el dibujo, de modo que la esquina superior se mantenga erguida...

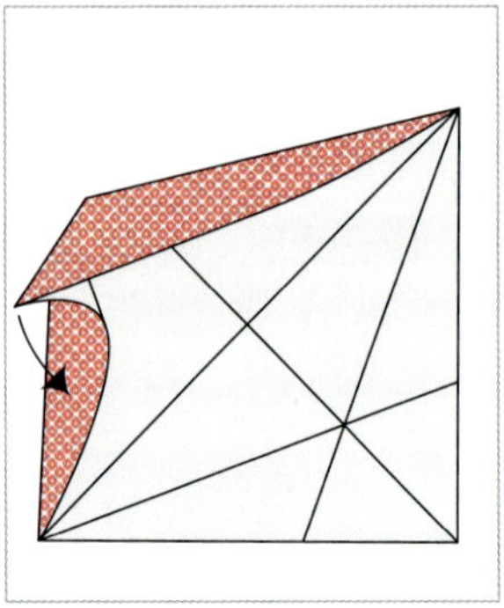

4 ...de este modo. Aplástela hacia la izquierda.

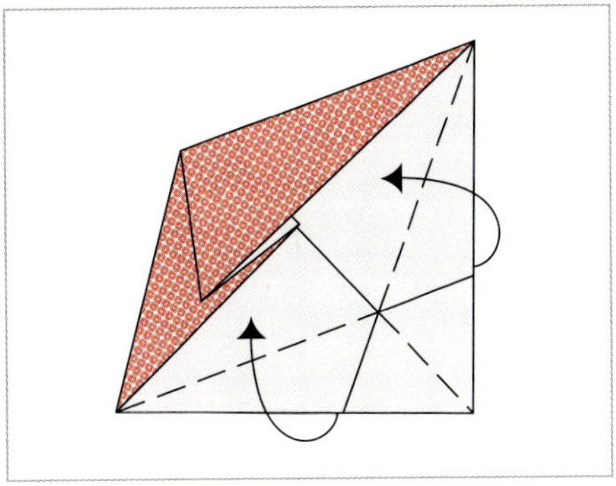

5 Repita la operación en la parte inferior, aplanando una vez más la esquina suelta hacia la izquierda.

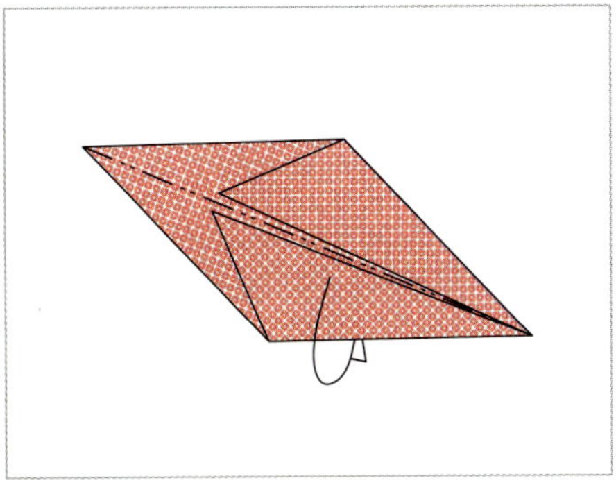

6 Haga un pliegue de montaña en la porción inferior detrás de la parte superior.

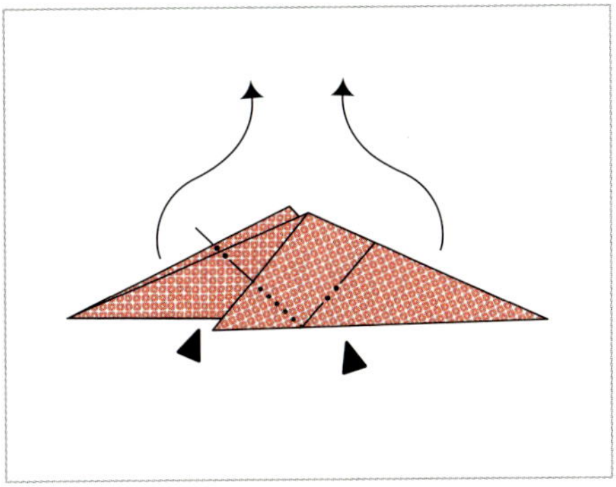

7 Pliegue invertido dos veces.

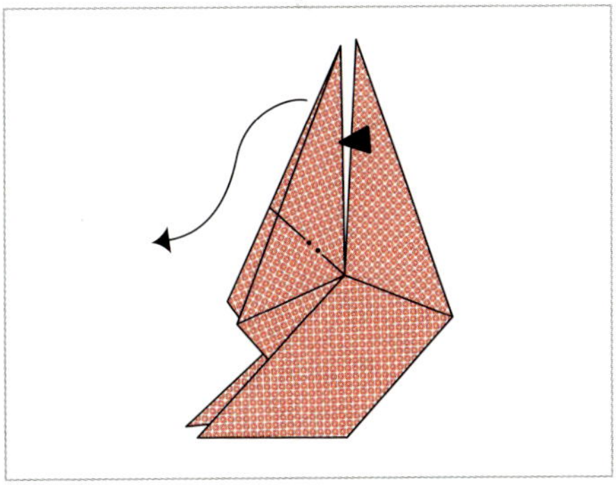

8 Pliegue invertido.

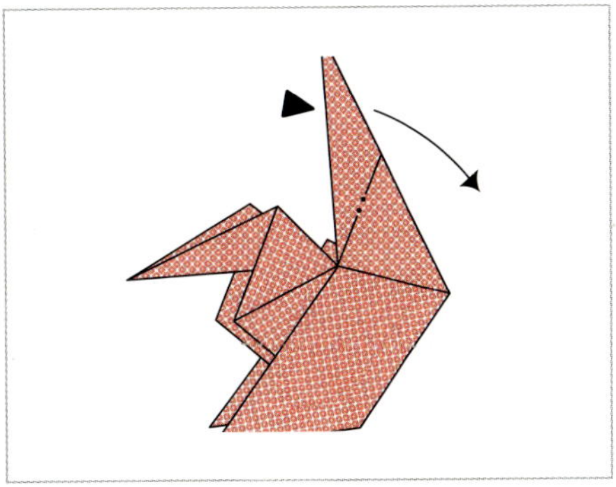

9 Pliegue invertido. Observe el ángulo.

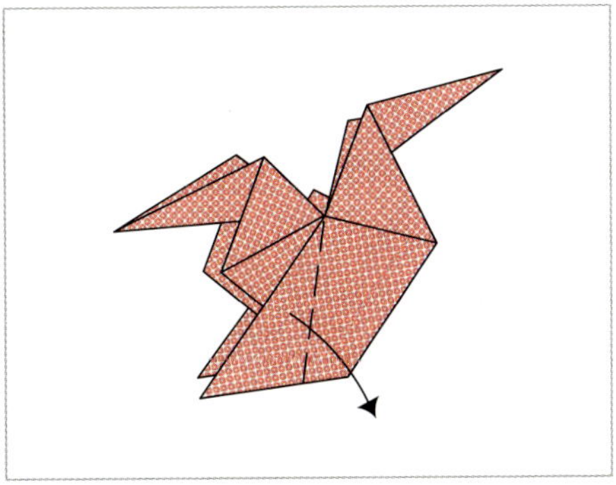

10 Pliegue de valle; repita la operación en la parte de atrás.

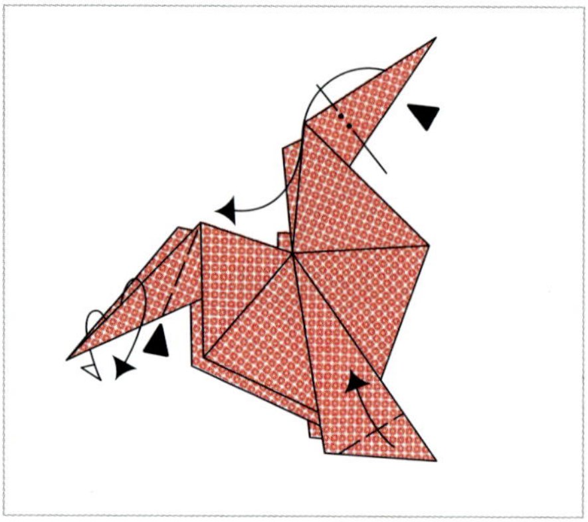

11 En la parte izquierda haga un pliegue invertido exterior. En la parte derecha haga un pliegue invertido. Haga un pliegue de valle en las patas. Repita en la parte de atrás. Los pliegues de valle correspondientes a las patas deberían encontrarse en un ángulo que permitiera que el gallo se pueda balancear.

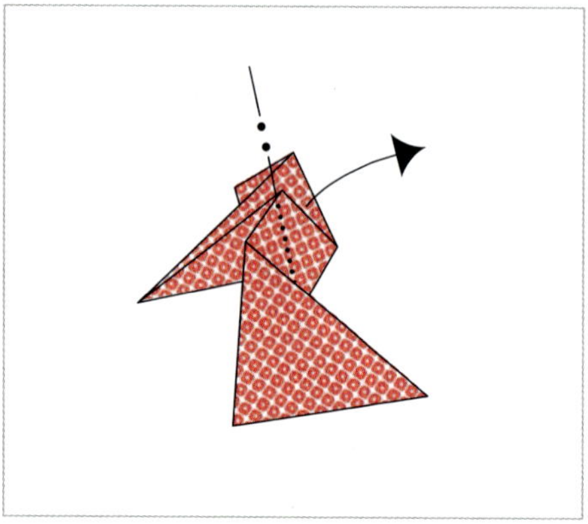

12 Haga un pliegue invertido para formar el pico.

Estos gallos están creados con papeles japoneses auténticos que contribuyen a realzar el aspecto tradicional del diseño.

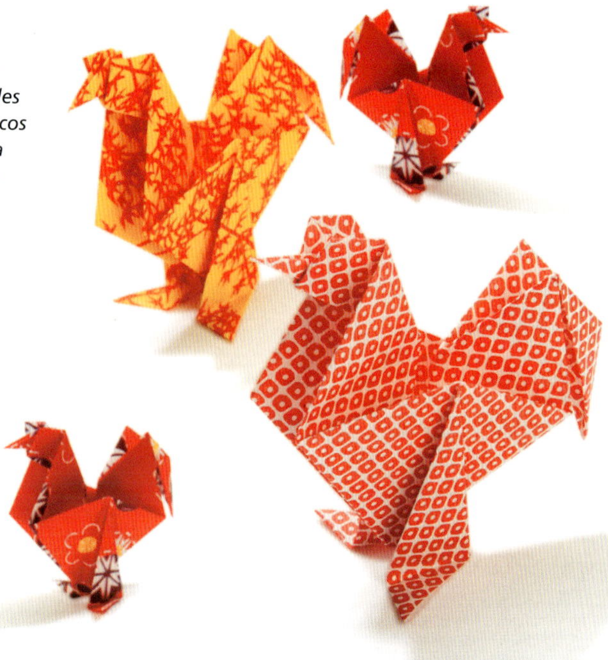

Conejo

Véase también
Base de la bomba de agua, página 22

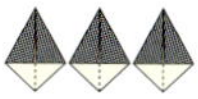

Necesitará

- ❒ Un cuadrado de papel de 15cm de gramaje ligero o medio (base de la bomba de agua)
- ❒ Un cuadrado de papel de 22cm de gramaje ligero o medio (base de la bomba de agua)

EXISTEN MUCHOS MODELOS DE CONEJOS DE ORIGAMI QUE USTED PUEDE INTENTAR, PERO HAY UNO CON UNA DIFERENCIA: SE TRATA DE UNO DE LOS POCOS DISEÑOS REALIZADOS UTILIZANDO DOS PIEZAS Y EL ÚNICO TAMBIÉN EN EL QUE AMBAS SECCIONES DEL DISEÑO SON SOPLADAS.

CUERPO

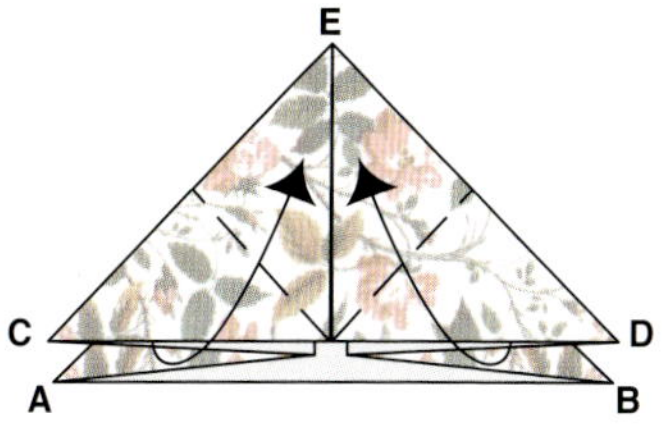

1 Pliegue C y D hasta E usando la base de la bomba de agua de 22cm.

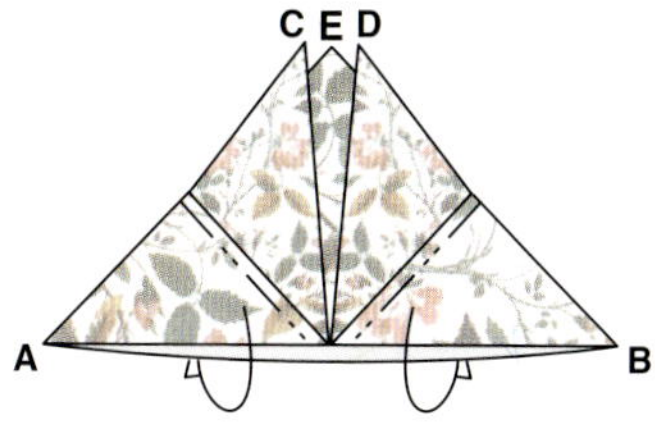

2 Pliegue A y B por detrás hasta E.

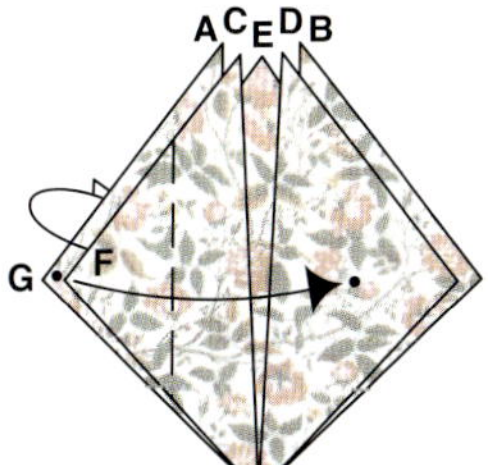

3 Pliegue F hacia la derecha de modo que supere ligeramente el doblez mostrado. Repita esta operación por detrás con G.

4 Pliegue hacia abajo la esquina C. Repita por detrás con A.

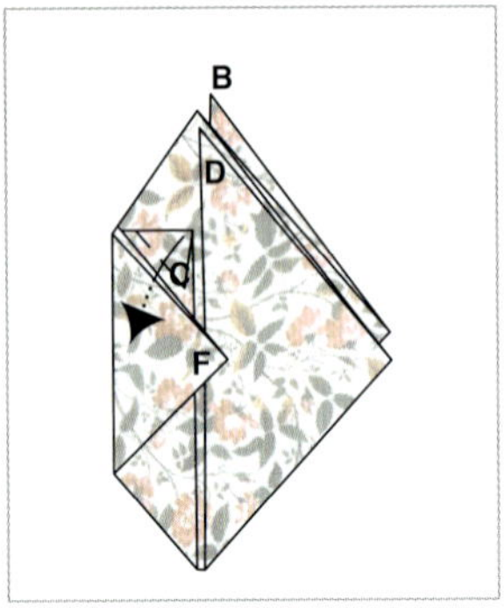

5 Haga un pliegue de valle para el pequeño triángulo, como se muestra en el dibujo, y encájelo entre las dos capas de papel que discurren hacia F. Repita la operación por detrás con A.

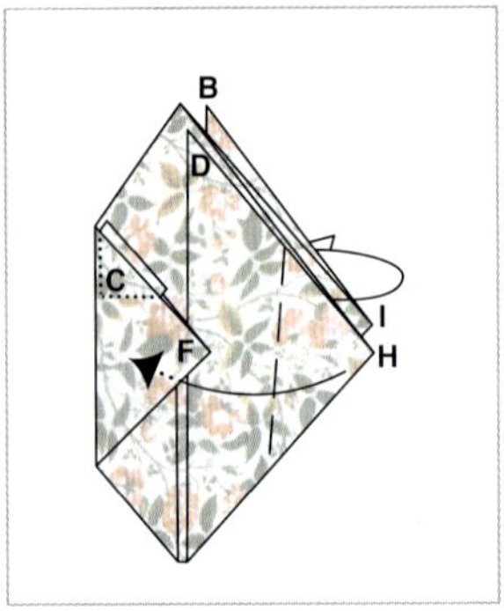

6 Pliegue H hacia la izquierda, encajándolo debajo de F. Repita la operación por detrás con I.

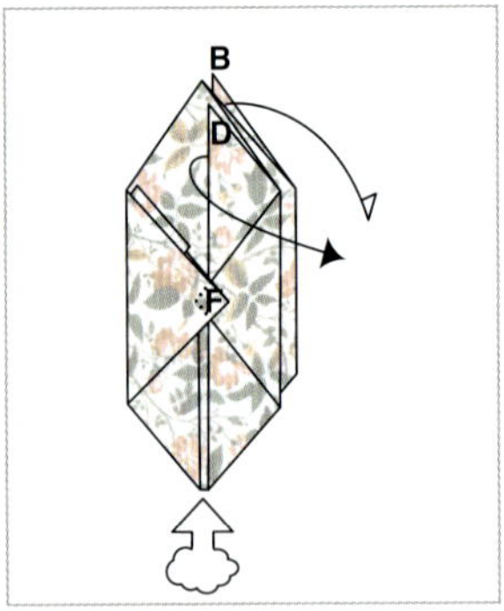

7 Pliegue D hacia abajo a lo largo del borde que baja hasta H. Repita la operación por detrás con B. Sople con cuidado dentro del orificio situado en la parte inferior para hinchar el cuerpo.

CABEZA

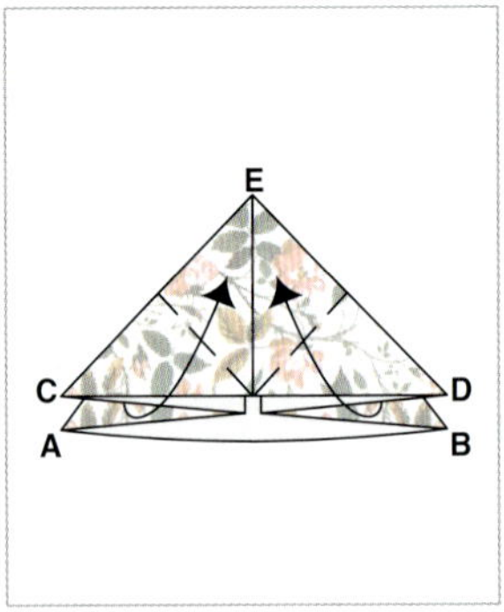

8 Pliegue C y D hasta E usando la base de la bomba de agua de 15cm.

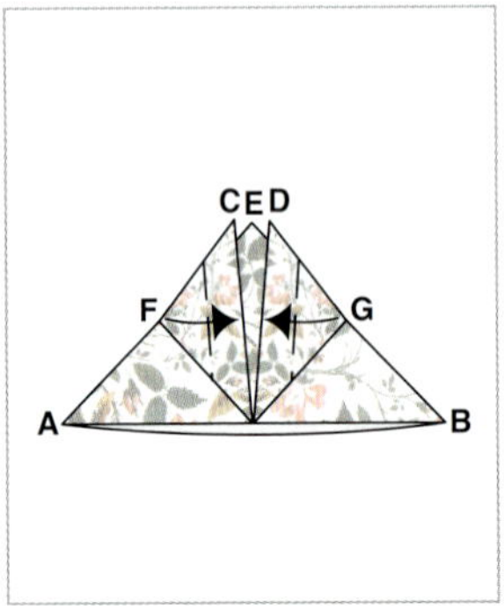

9 Pliegue F y G hacia el medio.

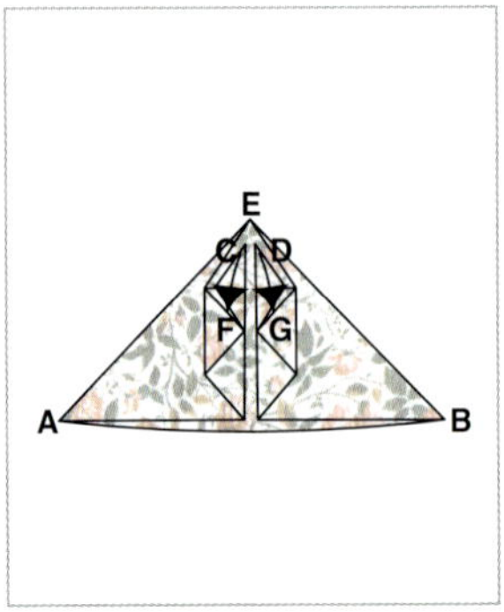

10 Pliegue hacia abajo C y D.

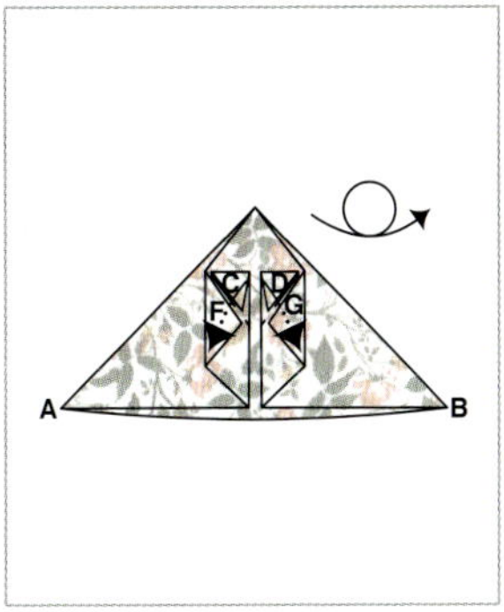

11 Como ha hecho en el paso 5 del cuerpo, pliegue en forma de valle los pequeños triángulos recién formados donde se muestran, y encájelos entre las dos capas de papel que discurren hacia F y G. Dé la vuelta al papel.

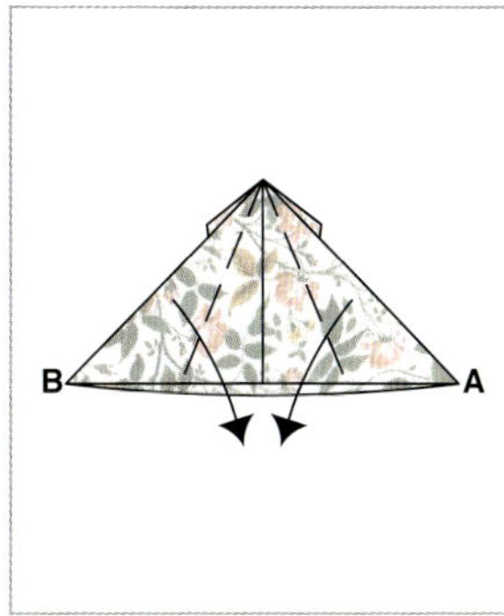

12 Pliegue hacia abajo B y A como muestra el dibujo.

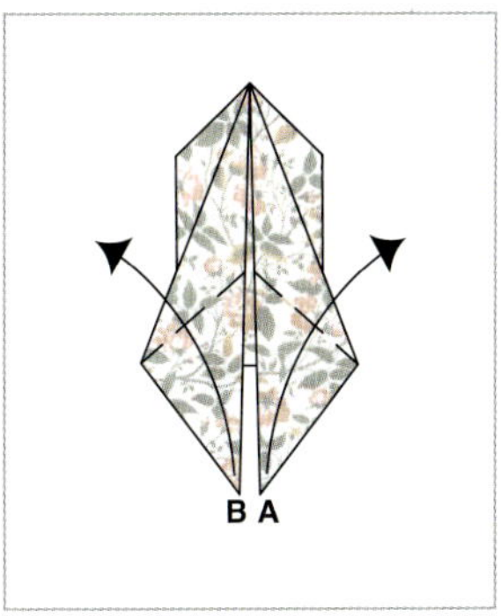

13 Pliegue B y A hacia fuera formando un ángulo tal que BA forme un largo borde horizontal.

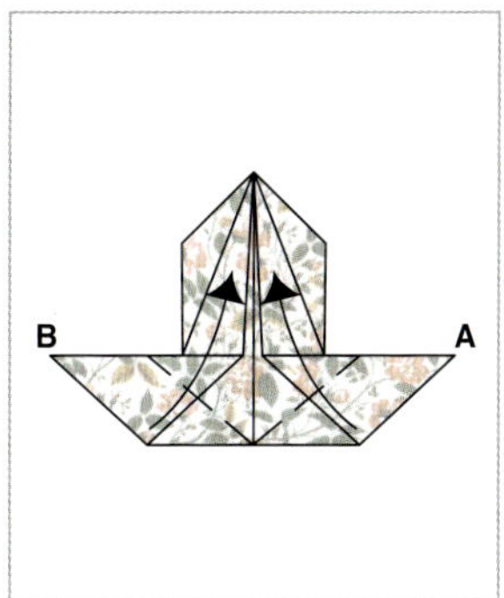

14 Pliegue B y A hacia arriba como muestra el dibujo, de modo que el borde inferior se apoye en el doblez del medio. Éstas son las orejas.

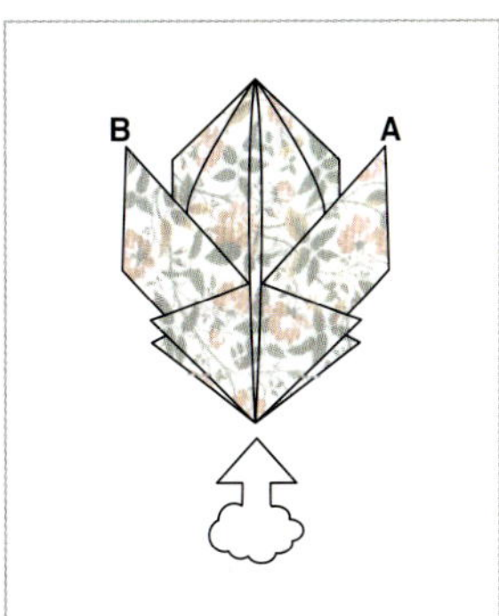

15 Como ha hecho con el cuerpo, sople con cuidado dentro del orificio situado en la parte inferior para hinchar la cabeza. Luego utilice un pequeño trozo de papel engomado para unir la cabeza al cuerpo.

Altere el ángulo de la cabeza y las orejas, o bien añada pliegues extra, para cambiar la expresión del conejo.

Tortuga

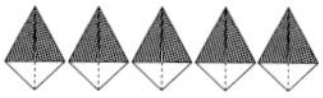

NIVEL DE HABILIDAD

Necesitará

- Un cuadrado de papel verde fino de 15cm

Consejo de artista: siga la pista de cuál es cada extremo desde el paso 20 o, de otro modo, podría acabar creando una tortuga con la cabeza plana.

ÉSTE ES UN DISEÑO COMPLICADO, PERO QUE MERECE LA PENA ACABAR AUNQUE SÓLO SEA POR EL ENCANTADOR CAPARAZÓN ABOMBADO Y EL ROSTRO ARRUGADO DE LA TORTUGA.

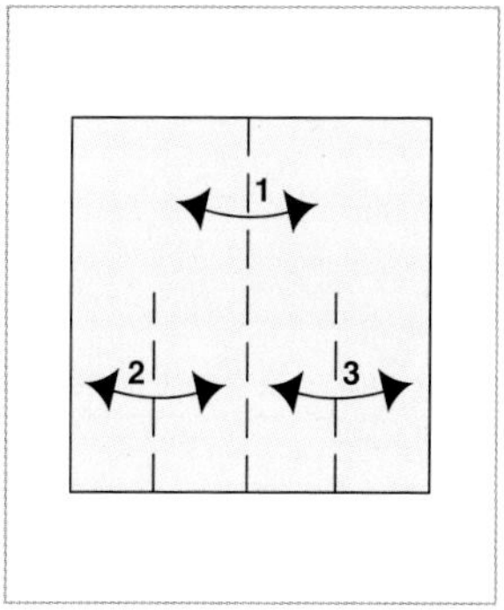

1 Comience a trabajar con el lado blanco hacia arriba. Pliegue el papel por la mitad verticalmente y luego despliéguelo. A continuación pliegue los lados hacia la línea central, doble la parte inferior y despliegue.

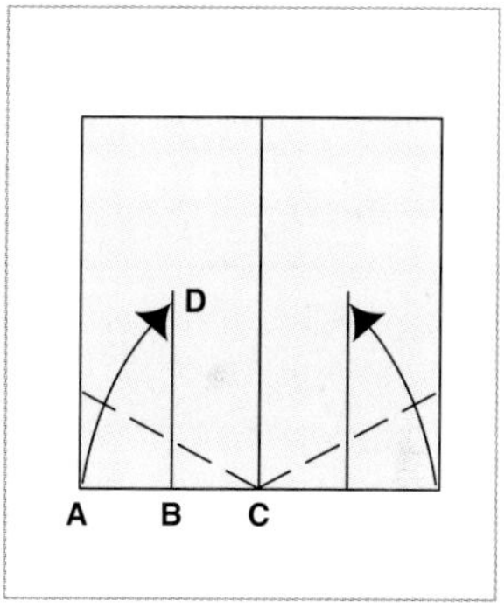

2 Pliegue la esquina A para que se apoye sobre la línea BD. Observe que el doblez toca el borde inferior del papel en el punto C, en el medio del borde inferior. Repita la operación sobre el lado derecho.

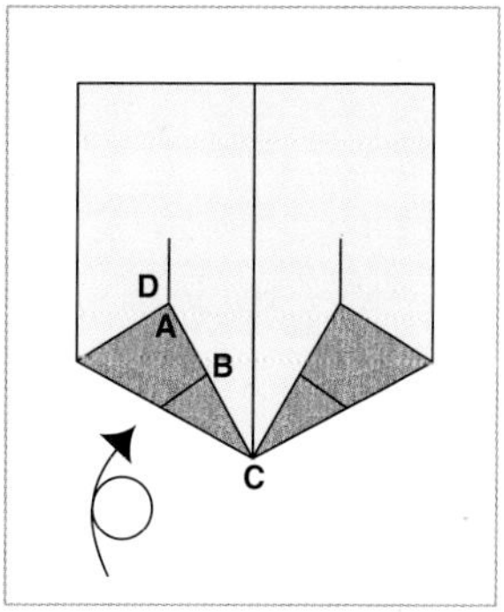

3 Dé la vuelta al papel.

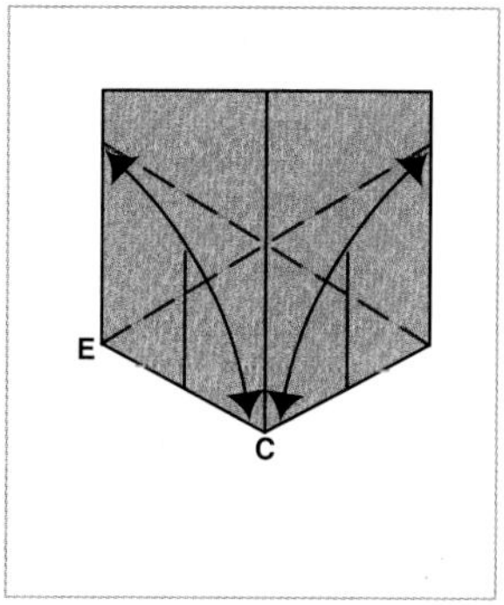

4 Pliegue la esquina C hacia arriba de modo que descanse sobre el borde izquierdo; el doblez discurre a través del punto E. Despliegue. Repita la operación sobre el lado derecho.

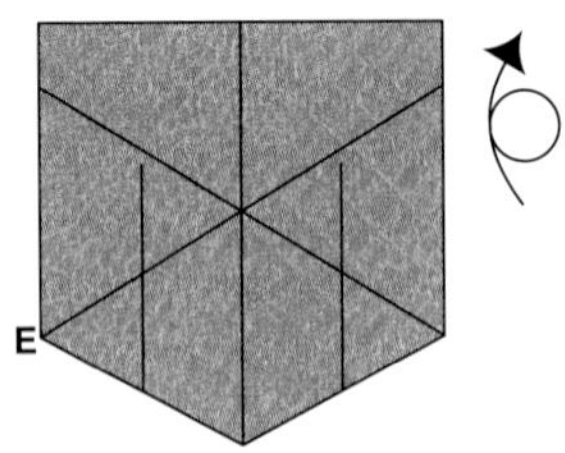

5 Dé la vuelta al papel.

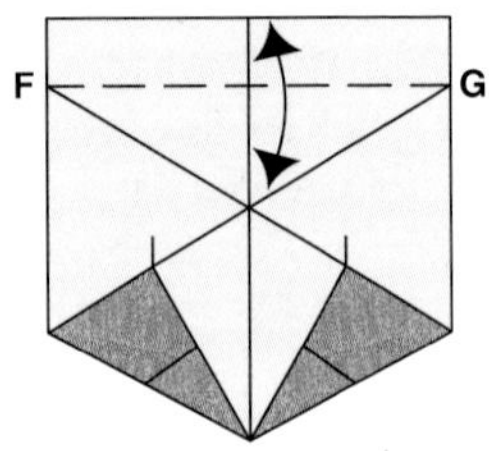

6 Pliegue hacia abajo el borde superior a lo largo de la marca que une los puntos F y G (donde las dos marcas diagonales tocan los bordes). Despliegue.

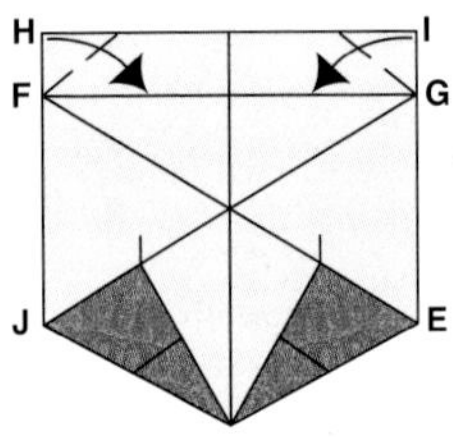

7 Pliegue hacia abajo la esquina H para que se apoye sobre la línea FG; la marca toca el borde en el punto F. Repita la operación para la esquina I.

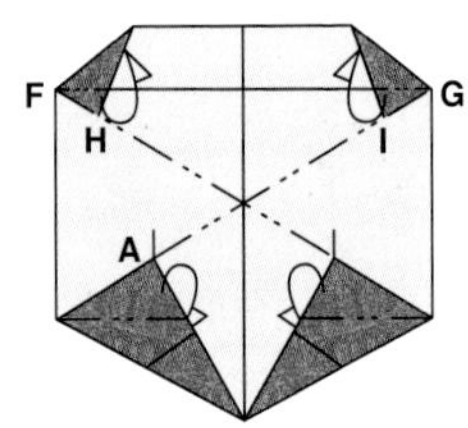

8 Pliegue las esquinas A y H por debajo. Repita la operación en el lado derecho. (Esto se consigue fácilmente desplegando la aleta A, haciendo el pliegue y volviendo a plegar).

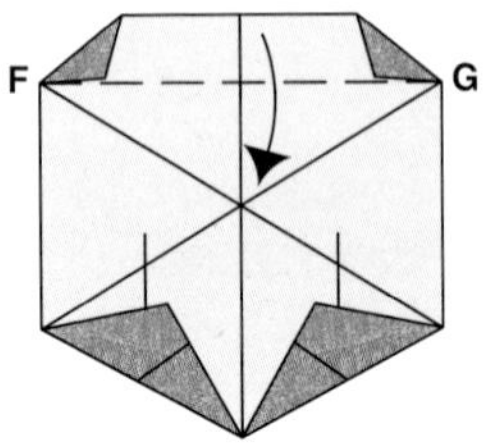

9 Pliegue el borde superior a lo largo de la marca FG existente.

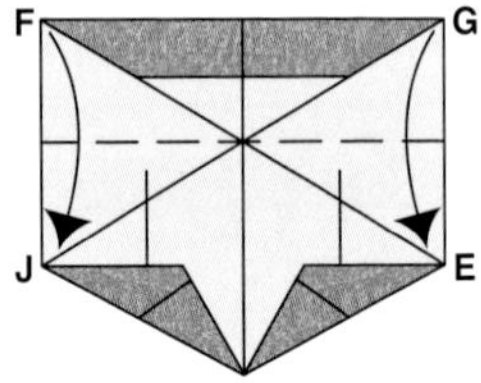

10 Pliegue hacia abajo las esquinas F y G para que se unan con las esquinas J y E respectivamente.

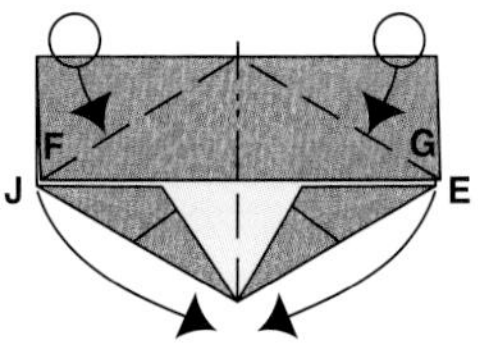

11 Reúna las esquinas J, F, G y E en la parte inferior del modelo (no quedará plano).

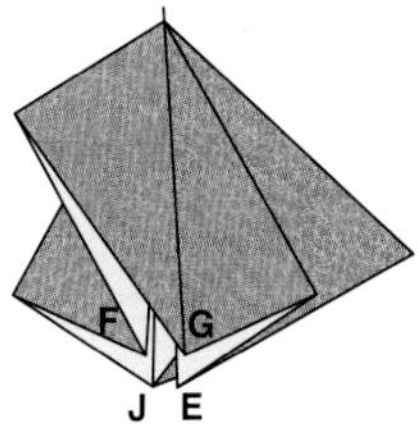

12 Aplane el papel. Observe que la aleta superior gira hacia la izquierda mientras que la aleta trasera gira hacia la derecha.

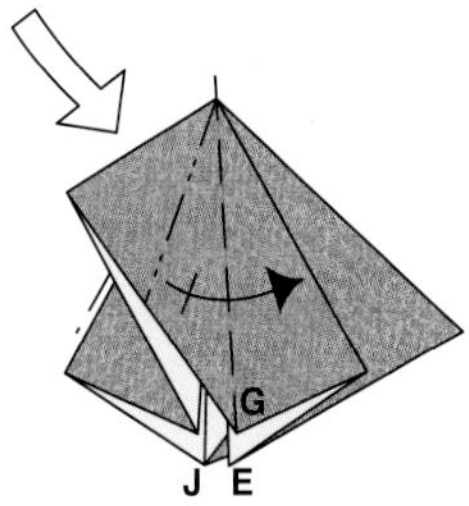

13 Pliegue *squash* en la aleta superior.

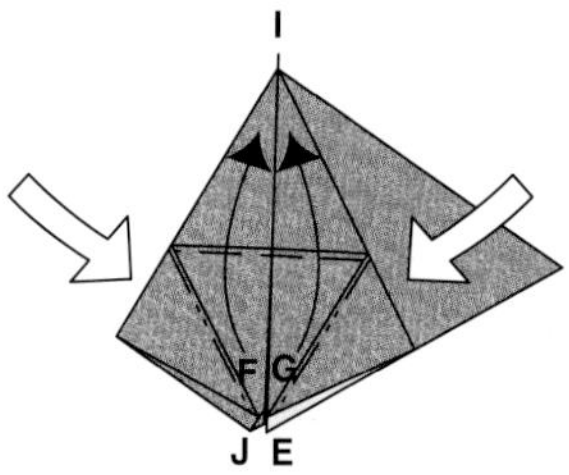

14 Pliegue *squash* en cada lado. Pliegue las esquinas F y G hasta el punto I.

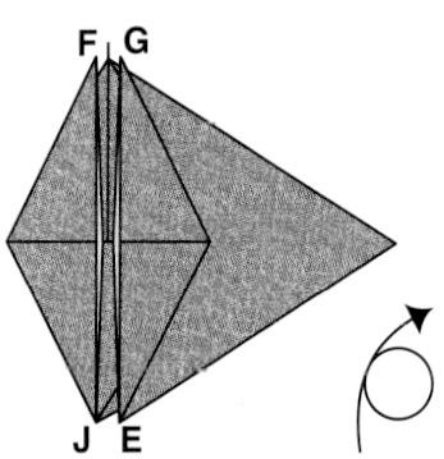

15 Dé la vuelta al modelo de lado a lado.

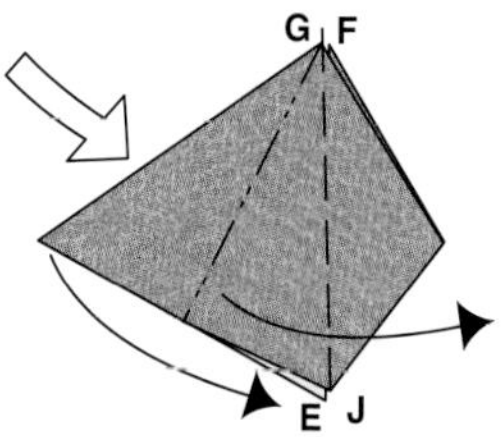

16 Pliegue *squash* en la punta larga.

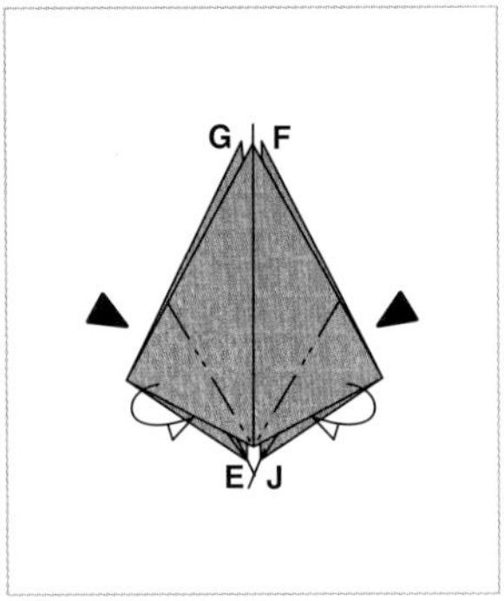

17 Pliegue invertido en las esquinas laterales.

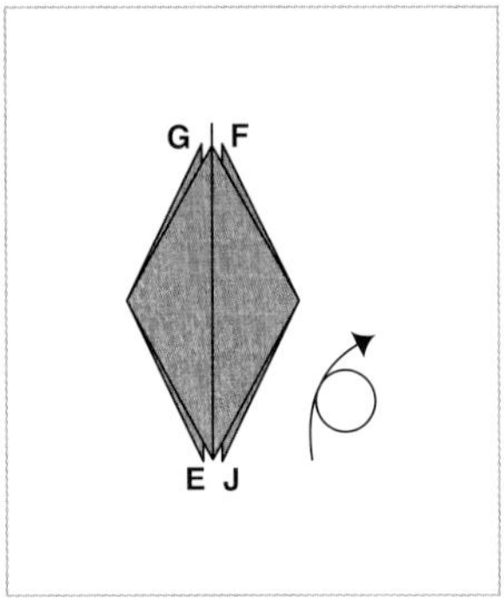

18 Dé la vuelta al modelo de lado a lado.

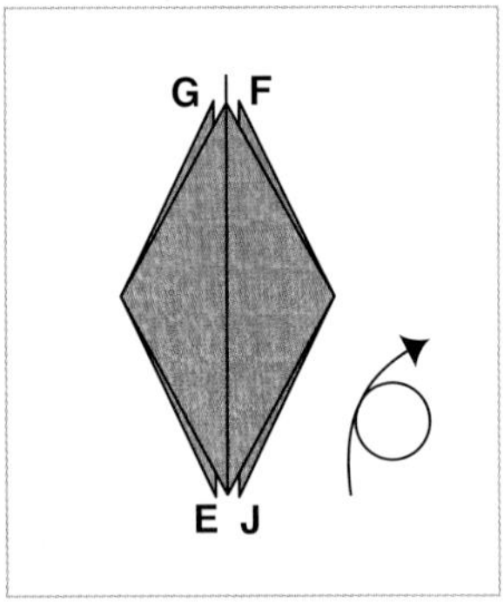

19 Pliegue invertido de dos puntas hacia la derecha.

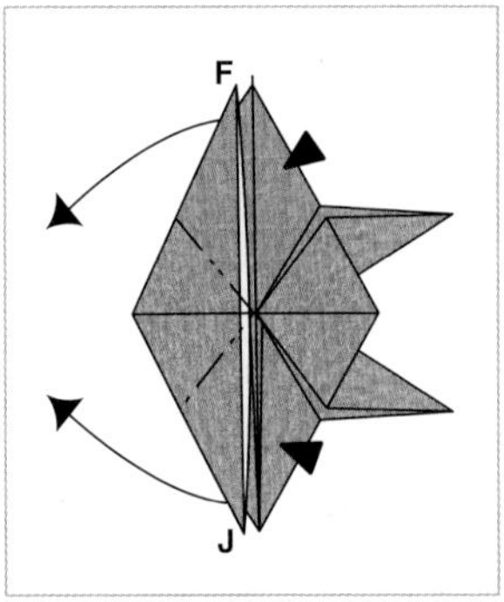

20 Repita la operación hacia la izquierda.

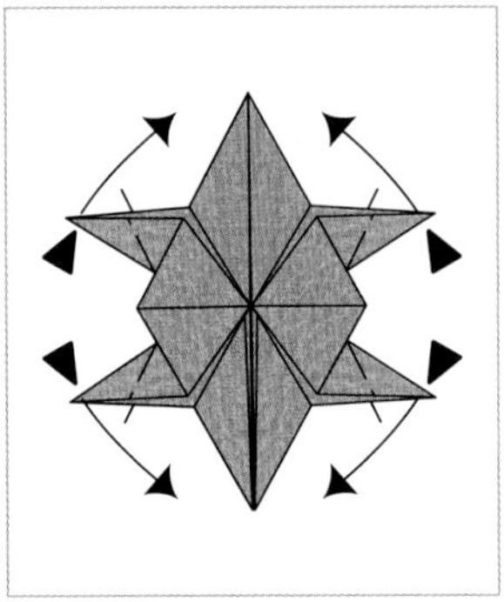

21 Pliegue invertido de las cuatro puntas.

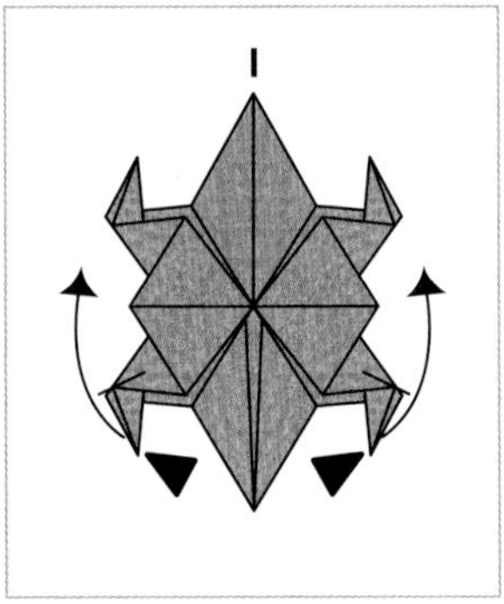

22 Pliegue invertido del par inferior de puntas hacia arriba. Asegurese de que el punto I (el punto grueso) se encuentre en la parte superior.

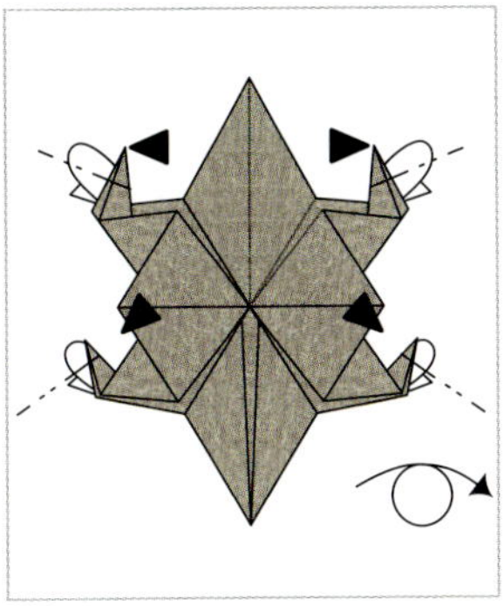

23 Pliegue invertido de los extremos de las cuatro puntas. Dé la vuelta al modelo.

24 Pliegue la punta inferior (la cola) en tercios y despliegue. No necesita hacer que las marcas cubran todo el papel hacia arriba.

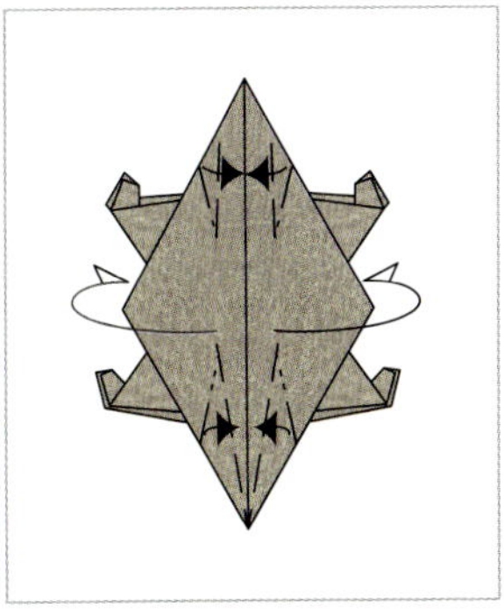

25 Curve los lados del cuerpo alejándolos de usted; al mismo tiempo, plise la parte superior e inferior del modelo. El caparazón se abombará hacia arriba en el medio.

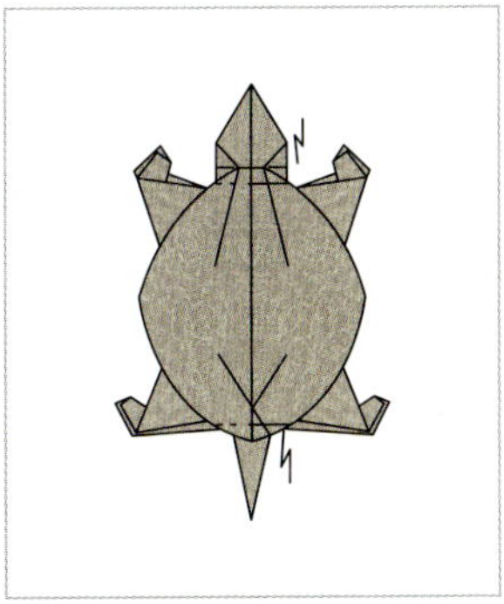

26 Pliegue el cuello y la cola para cerrarlos. Hinche ligeramente la cabeza hacia arriba tirando de la capa media. Pliegue las patas hacia abajo. Pellizque la cola por la mitad. Redondee el caparazón.

Utilice papeles de distintos tamaños para crear una familia de tortugas. Este diseño es más complicado cuanto más pequeños son los modelos, de modo que necesitará papel más ligero si quiere salir airoso del desafío.

Narciso

Véase también

Hexágono, página 24
Pájaro que bate las alas, página 134

NIVEL DE HABILIDAD

Necesitará

- Un hexágono de 20cm de papel amarillo finamente texturado
- Un cuadrado de 20cm de papel verde de gramaje medio plegado hasta el paso 6 del diseño correspondiente al Pájaro que bate las alas (página 134)

EN TÉRMINOS TÉCNICOS, ESTE DISEÑO, OBRA DEL BRITÁNICO TED NORMINTON, ES EL MÁS AVANZADO DE LOS INCLUIDOS EN ESTE CAPÍTULO Y SÓLO DEBEN INTENTAR HACERLO LOS PLEGADORES AVEZADOS. SIN EMBARGO, AUN CUANDO USTED NO SEA CAPAZ DE CONSEGUIRLO A LA PRIMERA, INTENTAR CONSTRUIR UN DISEÑO TAN COMPLEJO ES UNA EXCELENTE PRÁCTICA.

PÉTALOS

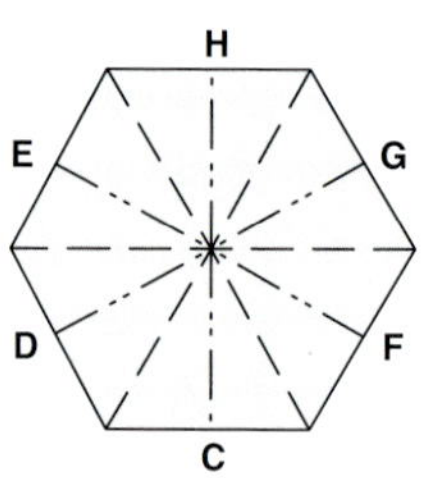

1 Pliegue montañas y valles en el hexágono amarillo como muestra el dibujo, aplastándolos para que adquieran la forma que se muestra en el paso 2.

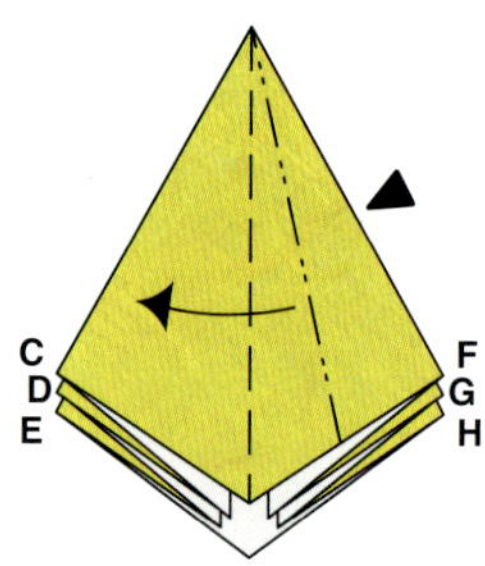

2 Si el borde inferior discurre recto de lado a lado, dé la vuelta a toda la forma de dentro hacia fuera para que se vea de este modo. Levante F y aplaste...

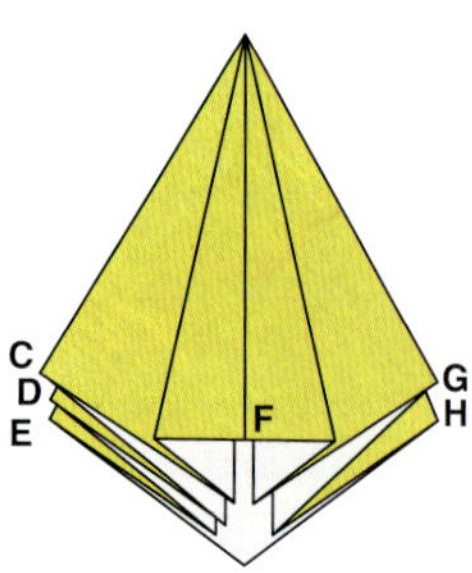

3 ...de este modo. Repita la operación con C, D, E, G y H. Cuando levante y aplaste la forma trate de mantener el mismo número de capas a derecha e izquierda.

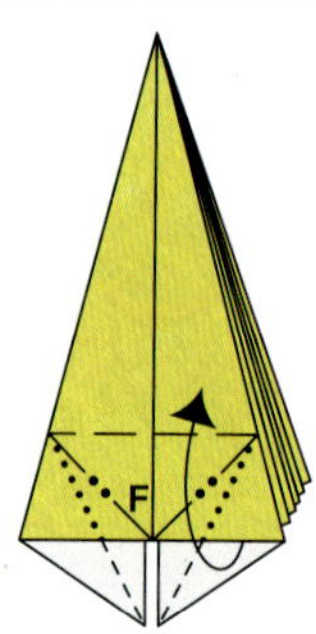

4 Levante la punta F a lo largo de los dobleces marcados (pliegue pétalo).

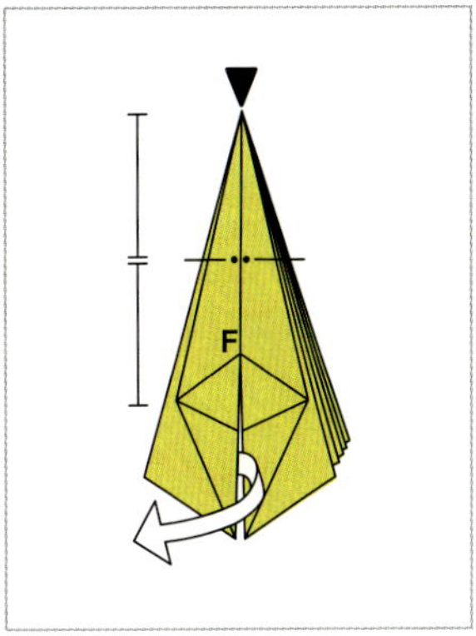

5 Despliegue los dobleces del paso 4. Repita cinco veces más. Invierta la esquina superior hacia abajo dentro del cuerpo del papel, en el nivel que se muestra en el dibujo. Para hacer esto, abra el hexágono, luego aplástelo nuevamente en su forma original cuando haya doblado el borde de la depresión en un pliegue de montaña continuo y cuando haya invertido el centro.

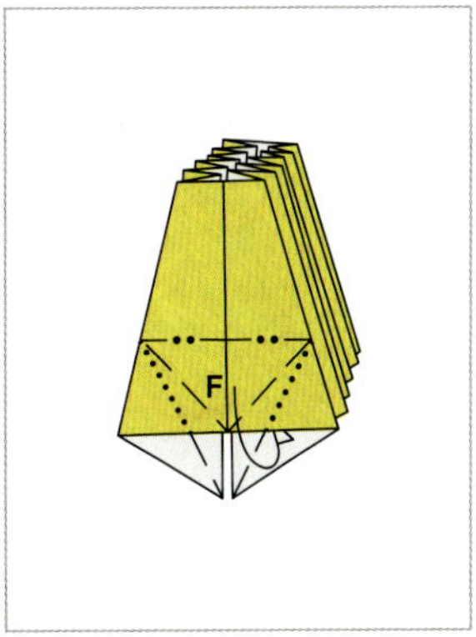

6 Introduzca F dentro de la capa delantera, invirtiendo algunos de los pliegues del paso 4. Repita la operación cinco veces más alrededor de las capas.

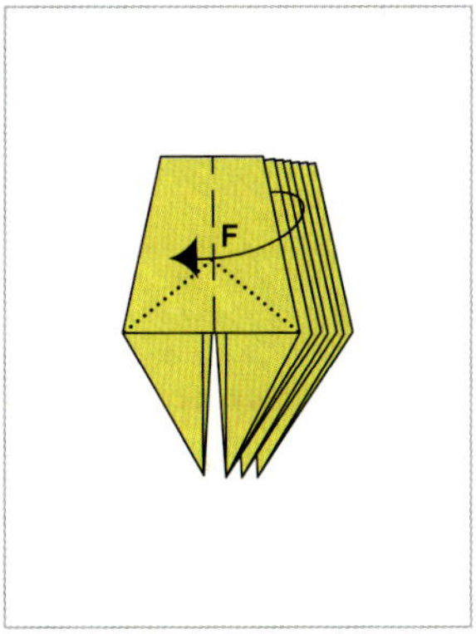

7 Pliegue una de las capas hacia la izquierda, para exponer...

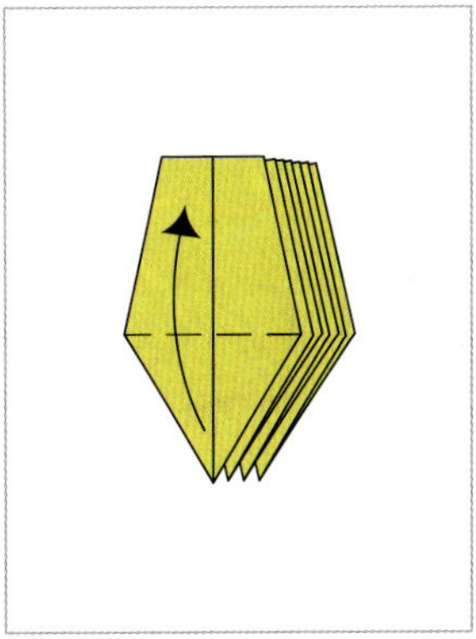

8 ...una cara limpia. Pliegue hacia arriba el triángulo inferior. Repita la operación cinco veces más alrededor de las capas.

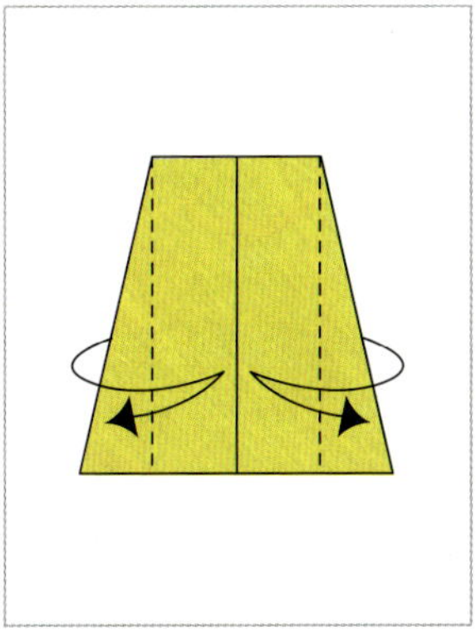

9 Observe que, a efectos de claridad, ahora sólo se mostrará la capa delantera. Pliegue y despliegue como muestra el dibujo.

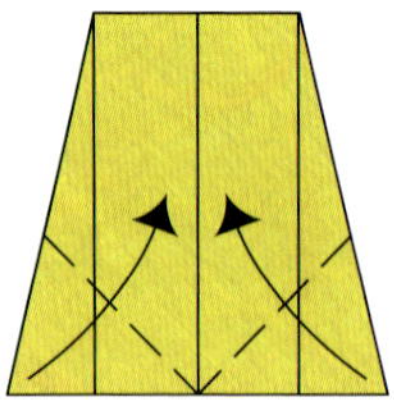

10 Pliegue las esquinas hacia arriba en dirección a la marca central.

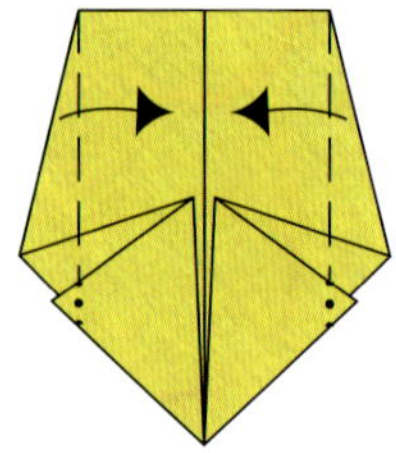

11 Vuelva a plegar las marcas del paso 10, de modo que la porción inferior de cada marca desaparezca dentro del triángulo inferior.

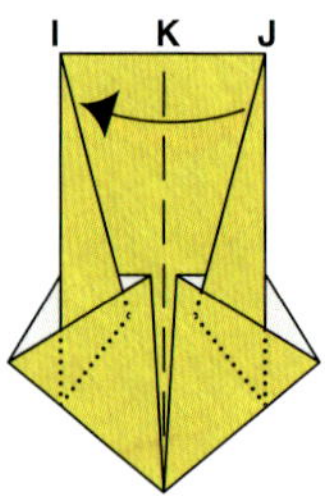

12 Pliegue la capa de un lado a otro. Repita cinco veces más los pasos 10-12. Observe I, J y K.

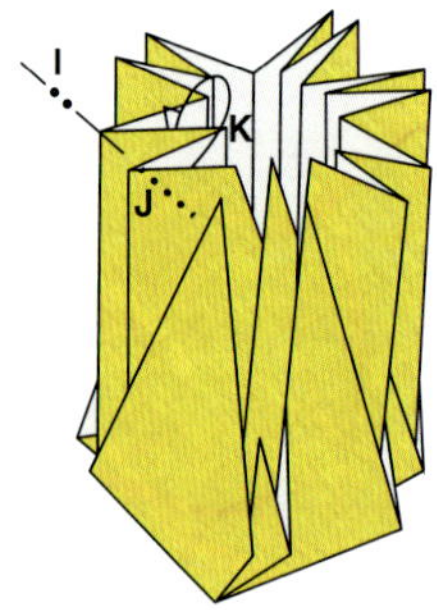

13 Pliegue K por detrás, formando un pequeño triángulo, de modo que I y J queden unidos y cerrados. Repita la operación cinco veces más dentro de la trompetilla.

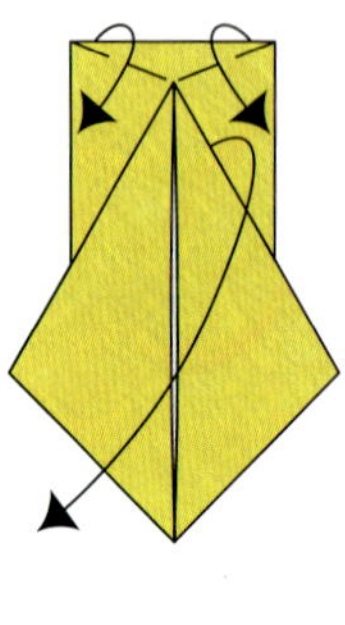

14 Tire hacia abajo de cada uno de los seis pétalos e invierta el borde de la trompetilla para darle forma.

Los intrincados detalles en los pliegues de la flor pueden resultar difíciles de reproducir, de modo que debe realizar el plegado lentamente y con mucho cuidado.

TALLO

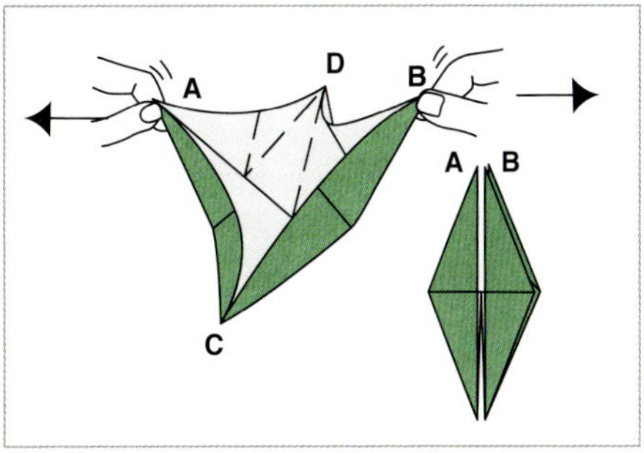

15 Sostenga el pájaro que bate las alas como muestra el dibujo. Separe con fuerza A y B hasta que la diagonal que los une a ambos forme un pliegue de montaña rígido...

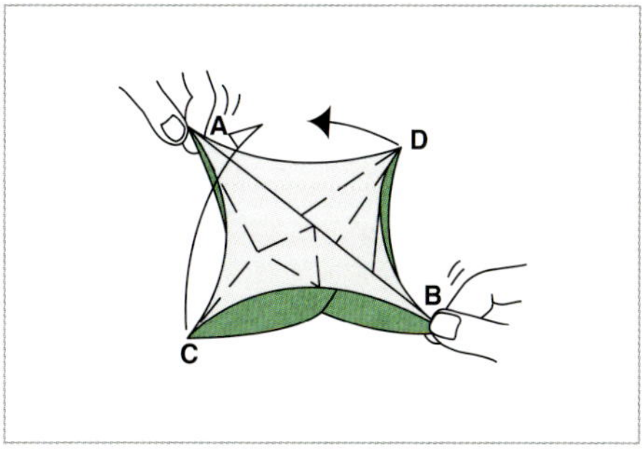

16 ...de este modo. Aplaste, uniendo C y D.

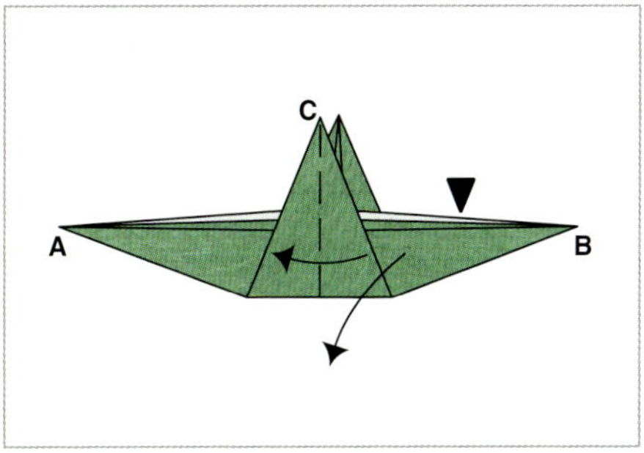

17 Pliegue el triángulo por la mitad debajo de C, haciendo girar B hacia abajo.

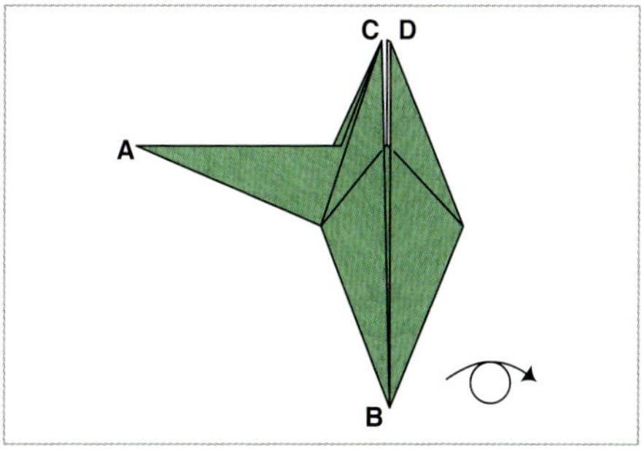

18 Observe la posición de B. Dé la vuelta al papel.

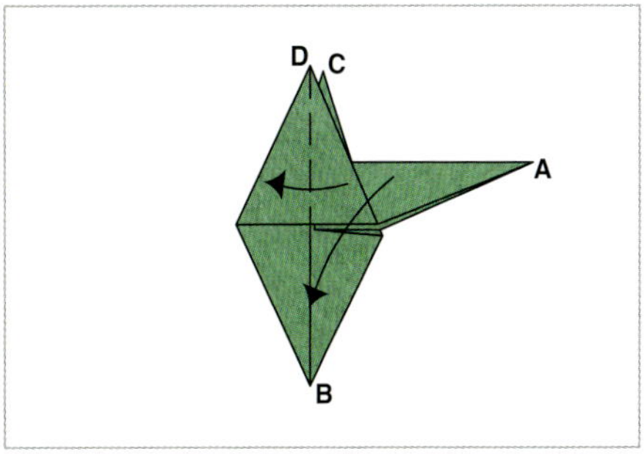

19 Repita el paso 17, haciendo girar A hacia B.

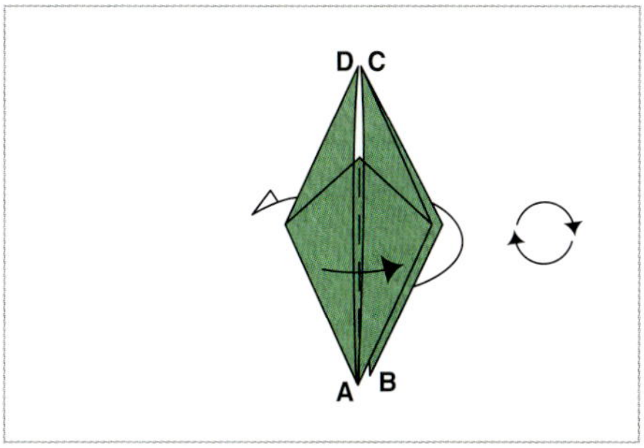

20 Pliegue una capa de papel a través de la parte delantera. Repita la operación en la parte trasera, pero en el lado opuesto. Haga girar el papel 180 grados.

21 Estreche la capa delantera en el lado derecho. Repita la operación en la parte trasera. Pliegue primero la marca del medio.

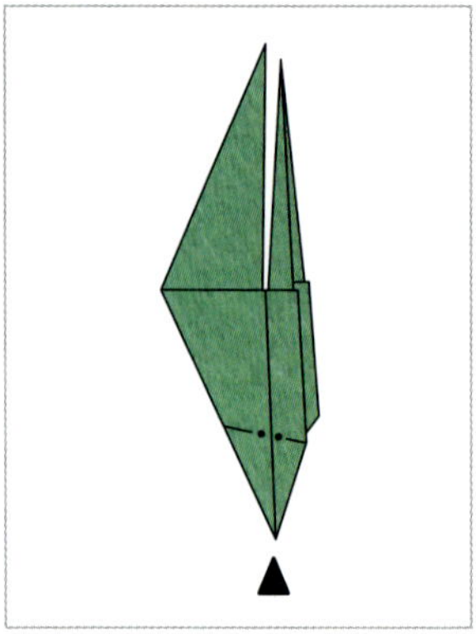

22 Empuje hacia dentro o hunda la esquina inferior. Observe que el pliegue se inclina hacia arriba en el lado izquierdo.

23 Estreche la aleta en el lado izquierdo. Repita la operación en la parte trasera.

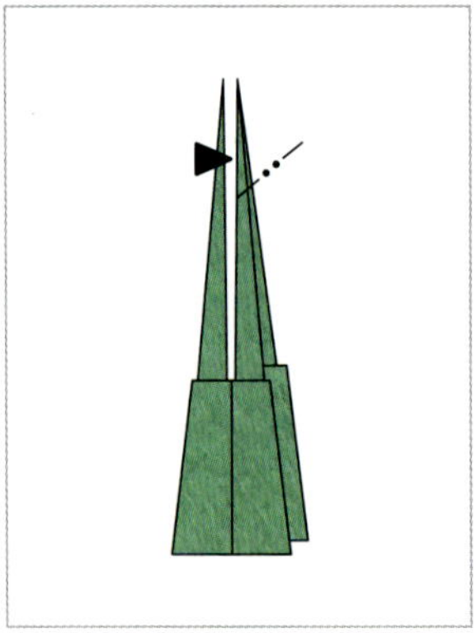

24 Invierta. El tallo está terminado.

Inserte la espiga superior dentro de la parte posterior de los pétalos para crear el narciso terminado.

Corgi (pequeño perro galés)

NIVEL DE HABILIDAD

Necesitará

- ❒ Una cartulina cuadrada de 30cm

Consejo de artista: elija con mucho cuidado el color del papel. Usar papel tostado y blanco proporciona una apariencia de *corgi* clásica. ¡Si utiliza papel marrón rojizo tendrá el aspecto de un zorro!

ESTE DISEÑO, OBRA DEL ARTISTA GUSPATH GO DE HONG KONG, TIENE UN ASPECTO ENGAÑOSAMENTE SIMPLE. LOS PRIMEROS NUEVE PASOS SE REALIZAN CON PREPLEGADOS Y DEBEN SER MUY PRECISOS. LOS PASOS 15 Y 22 SON COMPLICADOS. ASEGÚRESE DE QUE EXAMINA LOS DIAGRAMAS SIGUIENTES ANTES DE PLEGAR EL PAPEL.

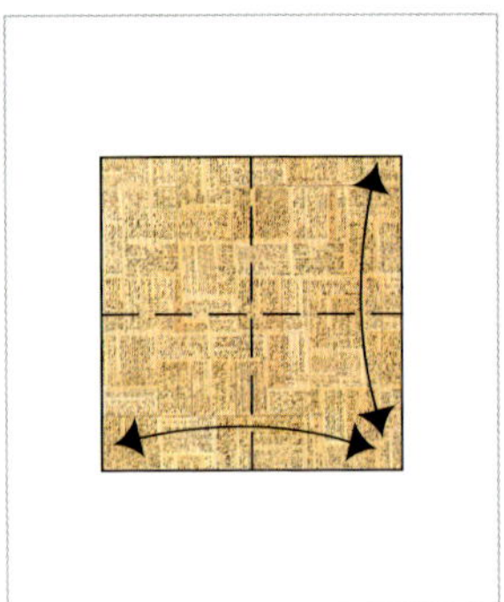

1 Comience con un cuadrado y con el lado coloreado hacia arriba.

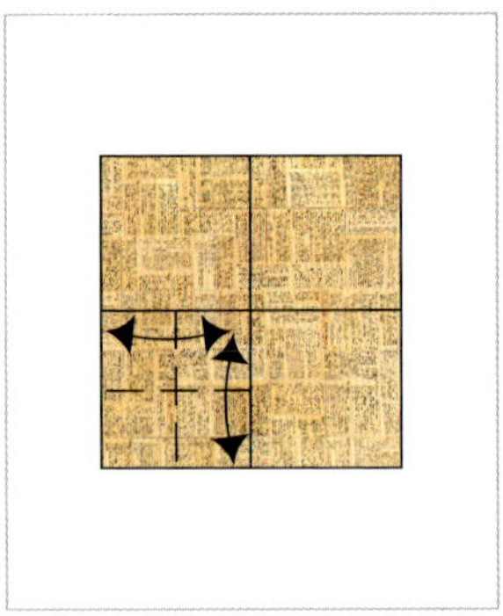

2 Pliegue por la mitad y hacia ambos lados el cuarto de sección inferior izquierda, luego despliegue.

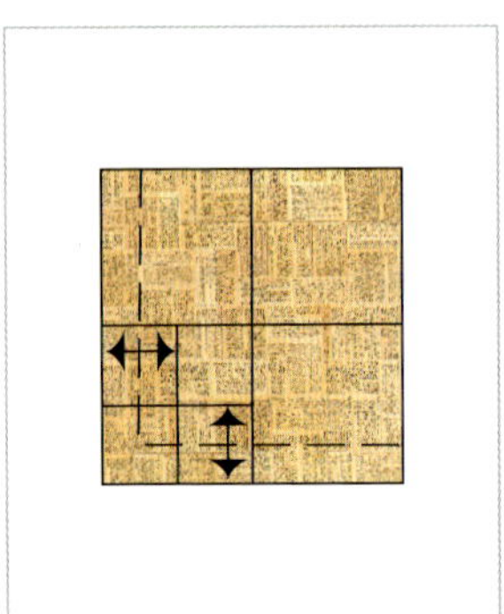

3 Añada marcas en los lados inferior e izquierdo, plegando sólo donde está indicado.

4 Pliegue el punto central del borde inferior para que se encuentre con la marca vertical indicada.

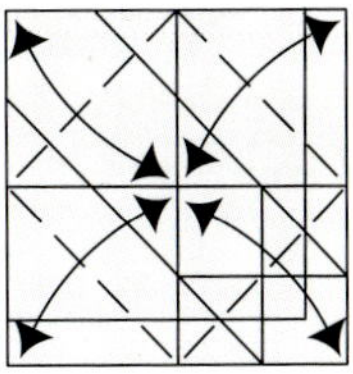

5 Dé la vuelta al papel y pliegue las cuatro esquinas hacia el centro, marque y despliegue.

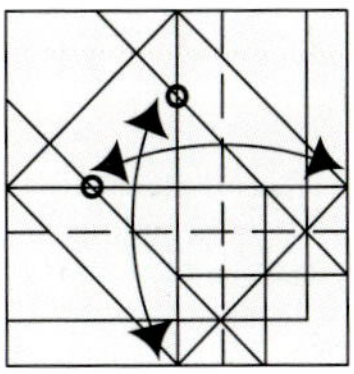

6 Pliegue los puntos centrales de los bordes inferior y derecho para que se encuentren con las intersecciones de las marcas encerradas con círculos.

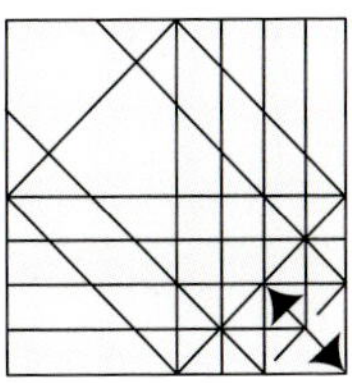

7 Pliegue la esquina inferior derecha hacia la intersección más cercana, luego marque y despliegue.

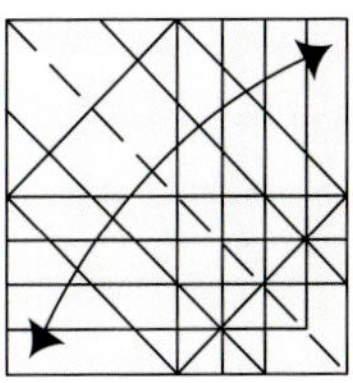

8 Pliegue la esquina inferior izquierda hacia la esquina superior derecha, marque una diagonal y luego despliegue.

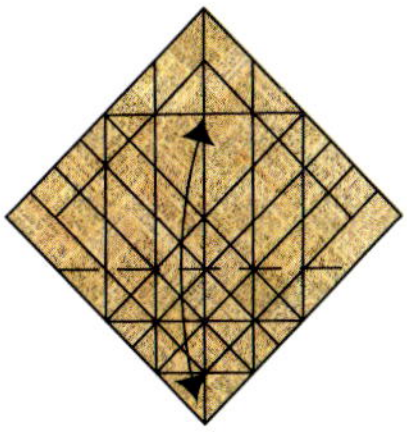

9 Vuelva al lado coloreado del papel y hágalo girar hasta esta posición. Pliegue la esquina inferior hasta la intersección superior, marque y despliegue.

10 Vuelva a plegar por debajo tres de las marcas que ha hecho en el paso 5.

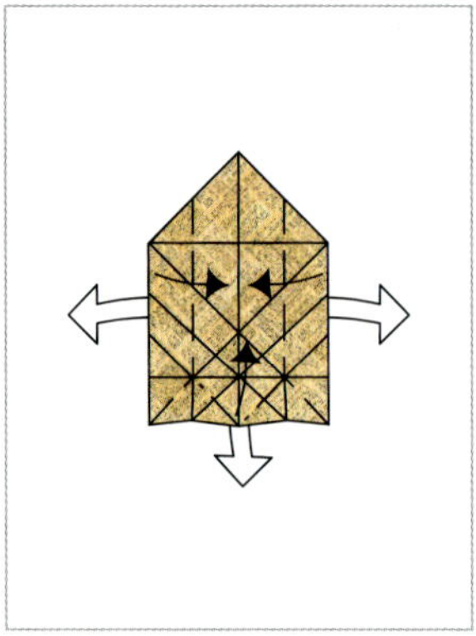

11 Pliegue el borde inferior hacia el centro original. Al mismo tiempo, pliegue los lados derecho e izquierdo hacia el centro, permitiendo de este modo que las aletas surjan de debajo del papel.

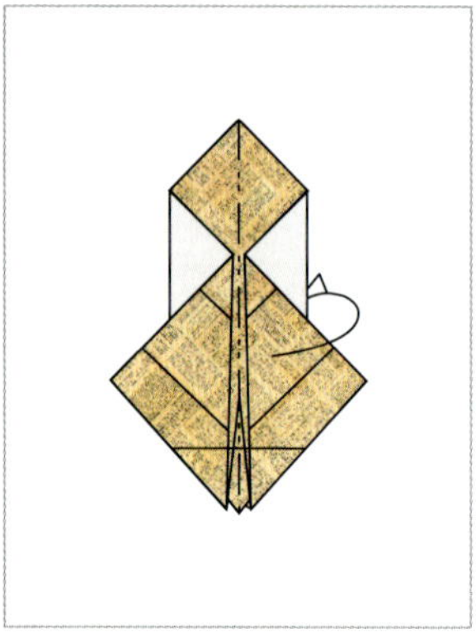

12 Éste es el resultado. Pliegue de montaña por la mitad.

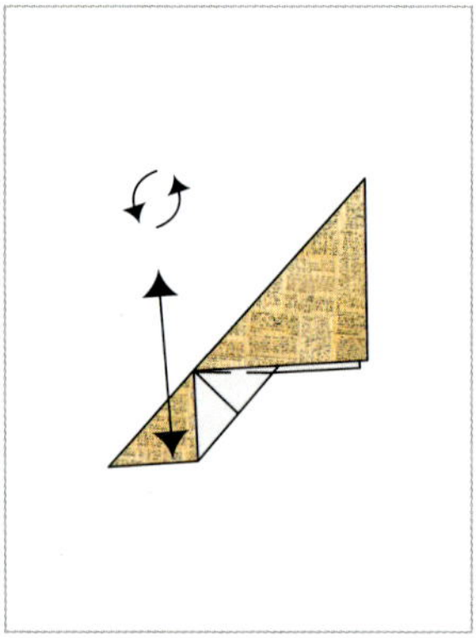

13 Haga girar el papel hasta esta posición. Pliegue la sección inferior hacia arriba a lo largo del borde, marque y luego despliegue.

14 Pliegue por la mitad la sección inferior, luego despliegue parcialmente el papel por debajo.

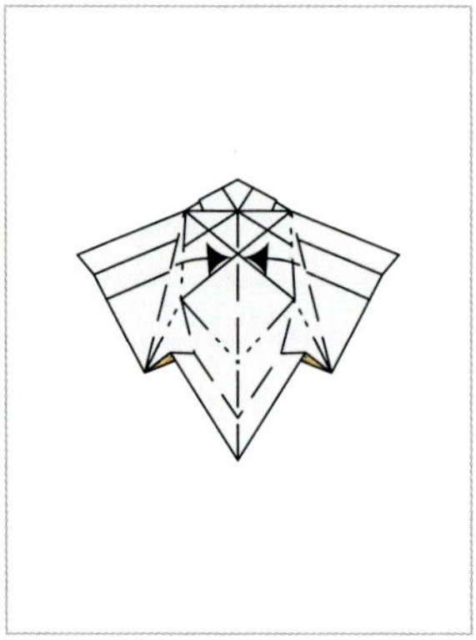

15 Cambie las marcas indicadas de modo que coincidan con este dibujo de valles y montañas. El papel volverá a aplastarse si tiene cuidado.

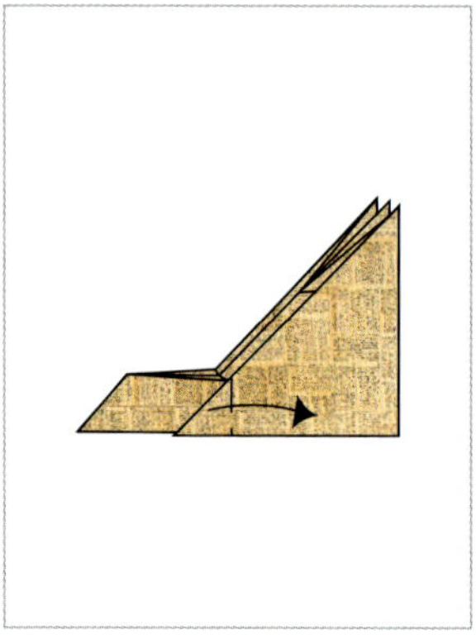

16 Pliegue la pequeña aleta triangular hacia la derecha. Repita la operación en el otro lado.

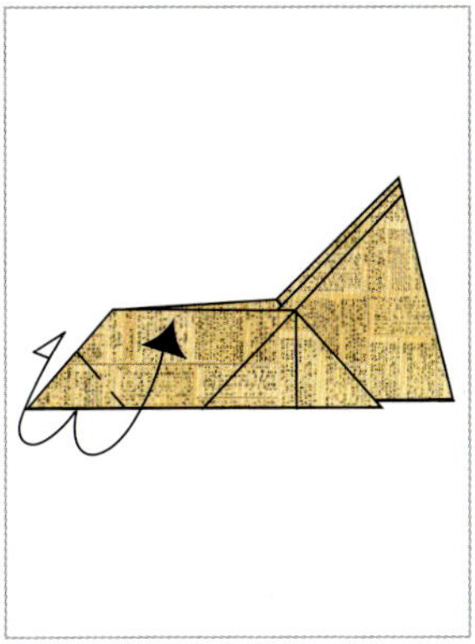

17 Haga un pliegue invertido exterior en la punta de la cola.

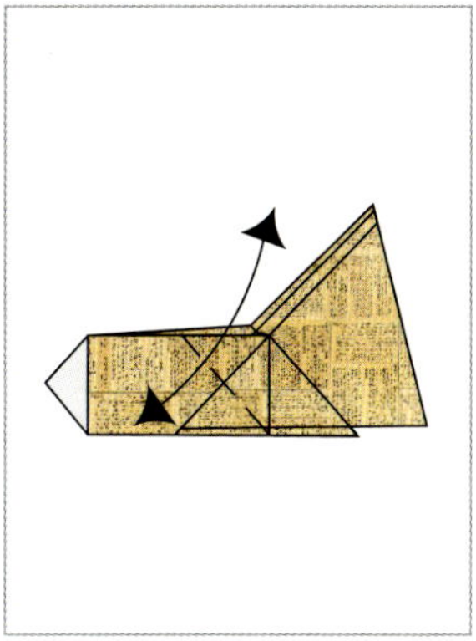

18 Pliegue la cola para que se encuentre con la marca vertical. Pliegue y despliegue.

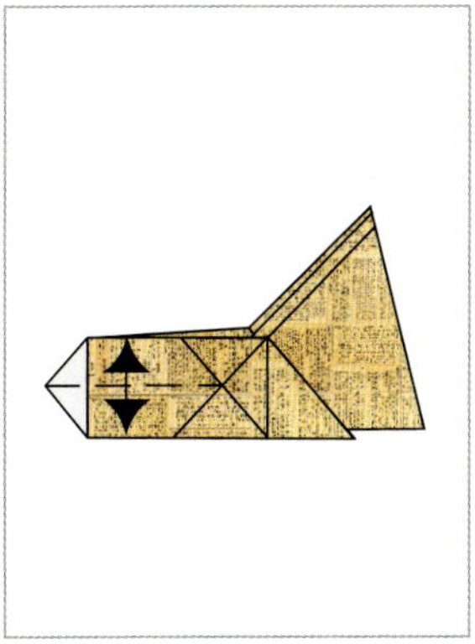

19 Pliegue la cola por la mitad, doblando hasta la marca anterior.

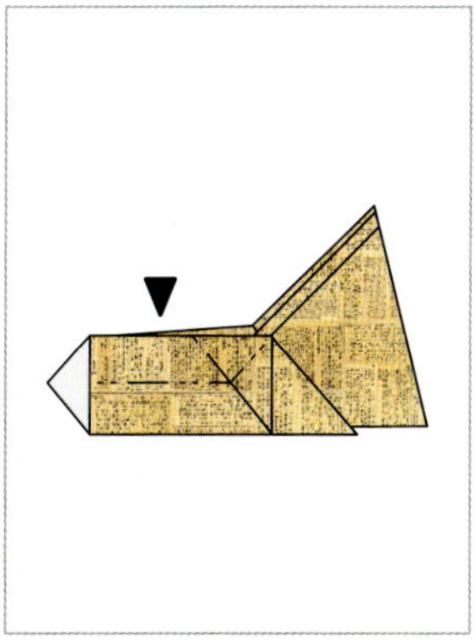

20 Abra ligeramente la parte superior de la cola para hacer estas marcas. Mire el paso siguiente, que muestra el movimiento desde arriba y detrás, a mitad de camino.

21 Hunda la punta en el extremo de la cola aplicando presión, de modo que "estalle" dentro. A esto se lo llama depresión cerrada y encierra la punta dentro de la depresión.

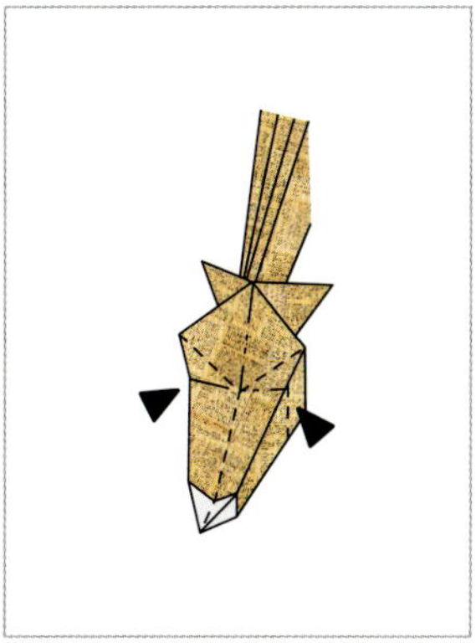

22 Vuelva a aplastar la cola usando estas marcas. Sostenga la cola en una mano, las patas traseras en la otra y presiónelas suavemente entre ellas.

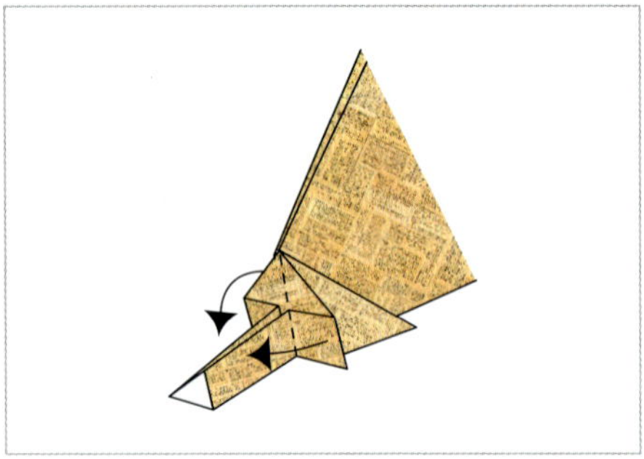

23 Éste es el resultado. Pliegue hacia atrás las aletas sueltas.

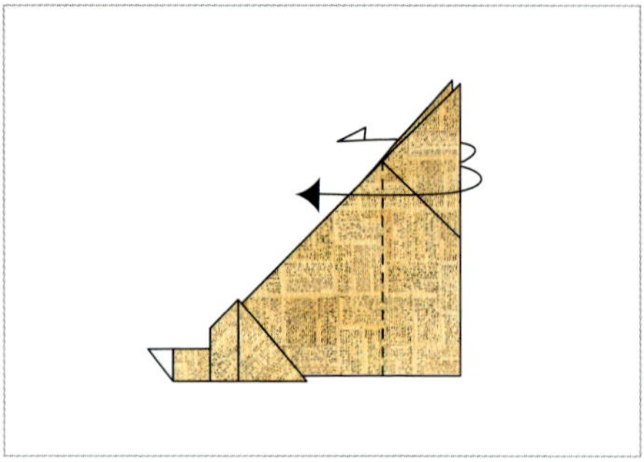

24 Usando una marca existente, abra todas las capas hacia fuera permitiendo que la cabeza se pliegue naturalmente hacia delante.

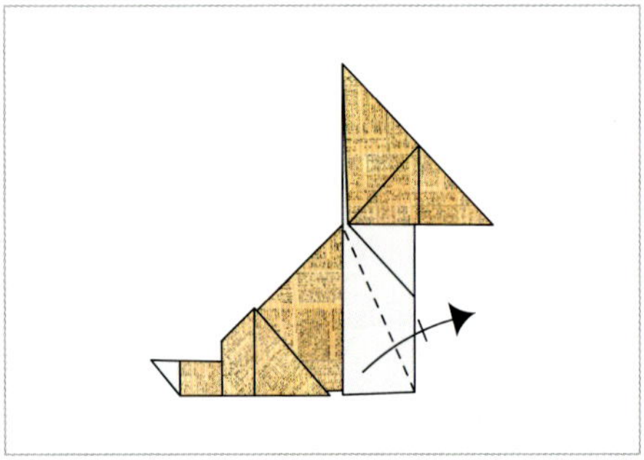

25 Pliegue la primera capa hacia delante sobre una marca entre la parte posterior de la cabeza y la esquina inferior derecha. Repita la operación en el otro lado.

26 Inserte el exceso de papel dentro del modelo, delante y detrás.

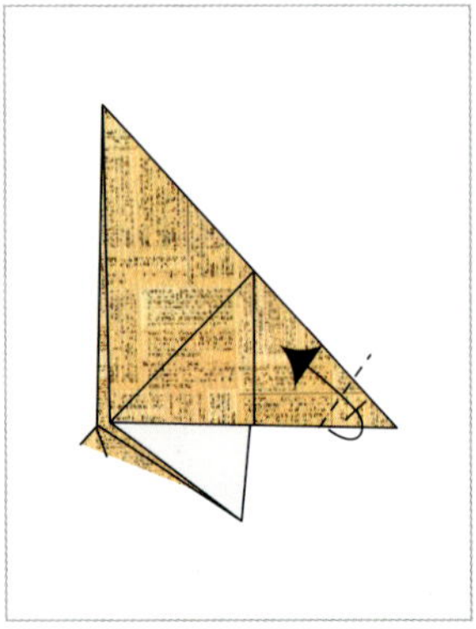

27 Haga un pliegue invertido exterior en la punta de la nariz.

Una pareja de pequeños corgis alerta.

Véase también
Base preliminar, página 21

Florero

NIVEL DE HABILIDAD

Necesitará

- Un cuadrado de papel de 15cm (base preliminar)
- Papel verde tamaño A4 (carta) de gramaje medio
- Un cuadrado de 30cm de cartulina texturada
- Cola de papel
- Cinta floral verde
- Alambres de florista
- Tijeras
- Granos de arroz

Consejo de artista: el empleo de papel de origami de especialista significa que el lirio tendrá un centro coloreado y los pétalos jaspeados.

ESTE PROYECTO REQUERIRÁ EL MÁXIMO DE TIEMPO Y EL MÁXIMO DE EQUIPO, Y EXIGIRÁ ASIMISMO EL MÁXIMO TALENTO PARA DISEÑARLO Y ORGANIZARLO. NO OBSTANTE, SE TRATA DE UN MODELO ENGAÑOSAMENTE SIMPLE DE PLEGAR Y CONSTITUYE UN CENTRO DE MESA ESPECTACULAR PARA CUALQUIER OCASIÓN.

LIRIO

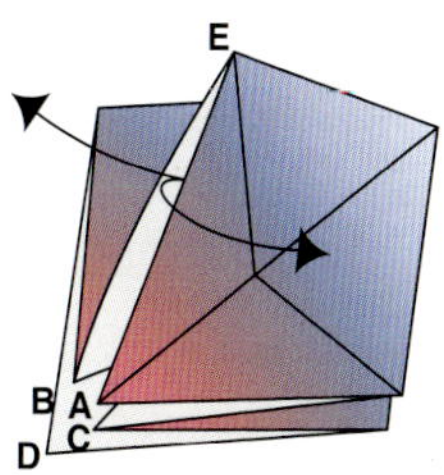

1 Comience con una base preliminar. Levante E de modo que permanezca en posición vertical. Presione el borde plegado para abrir el bolsillo dentro de E. Mantenga unidos ABCD.

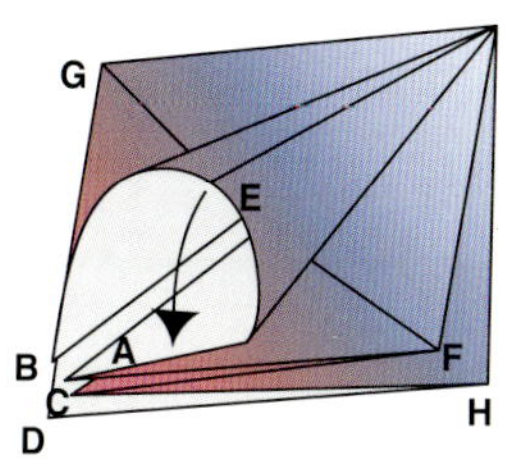

2 Continúe presionando sobre E hasta que quede aplanado. Márquelo con firmeza.

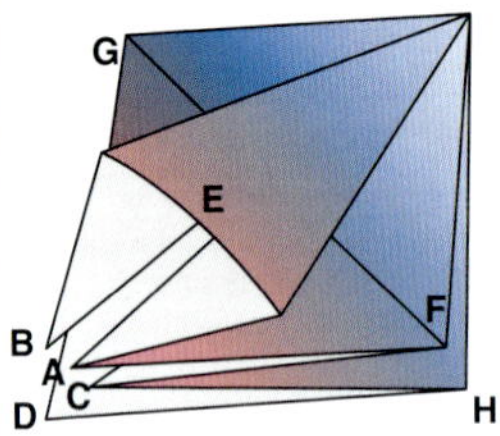

3 Dé la vuelta al papel.

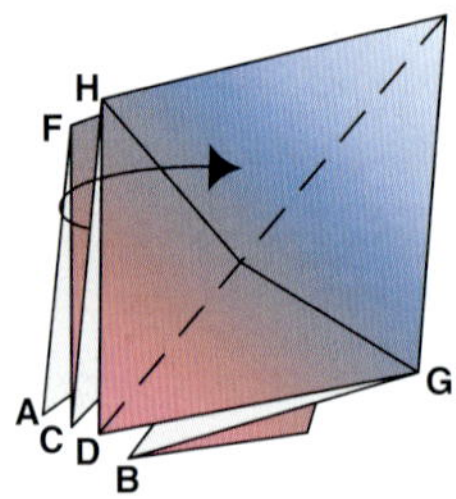

4 Levante H...

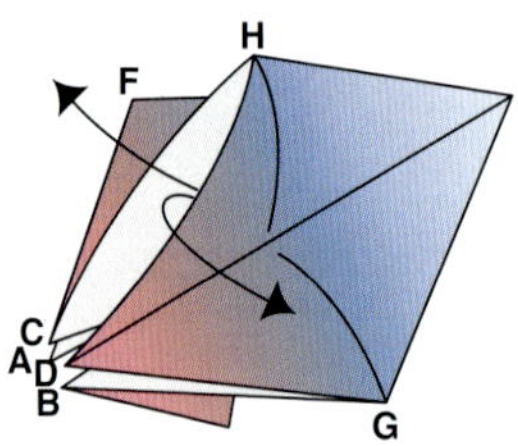

5 ...y presione hacia abajo sobre el pliegue para abrir su bolsillo, como ha hecho en el paso 2. Aplaste H. Mantenga unidos ABCD.

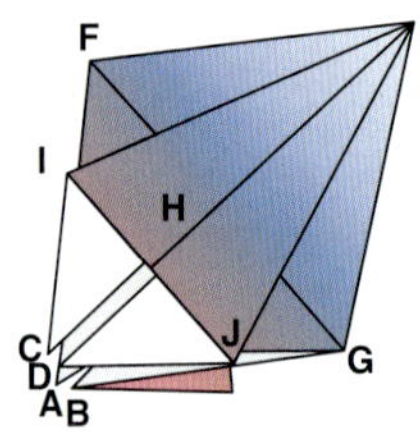

6 Debería verse así. Pliegue I hasta que toque J. Levante F en posición vertical. Presione hacia abajo sobre el pliegue para aplanarlo. Dé la vuelta al papel y repita la operación con G.

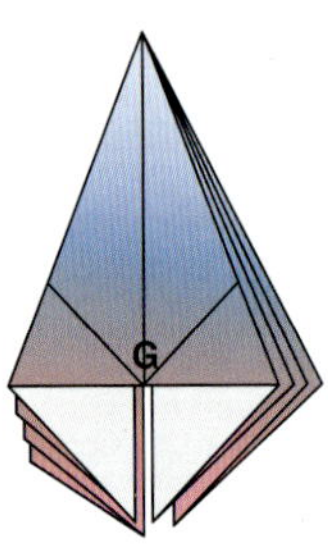

7 Ahora las cuatro aletas están aplastadas y el papel está simétrico.

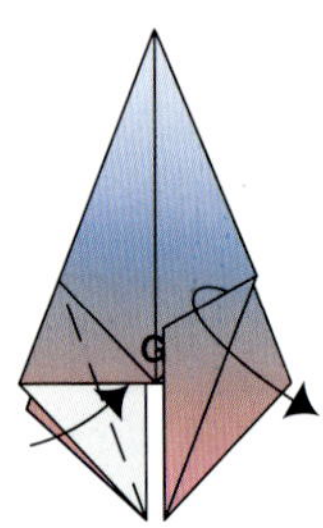

8 Pliegue hacia dentro las puntas exteriores de la capa superior en el extremo inferior y más ancho para que se apoyen a lo largo de la marca central, G. El lado derecho se muestra plegado. Despliegue.

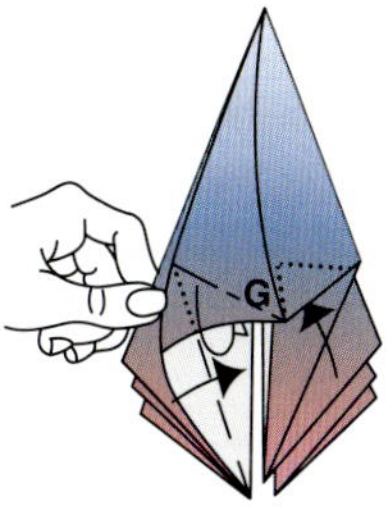

9 Con una mano levante G. Con la otra reforme las marcas hechas en el paso 8. Empuje estos pliegues debajo de G usando los pliegues de montaña de la base hasta que el papel quede completamente plano.

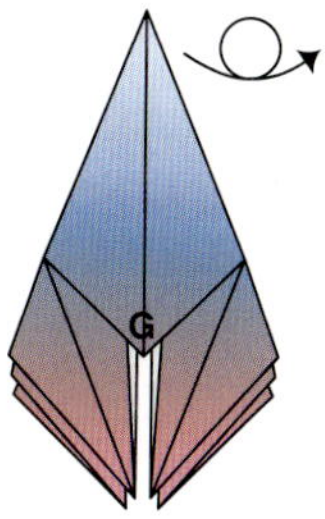

10 Dé la vuelta al papel.

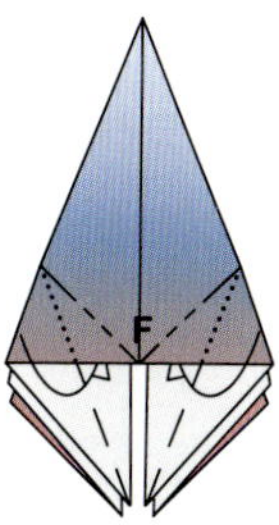

11 Repita los pasos 8-10 a cada lado de F, E y H.

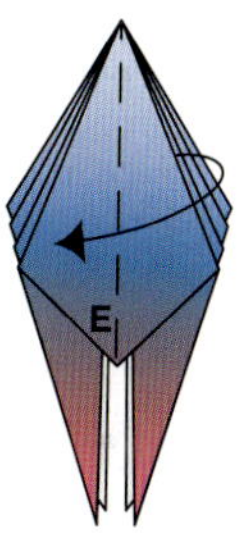

12 Ahora el papel está completamente simétrico, con cuatro capas a cada lado. Pliegue una capa de la derecha hacia la izquierda.

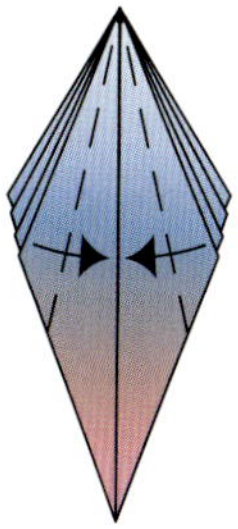

13 Este paso dejará expuesta una cara en blanco. Pliegue hacia dentro los bordes superiores de la capa superior de modo que se apoyen a lo largo del medio. ¡Mantenga el diseño ordenado!

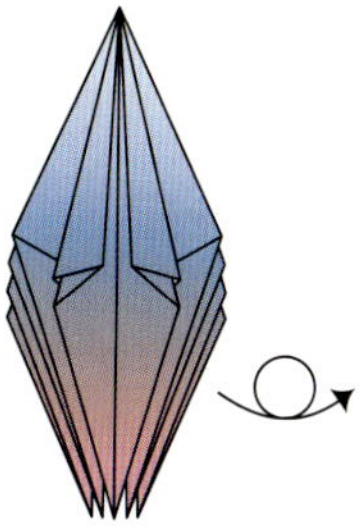

14 Éste es el resultado. Dé la vuelta al papel.

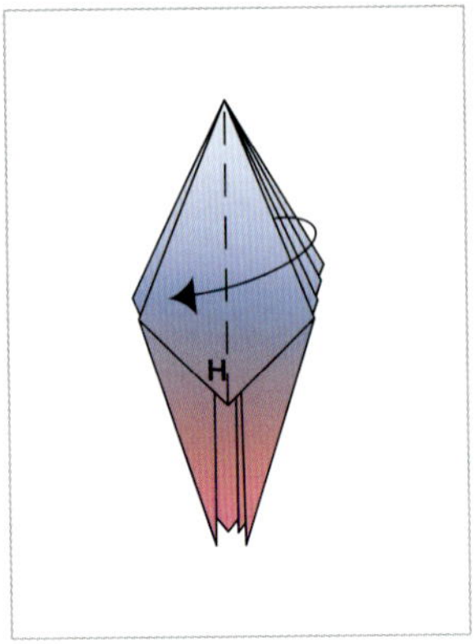

15 Pliegue una capa de derecha a izquierda.

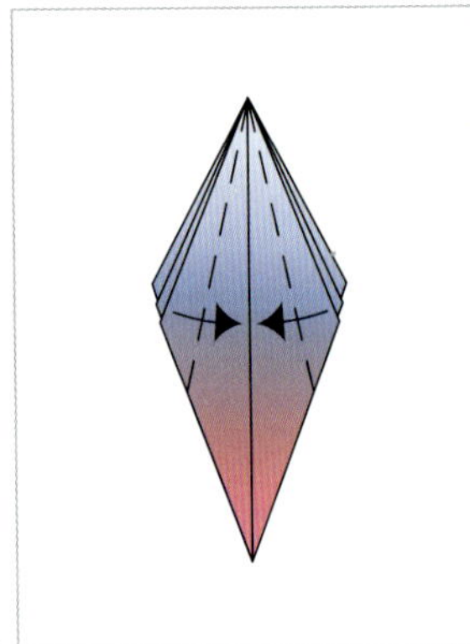

16 Pliegue como se muestra en el paso 13. Repita el proceso para las otras dos caras en blanco. El papel se plegará con mayor facilidad y precisión si las capas son simétricas.

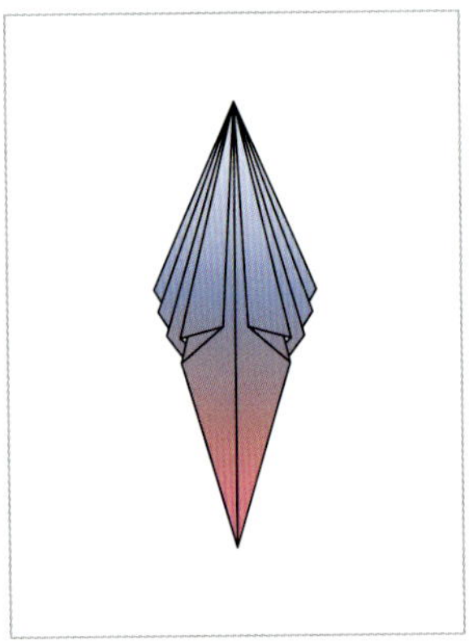

17 El modelo debería tener este aspecto. Mueva las capas alrededor, de modo que haya cuatro de ellas a cada lado del centro, pero haciendo que la capa superior sea la que acaba de plegar. Coloque el modelo cabeza abajo.

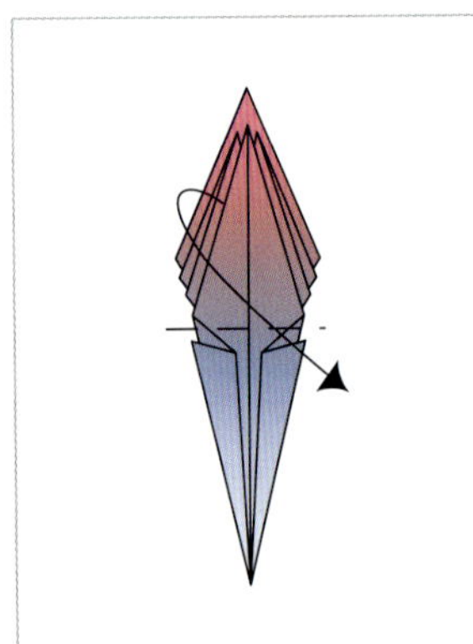

18 El lirio tiene ahora un tallo estrecho. Pliegue el pétalo hacia usted...

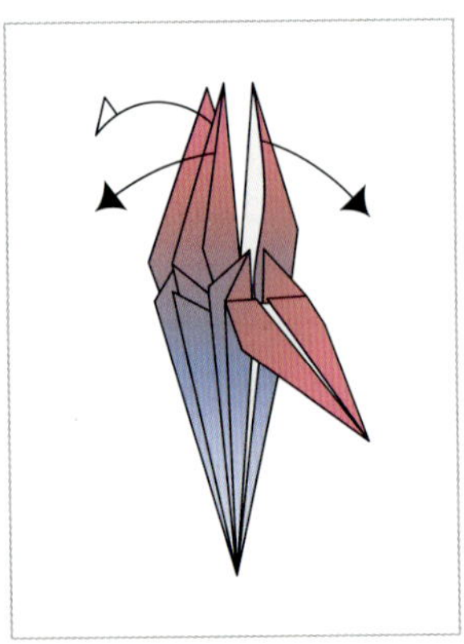

19 ...de este modo. Dé la vuelta al modelo y pliegue hacia abajo el pétalo opuesto. Repita con los otros dos pétalos...

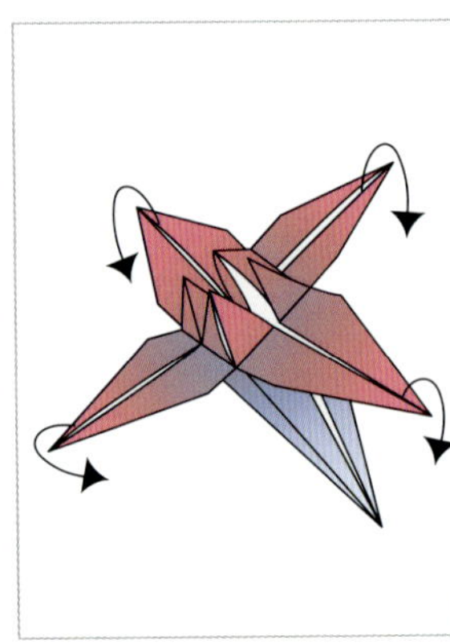

20 ...de este modo. Ahora enrrolle cada uno de los pétalos alrededor de un lápiz sin apretarlos. Esto les dará una forma suave y rizada.

El plegado del lirio con un hexágono (arriba) hace que usted pueda producir una forma de flor diferente para añadir textura a su exposición.

HOJAS Y ALAMBRE

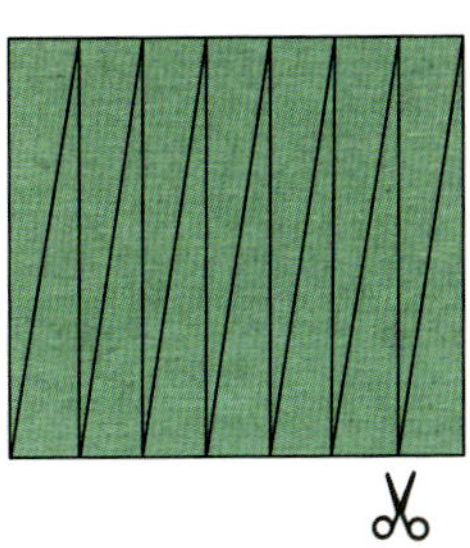

21 Corte la hoja de papel verde en largas tiras ahusadas como muestra el dibujo. Una hoja producirá 12 o más hojas.

22 Pliegue el papel por la mitad en el extremo cuadrado unos 2cm. Doble la punta de la hoja. Con unas tijeras corte un pequeño trozo en forma de V en el medio del pliegue, no demasiado cerca del extremo.

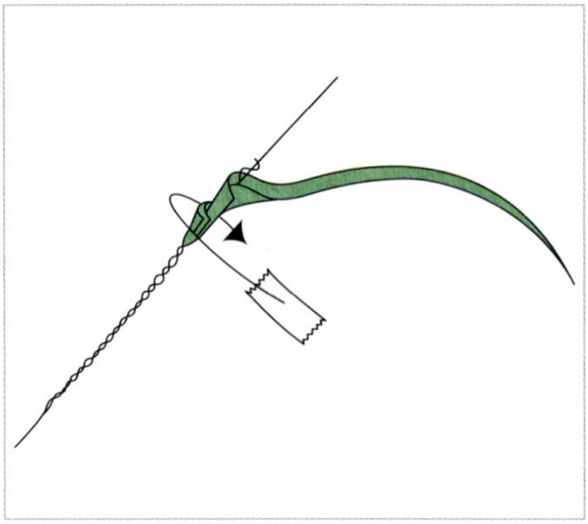

23 Superponga dos alambres de florista y retuérzalos juntos. Para los tallos largos, simplemente debe retorcer más alambres. Introduzca un extremo del alambre a través del corte practicado en la hoja, coloque la hoja un poco más abajo en el alambre y luego retuerza el extremo cuadrado de la hoja alrededor del alambre, en un ángulo tal que la hoja mire hacia arriba y no horizontalmente. Asegure el extremo de la hoja retorcida con un trozo de cinta adhesiva.

24 Empuje el extremo del alambre a través de la parte inferior del lirio humedeciendo el papel con la lengua. Una vez hecho, doble el extremo del alambre y luego vuelva a introducir el extremo dentro de la flor hasta que quede bien fijado cerca de la base del tallo. Envuelva el alambre con cinta verde comenzando por la parte inferior. En la parte superior, envuelva la cinta alrededor de la base del lirio, tirando con fuerza para asegurar el lirio al alambre. Envuelva la cinta alrededor de la parte inferior del tallo.

Usar cinta floral verde para envolver los alambres y unir las flores hace que los tallos se noten menos.

FLORERO

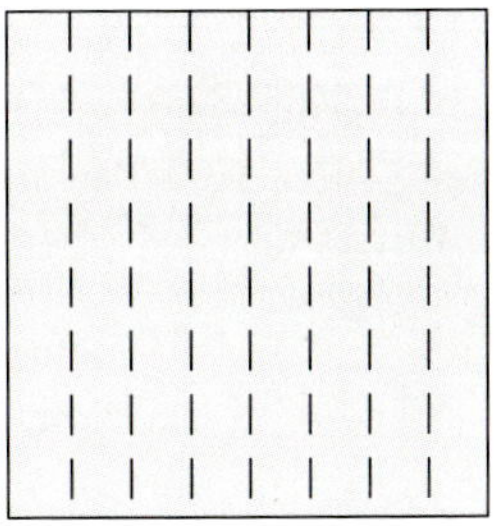

25 Divida el cuadrado de cartulina en octavos usando pliegues de valle.

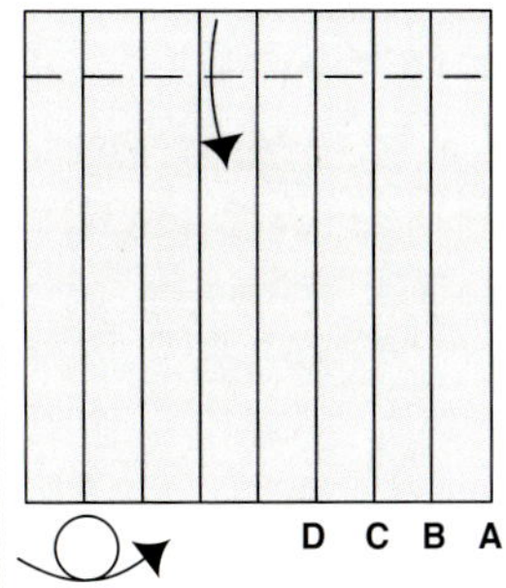

26 Pliegue hacia abajo el borde superior unos 2cm. Dé la vuelta al papel.

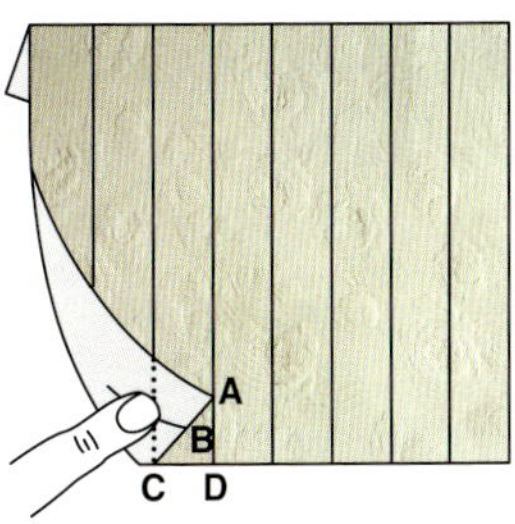

27 Pliegue A hasta que toque la marca D. Haga una marca inclinada entre las líneas B y C que tocará exactamente C. Asegúrese de que esta marca no se extiende más allá de C.

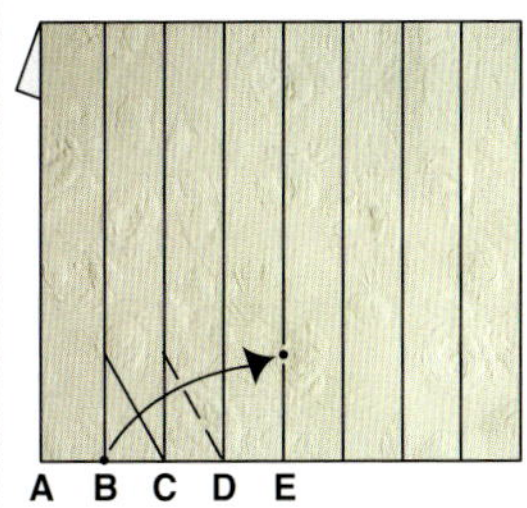

28 Despliegue moviendo A nuevamente hacia su posición original. La marca debe quedar a la izquierda de C. Repita el paso 27, esta vez plegando B hacia E para hacer una marca entre C y D.

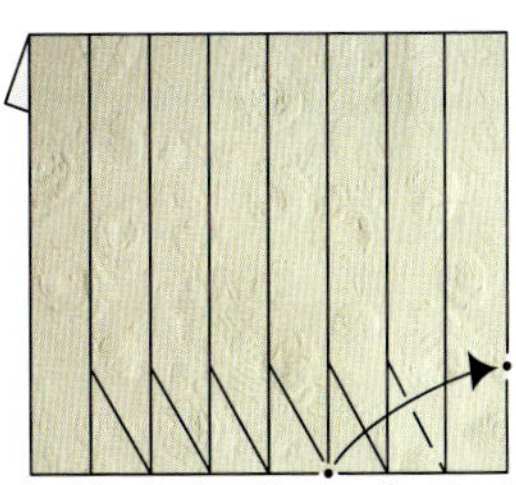

29 Siga repitiendo este movimiento plegando C hasta la marca F, luego D hasta la marca G, E hasta la marca H y F hacia el borde derecho (I). Las marcas deben quedar como muestra el dibujo.

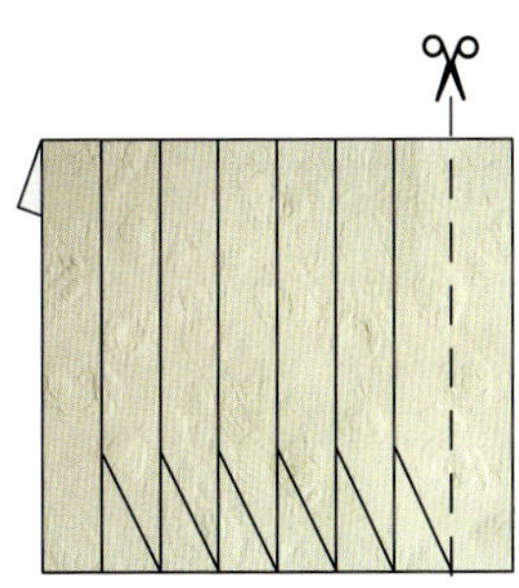

30 Pliegue una marca que se tope con B, desde el borde izquierdo, paralela a la marca que se topa con C. Corte el octavo de la derecha del papel. Dé la vuelta al papel.

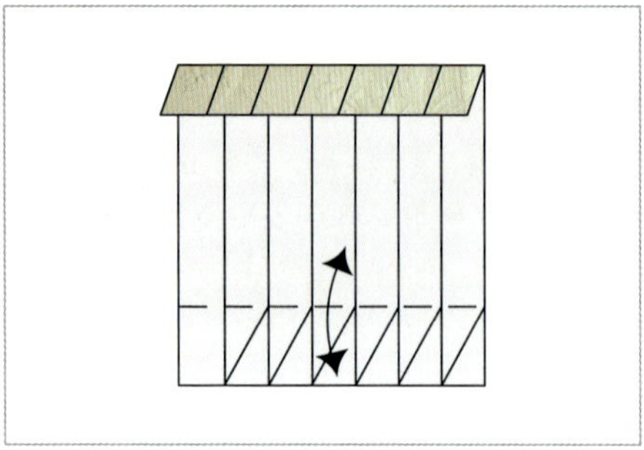

31 Haga una marca de valle horizontal que conecte las partes superiores de todas las marcas inclinadas. Despliegue.

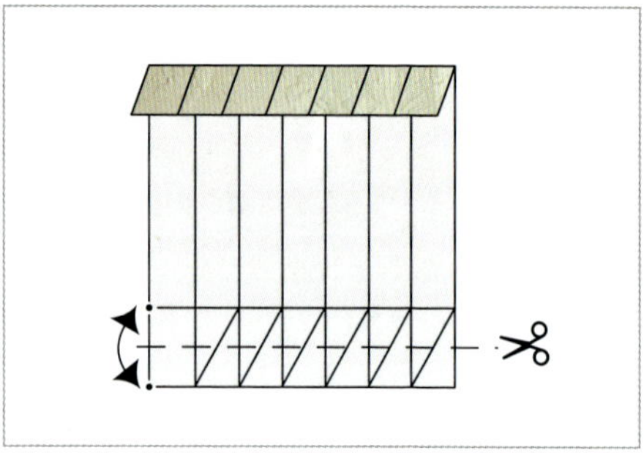

32 Pliegue el borde inferior hacia la marca horizontal que acaba de hacer. Luego corte a lo largo de esta marca, desechando la pieza inferior.

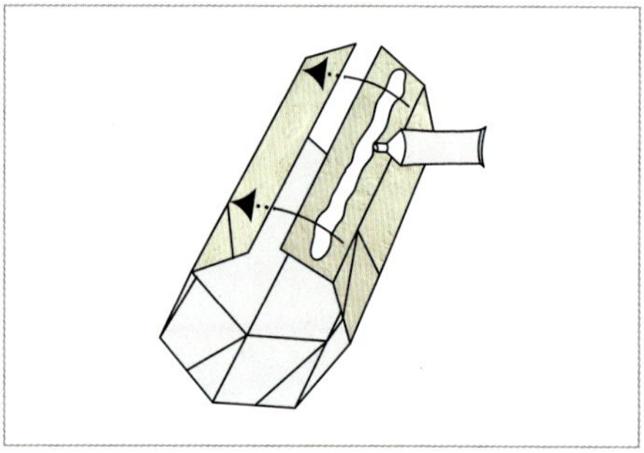

33 Refuerce las marcas verticales para formar un tubo. Pegue con cola el panel de la derecha, acerque el borde izquierdo e inserte el panel debajo de él.

Antes de disponer las flores, cargue el florero con granos de tapioca o arroz. Esto ayuda a que los tallos de los lirios se mantengan rectos en lugar de caer hacia los bordes del florero.

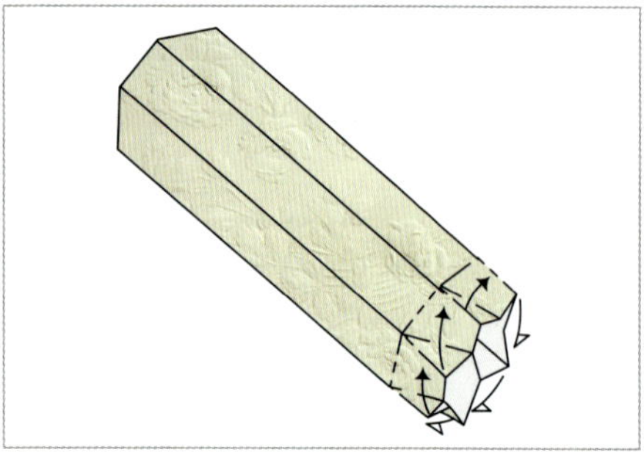

34 Empuje el extremo del florero hacia dentro de modo que las marcas inclinadas se superpongan, aplastándose hacia el centro. Pegue debajo de los triángulos para fijarlos en su sitio.

ORIGAMI PARA NIÑOS

Los niños tienden a disfrutar del origami, no se requiere ningún talento innato y la variedad de proyectos disponibles es realmente enorme. Es un pasatiempo muy útil durante los viajes largos, ya que se necesita muy poco en cuanto a preparación y materiales y es relativamente silencioso y limpio. Todos los proyectos que se incluyen en esta sección fueron escogidos por su valor como entretenimiento; son todos juguetes, en un sentido u otro, y todos ellos salvo dos son para plegadores principiantes e intermedios. Es posible que necesite ayudar a los niños a que sigan las instrucciones.

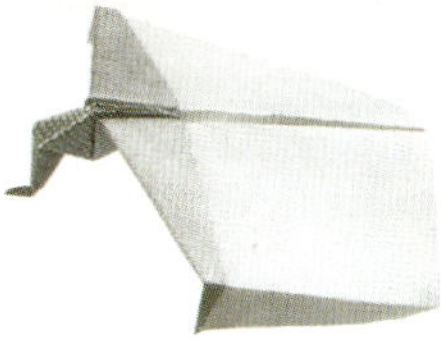

Avión elefante

NIVEL DE HABILIDAD

Necesitará

- Un cuadrado de papel de 25cm de gramaje ligero o medio

¡ESTE ELEFANTE ADAPTADO DE UN TRABAJO DEL ARTISTA FRANCÉS ALAIN GEORGEOT TIENE UNAS OREJAS PARTICULARMENTE GRANDES! SE TRATA DE UN DISEÑO MUY DIVERTIDO QUE VUELA SOPRENDENTEMENTE BIEN, Y SU PLEGADO RESULTA MUY AGRADABLE.

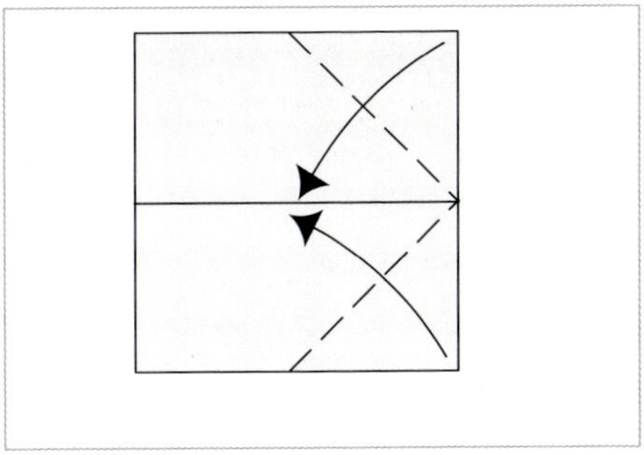

1 Haga una marca horizontal en el centro.

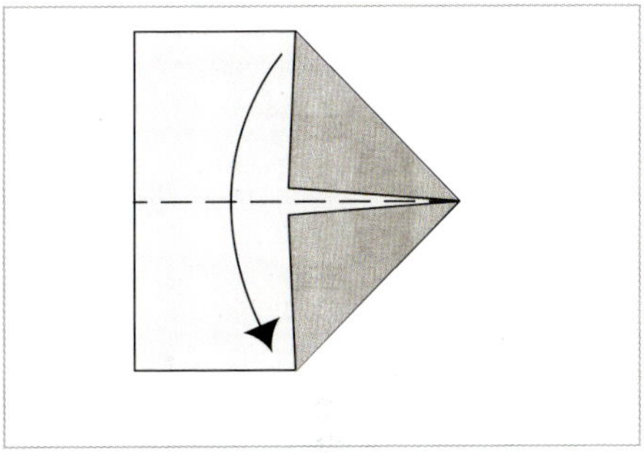

2 Haga un pliegue de valle desde el borde superior.

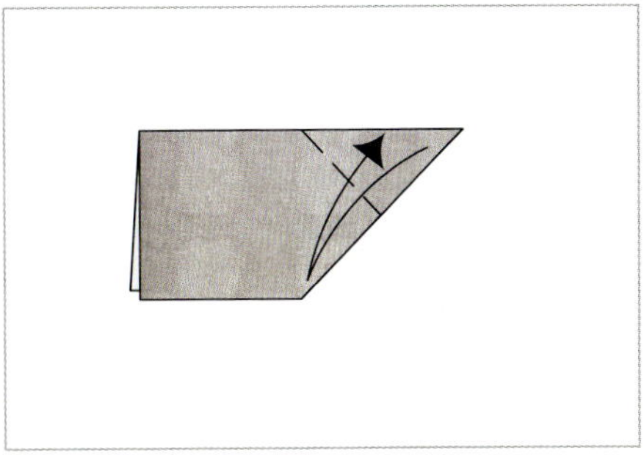

3 Pliegue la esquina superior derecha hacia la esquina inferior derecha y despliegue.

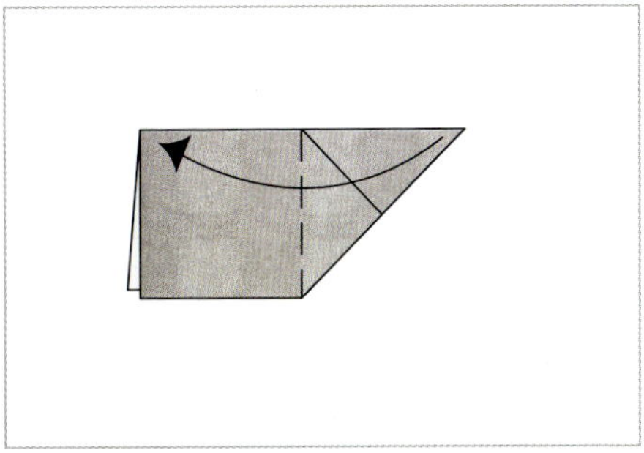

4 Pliegue la esquina superior derecha hacia la parte superior izquierda.

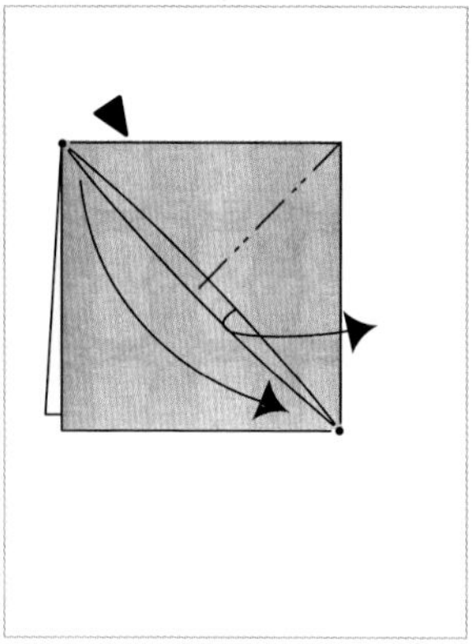

5 Usando las marcas ya establecidas, aplaste con cuidado la esquina suelta...

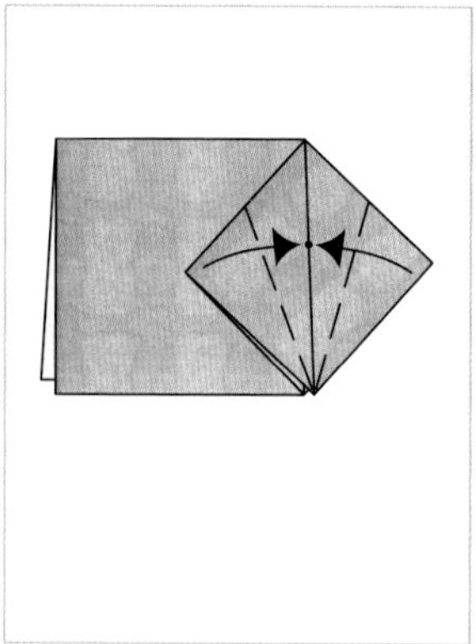

6 ...hasta esta posición. Pliegue ambos lados inferiores de la sección aplanada hacia la marca central vertical.

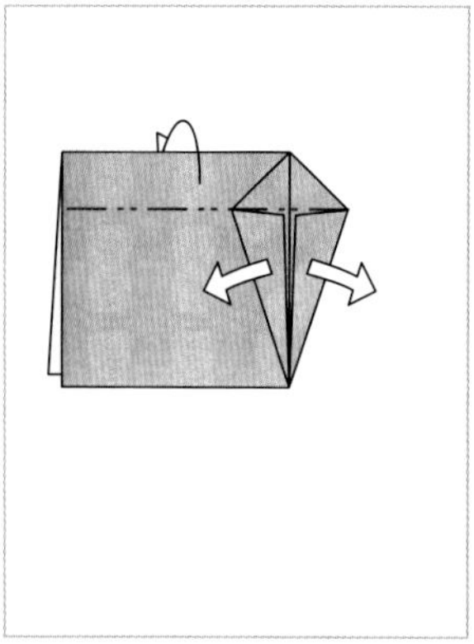

7 Haga un pliegue de montaña en el borde superior por detrás, a lo largo de la línea formada por los bordes horizontales internos de la forma de cometa. Abra las aletas hacia atrás.

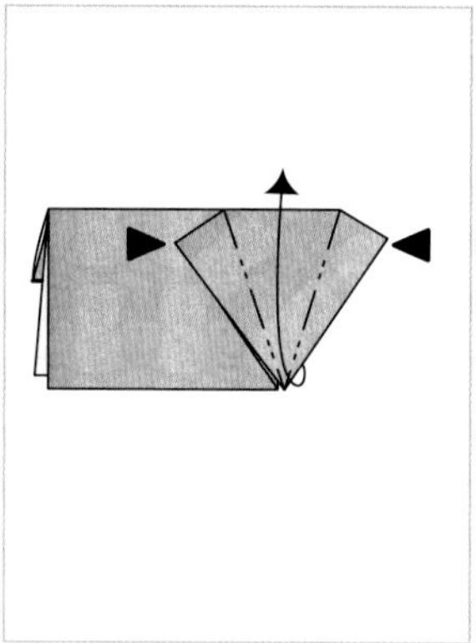

8 Pliegue la esquina suelta hacia arriba, presionando con suavidad los lados hacia dentro...

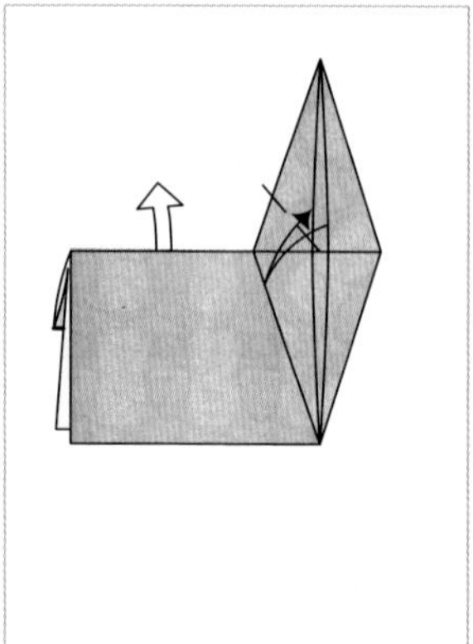

9 ...hasta esta posición. Haga una marca de un pequeño pliegue de 45 grados en la forma de diamante, luego eleve la aleta oculta desde detrás.

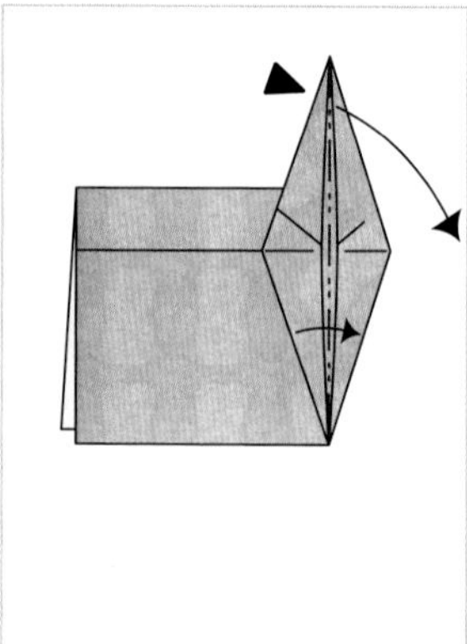

10 Añada otra marca de 45 grados para que coincida con la última, luego utilice las marcas mostradas para hacer girar el papel...

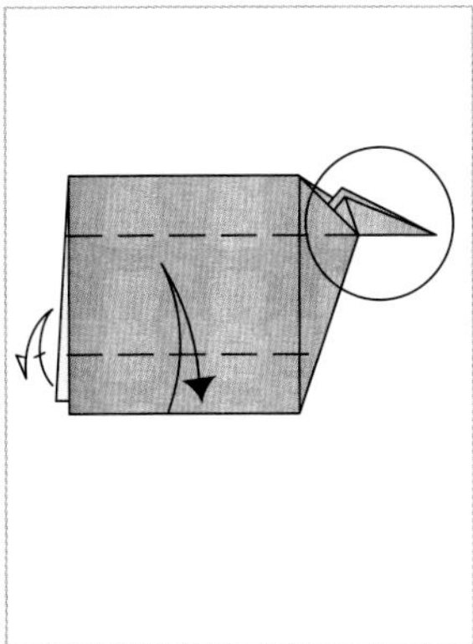

11 ...hasta esta posición. Marque dos pliegues moldeadores en los bordes limpios. El área rodeada por un círculo está aumentada en los tres diagramas siguientes.

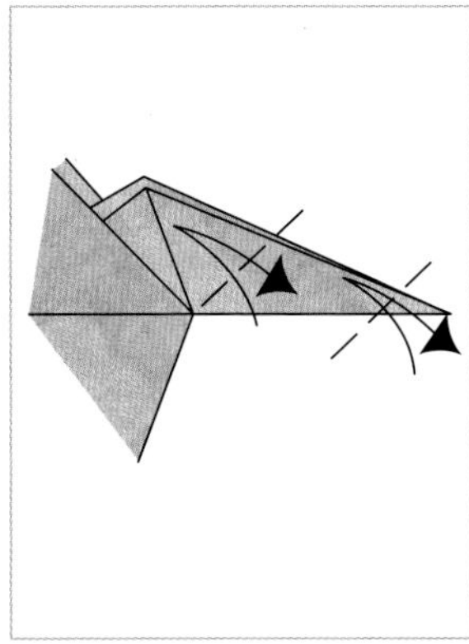

12 Haga dos marcas previas a aproximadamente 45 grados.

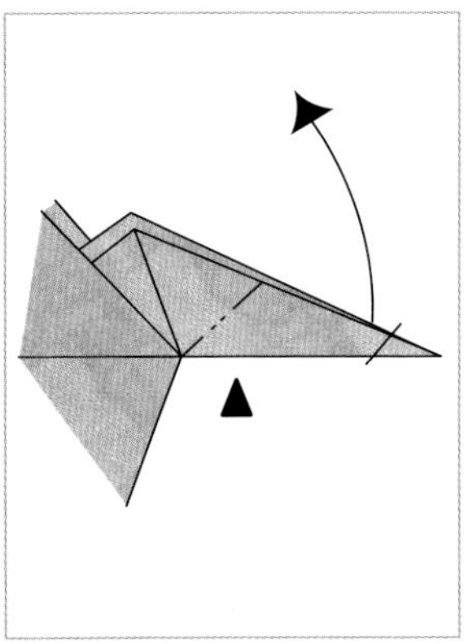

13 Use la marca más larga para hacer un pliegue invertido interior.

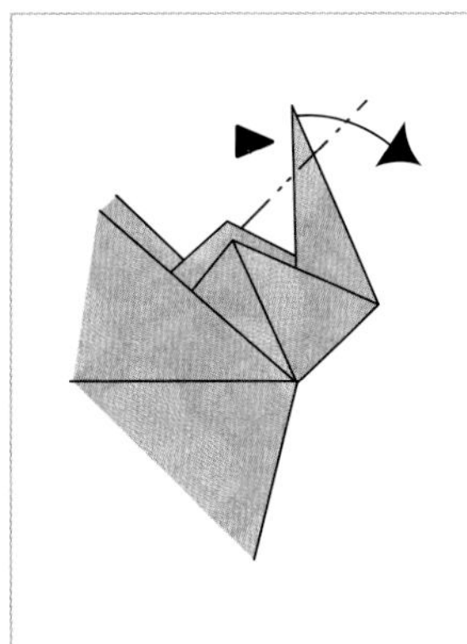

14 Luego repita con la marca más pequeña para conformar el extremo del tronco del elefante.

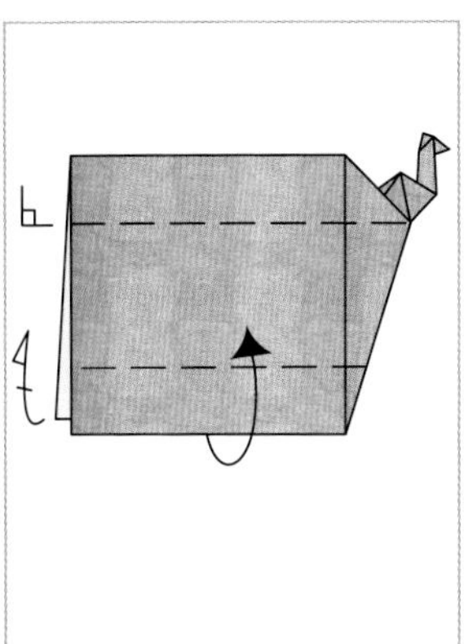

15 Pliegue las alas en ángulos rectos y ajuste las puntas de las alas para que coincidan con el perfil mostrado.

Como si se tratase de un elefante verdadero, ¡tendrá muchas dificultades para hacerlo volar hacia lugares adonde no quiere ir! Láncelo hacia arriba...

Triquitraque

NIVEL DE HABILIDAD

Necesitará

- ❐ Una hoja de papel de 25cm x 37cm de gramaje ligero o medio

Consejo de artista: las hojas más grandes producirán ruidos más sonoros.

ÉSTE ES UNO DE LOS PLEGADOS DE PAPEL MÁS ENTRETENIDOS Y, SIN DUDA, ¡EL MÁS SONORO! DEDIQUE ALGO DE TIEMPO A PRACTICAR EL PASO 7. UNA BUENA EJECUCIÓN DE LA TÉCNICA DESCRITA AQUÍ AUMENTARÁ EL VOLUMEN DEL SONIDO.

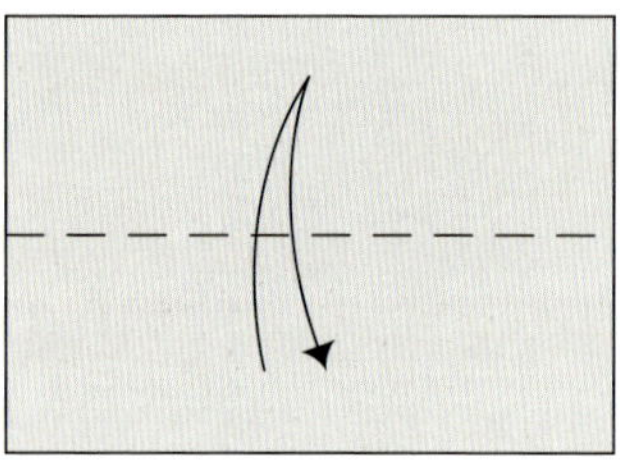

1 Pliegue un borde largo hacia el otro. Marque y despliegue.

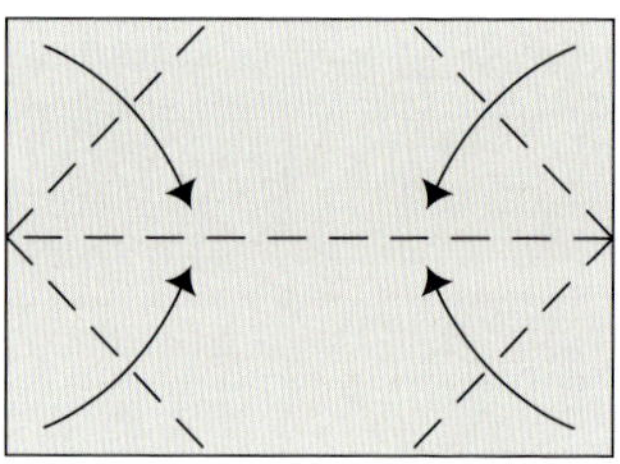

2 Pliegue hacia dentro las esquinas en dirección a la marca central.

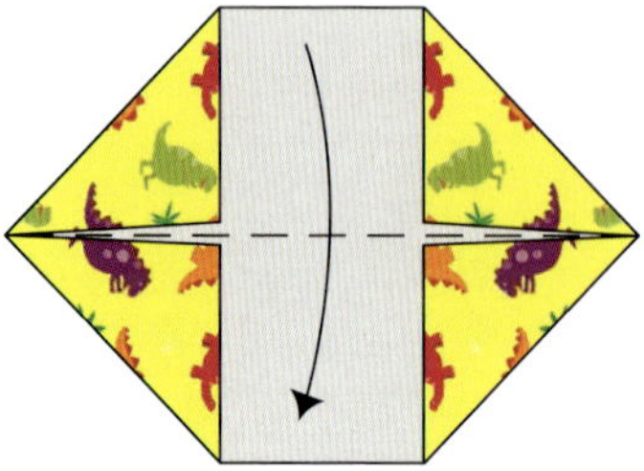

3 Pliegue por la mitad a lo largo de la marca del paso 1.

4 Pliegue de montaña a través del medio. Marque y despliegue.

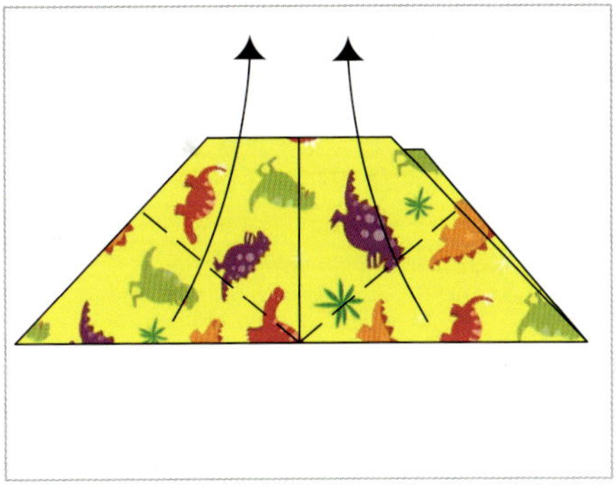

5 Pliegue las esquinas puntiagudas para que descansen a lo largo de la marca central.

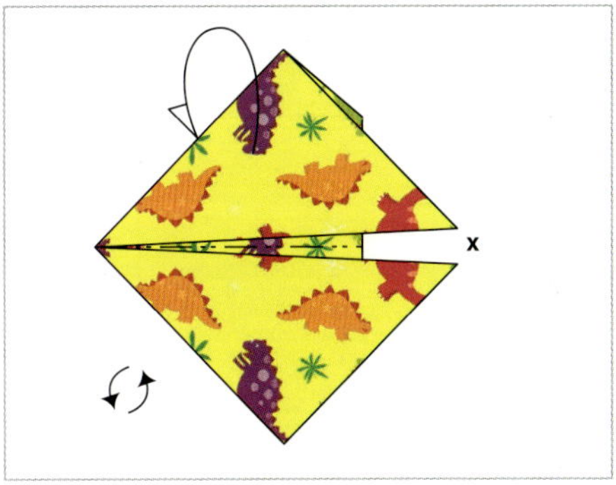

6 Pliegue de montaña por la mitad. Observe la esquina doble en X.

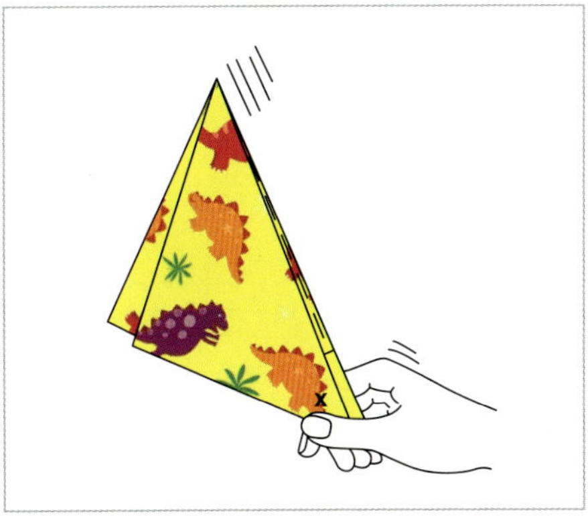

7 Sostenga X como muestra el dibujo. Incline el hombro para que el triquitraque quede detrás de su cabeza y luego láncelo hacia delante velozmente. ¡El papel se desplegará con un sonoro BANG! Si no lo hace, compruebe que no haya sostenido el papel cabeza abajo y, la próxima vez, trate de mover el brazo más rápido.

¡Este triquitraque ha sido utilizado! Éste es un modelo de origami clásico, pero posiblemente no sea un buen proyecto para hacer durante los viajes largos...

Loro

NIVEL DE HABILIDAD

Necesitará

- ❒ Un cuadrado de papel de 30cm de gramaje ligero

Consejo de artista: si utiliza un papel de envolver con base de plástico añadirá fuerza al modelo.

ESTE ENCANTADOR LORO ES PERFECTO PARA POSARLO SOBRE EL HOMBRO DE UN ASPIRANTE A PIRATA. ES UN DISEÑO DEMASIADO COMPLEJO PARA UN PLEGADOR PRINCIPIANTE, PERO SERÍA UN BUEN REGALO. ESTE MODELO POSEE VARIAS CAPAS, DE MODO QUE DEBE HACERSE CON PAPEL FINO.

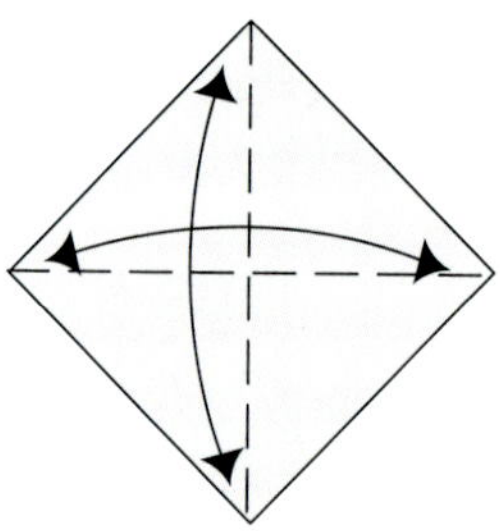

1 Pliegue el papel por la mitad a lo largo de ambas diagonales usando pliegues de valle.

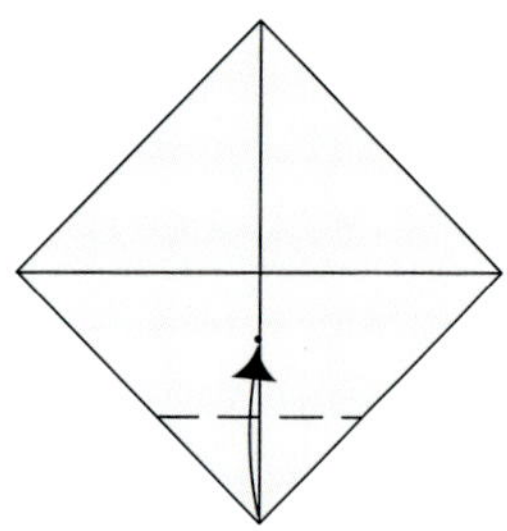

2 Pliegue la esquina inferior hasta el punto.

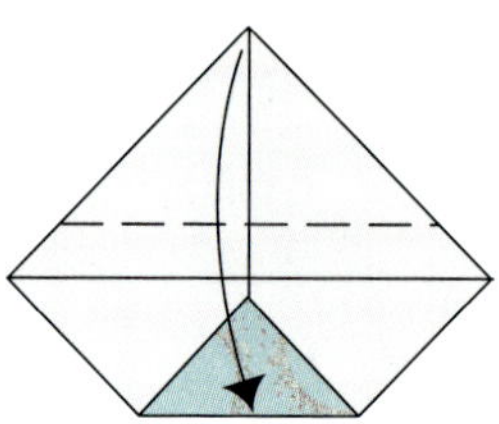

3 Pliegue la esquina superior hacia abajo para que se una a la marca inferior.

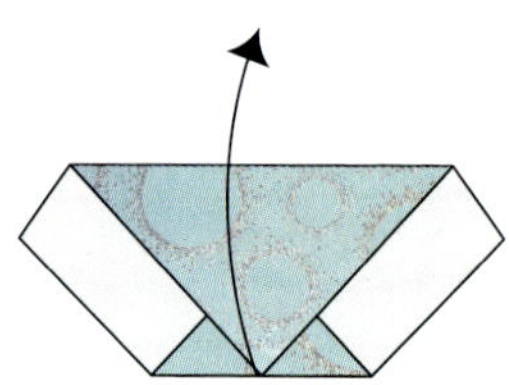

4 Los primeros pliegues dictan la forma final, de modo que debe comprobar las proporciones. Despliegue el doblez superior.

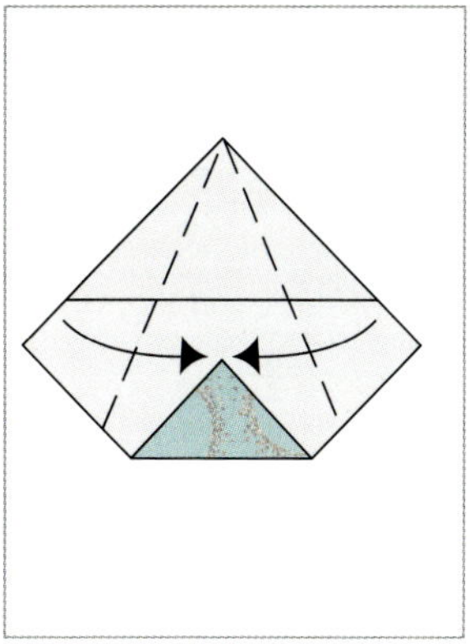

5 Pliegue los dos lados hacia el centro.

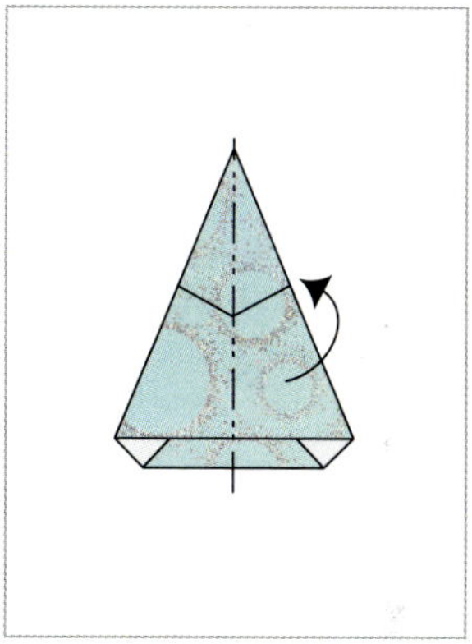

6 Haga un pliegue de montaña en el lado derecho hacia atrás.

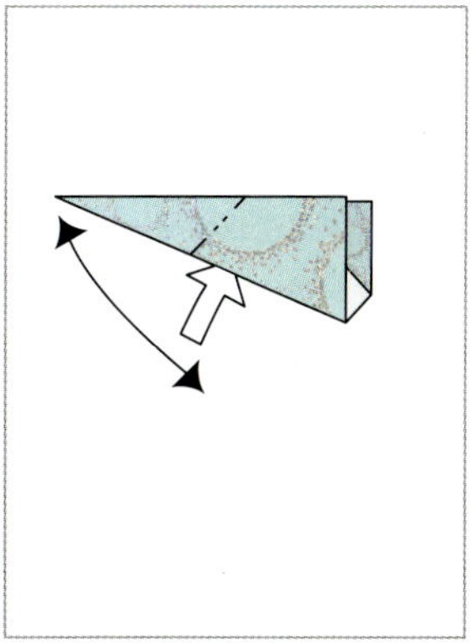

7 Pliegue invertido. Despliegue como se muestra en el siguiente diagrama.

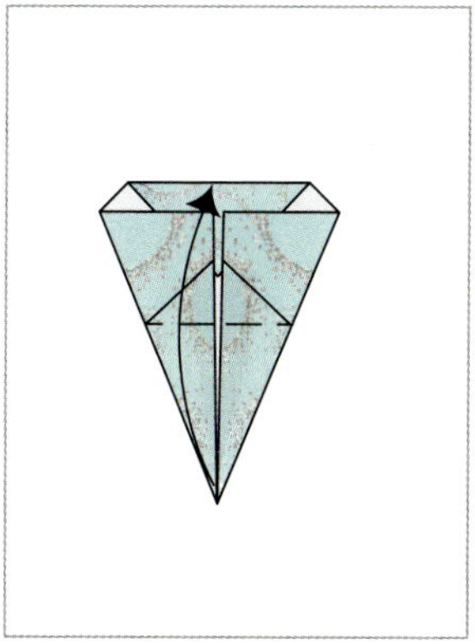

8 Pliegue la esquina inferior para que se una al borde superior.

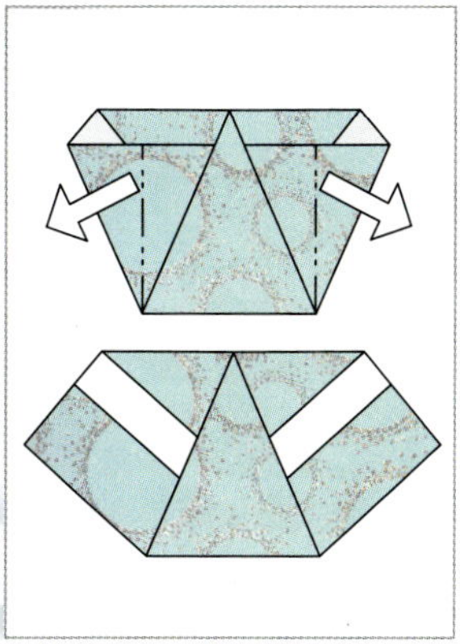

9 Abra los bolsillos en cada lado y aplástelos hacia cada lado. Dé la vuelta al papel.

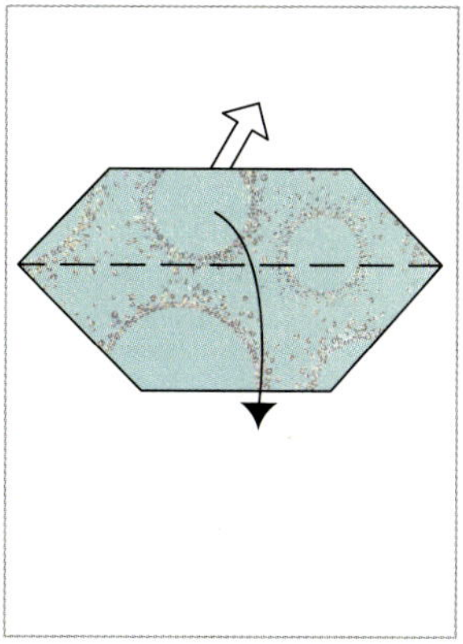

10 Pliegue hacia abajo la sección superior a lo largo de la marca. Pliegue hacia fuera la aleta triangular.

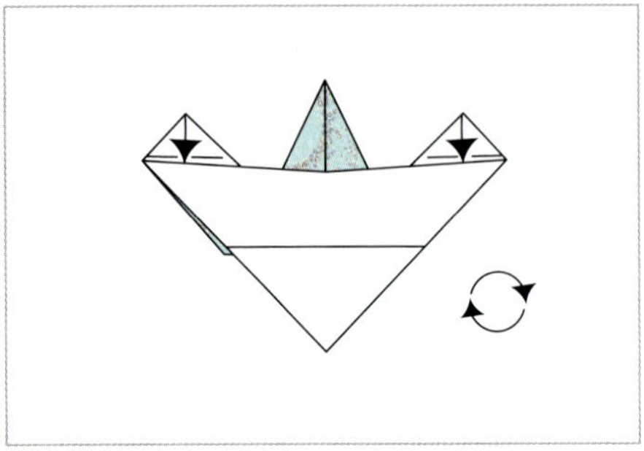

11 Pliegue hacia dentro los dos pequeños triángulos. Dé la vuelta al papel.

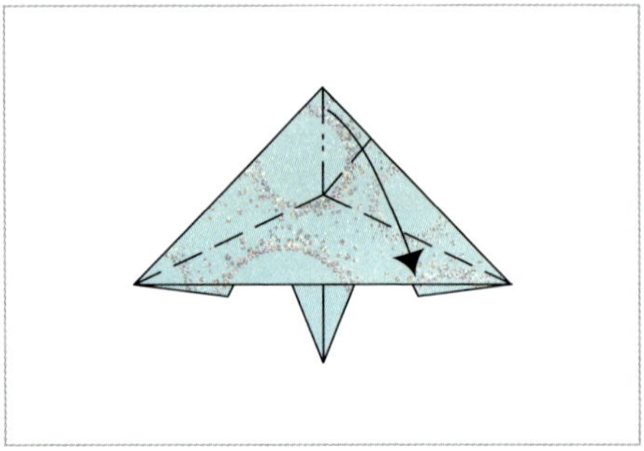

12 Pliegue hacia abajo ambos lados largos en dirección al borde inferior. Achate la punta hacia la derecha.

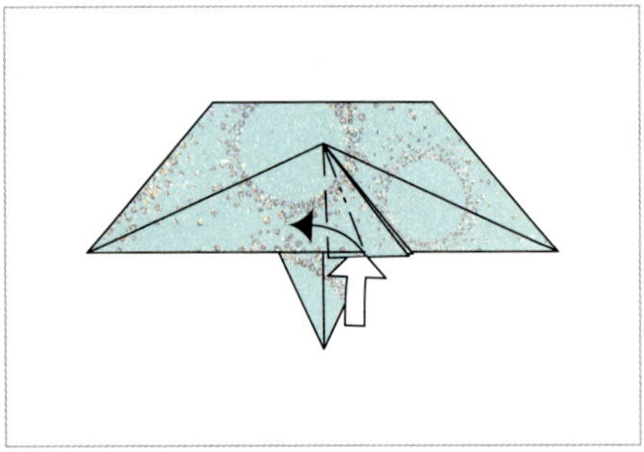

13 Levante la aleta y achátela.

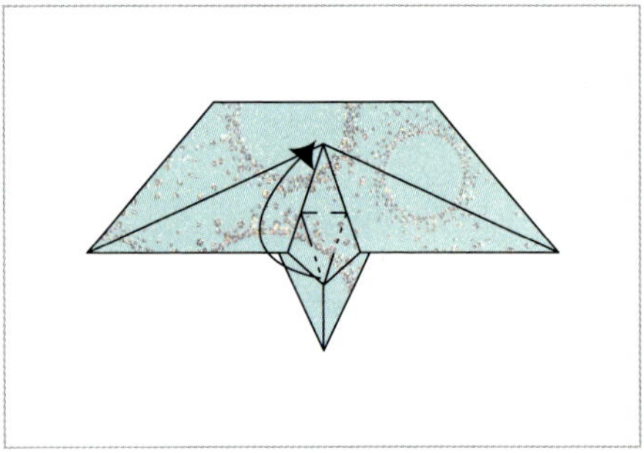

14 Levante la punta recién creada y pliéguela hacia arriba hasta que los dos lados se unan (pliegue pétalo).

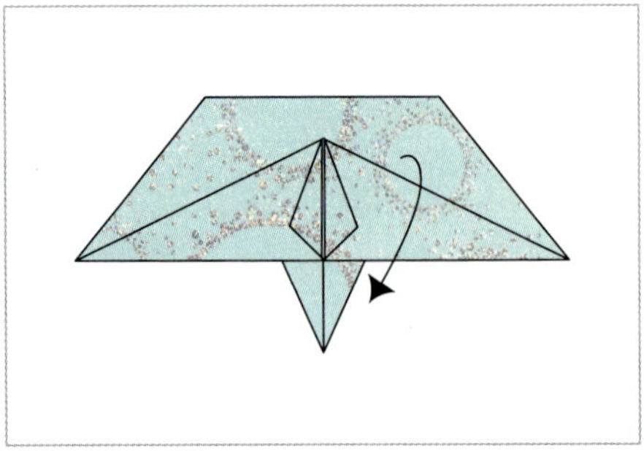

15 Pliegue la aleta hacia abajo.

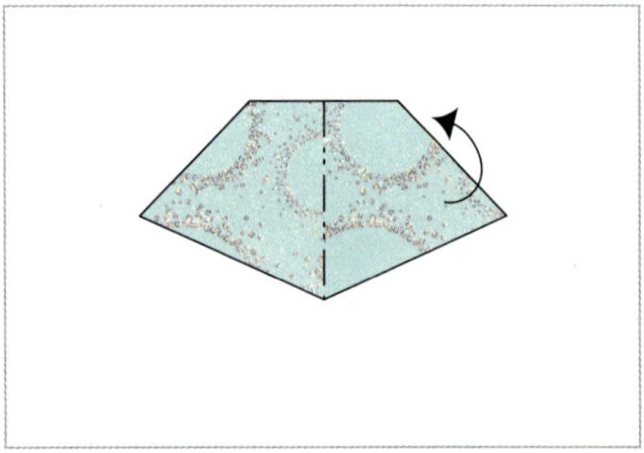

16 Pliegue de montaña por la mitad.

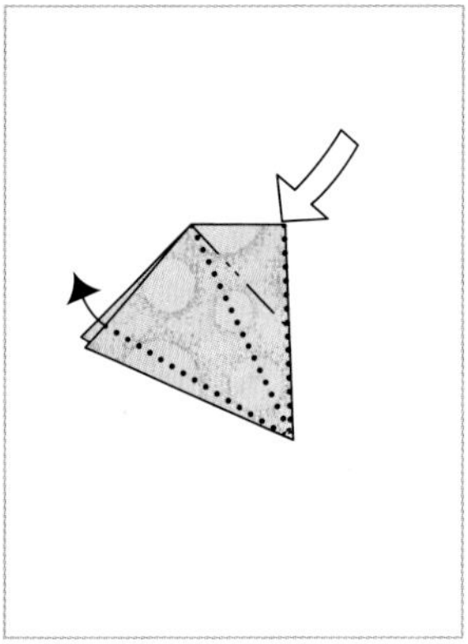

17 Tire hacia fuera la aleta interior. Empuje hacia dentro la esquina superior como muestra el dibujo.

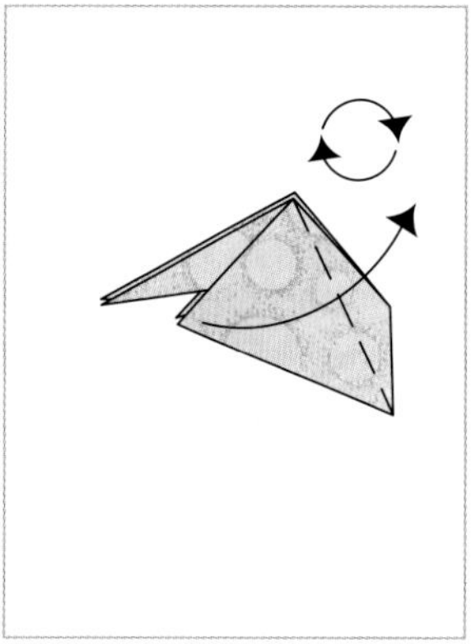

18 Pliegue hacia atrás la aleta como muestra el dibujo. Repita en el lado opuesto. Gire el modelo como se muestra en el siguiente diagrama.

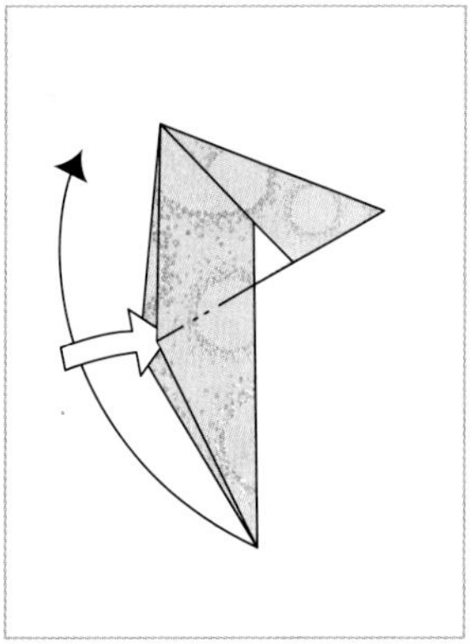

19 Pliegue invertido hacia arriba de la punta inferior en línea.

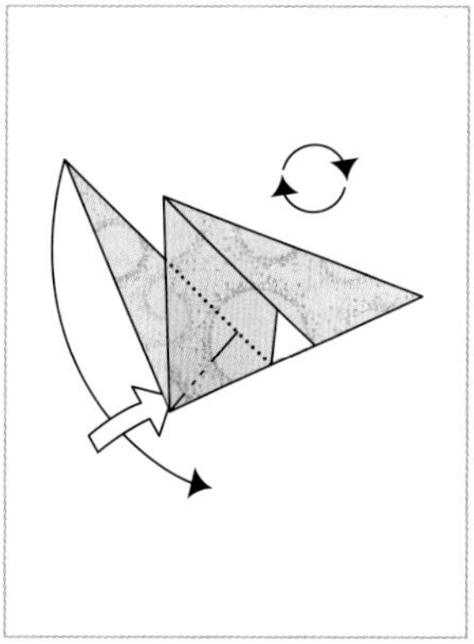

20 Pliegue invertido de la punta interior a lo largo de la línea mostrada. Gire el modelo como se muestra en el siguiente diagrama.

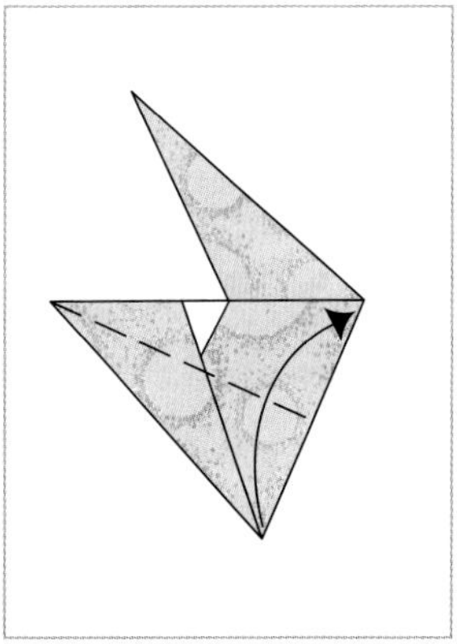

21 Pliegue la aleta hacia arriba como muestra el dibujo.

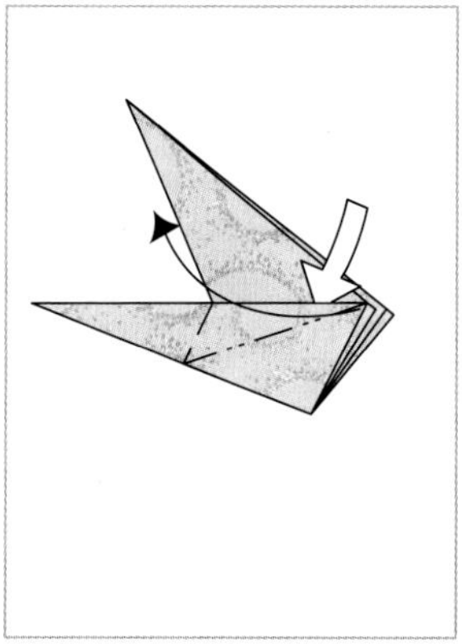

22 Pliegue hacia arriba y abra la aleta. Compruebe el diagrama siguiente para ver la posición final.

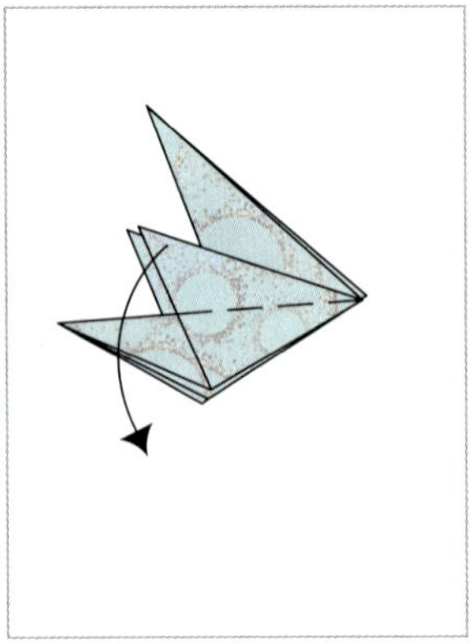

23 Pliegue la aleta hacia abajo y repita la operación en el lado opuesto para crear las alas.

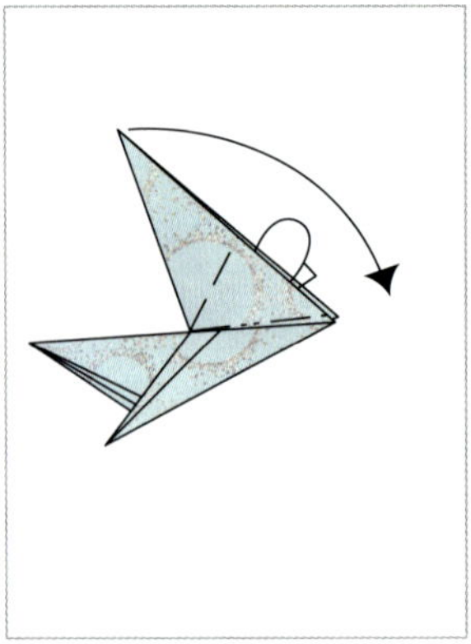

24 Pliegue hacia abajo la punta superior. Gire el modelo hacia la posición que muestra el siguiente diagrama.

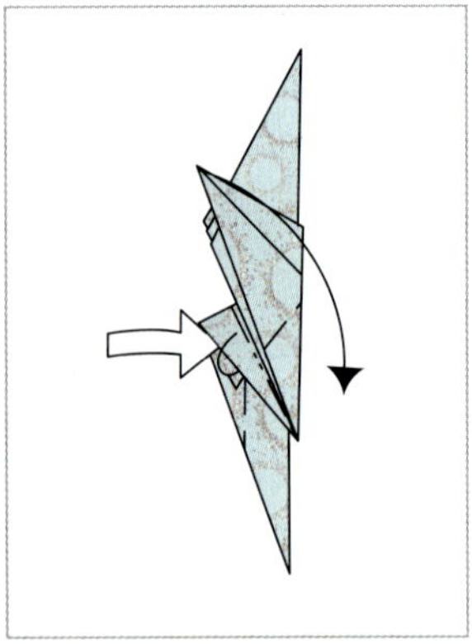

25 Abra las alas y pliegue como muestra el dibujo para mantenerlas abiertas. Afine las patas y la cola como muestra el dibujo.

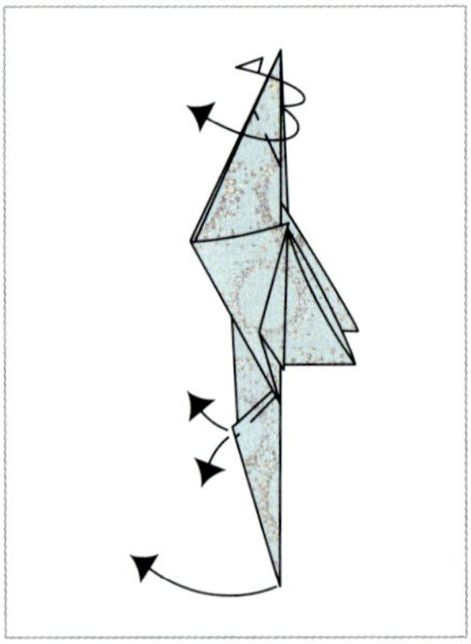

26 Pliegue invertido en todas las capas en la parte superior para crear la cabeza del loro. Abra y pliegue la cola hacia delante.

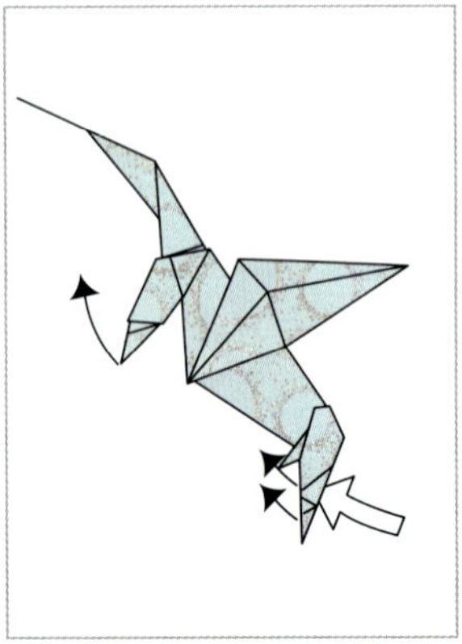

27 Pliegue invertido en la punta del pico. Pliegue la parte inferior del pico para mantenerlo abierto.

El loro está terminado y listo para posarse en el hombro de un pirata. Para hacer el sombrero del pirata, pase a la página siguiente.

Sombrero de pirata

NIVEL DE HABILIDAD

Necesitará

- Una hoja de papel de envolver con un motivo de pirata

ESTE MODELO SE PLIEGA TRADICIONALMENTE CON UNA HOJA GRANDE DE PERIÓDICO, ¡PERO RESULTA MUCHO MÁS EXCITANTE HACERLO CON UNA HOJA DE PAPEL CON MOTIVOS DE PIRATA!

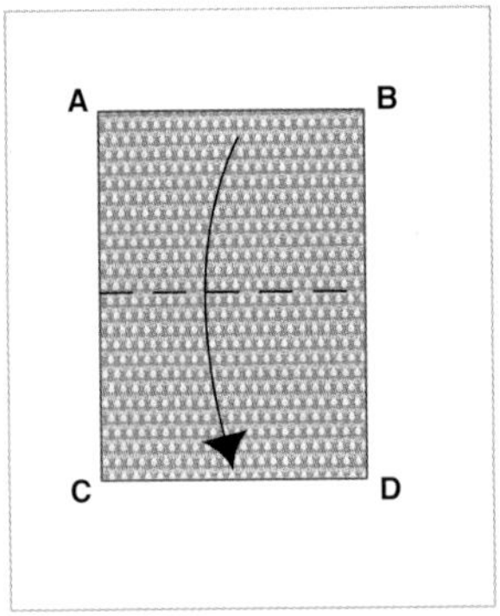

1 Pliegue por la mitad de la parte superior a la inferior.

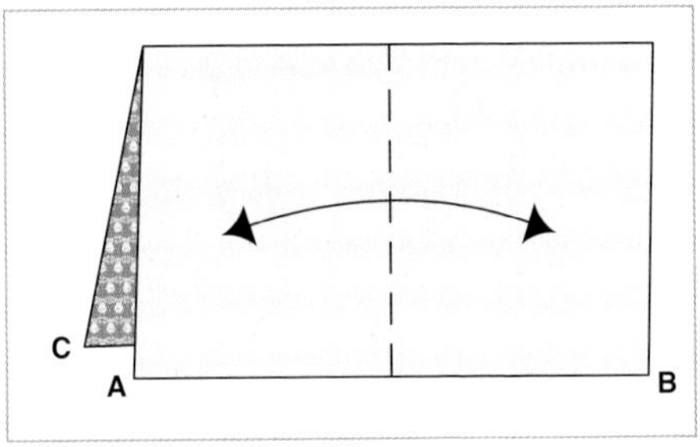

2 Pliegue por la mitad de izquierda a derecha. Despliegue.

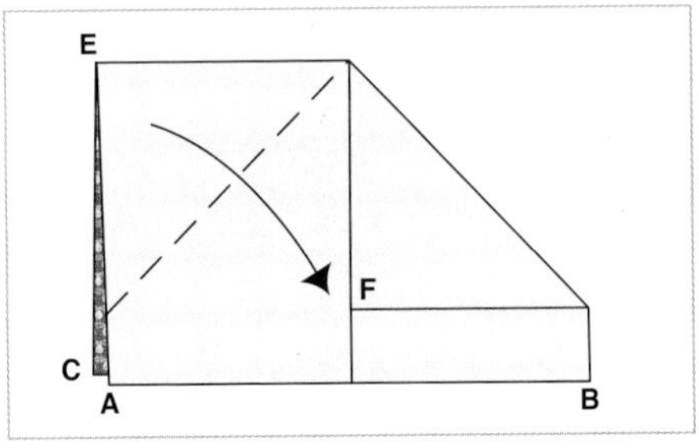

3 Pliegue las esquinas E y F hacia la marca hecha en el centro del papel. F se muestra ya plegada.

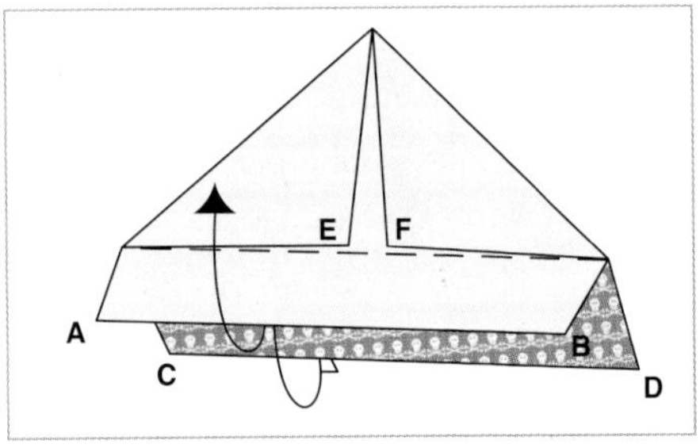

4 Pliegue hacia arriba el borde AB a lo largo de la marca en la base de los triángulos E y F. Pliegue CD por detrás.

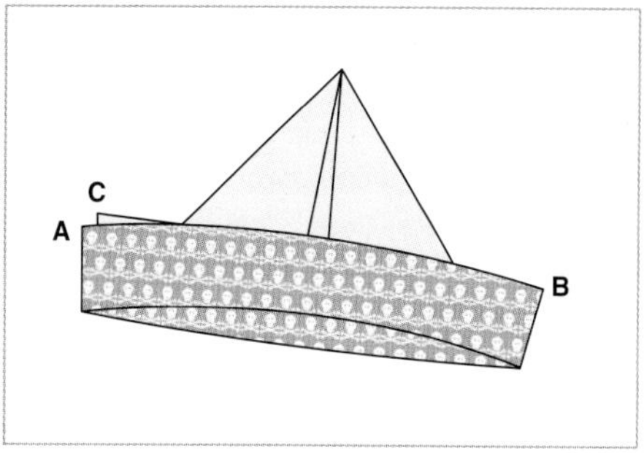

5 Esto crea un sombrero simple, aunque bastante grande y flexible.

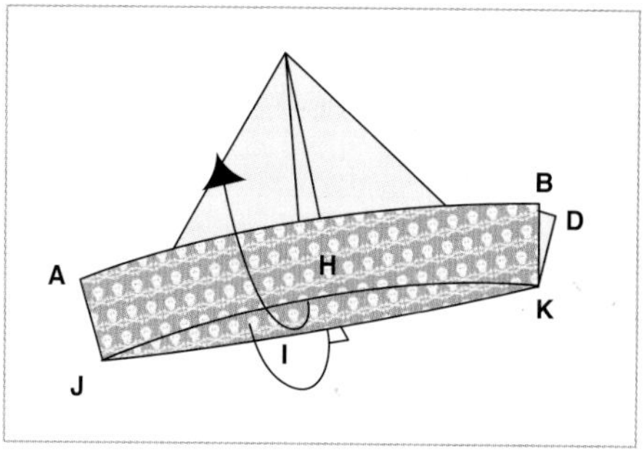

6 Sostenga por los puntos H e I como muestra el dibujo. Separe H e I de modo que J y K se junten.

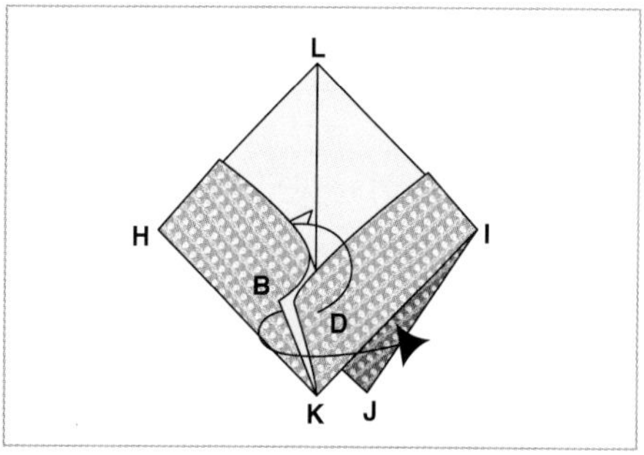

7 Esto crea una forma de diamante. Introduzca D detrás de B para achatar la parte delantera. Repita la operación por la parte de atrás, introduciendo A debajo de C.

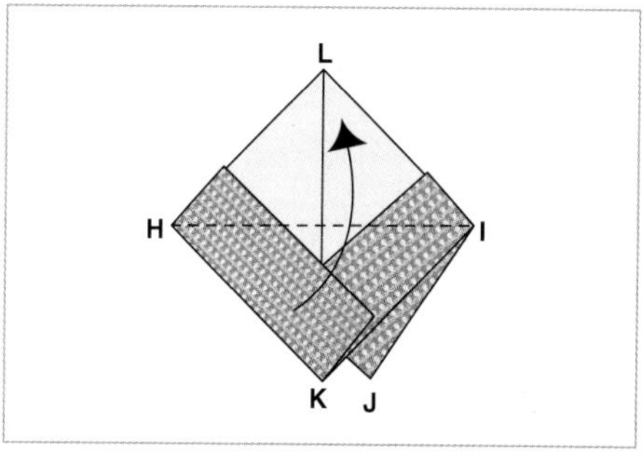

8 Pliegue ahora K hacia L y, por detrás, pliegue J hacia L.

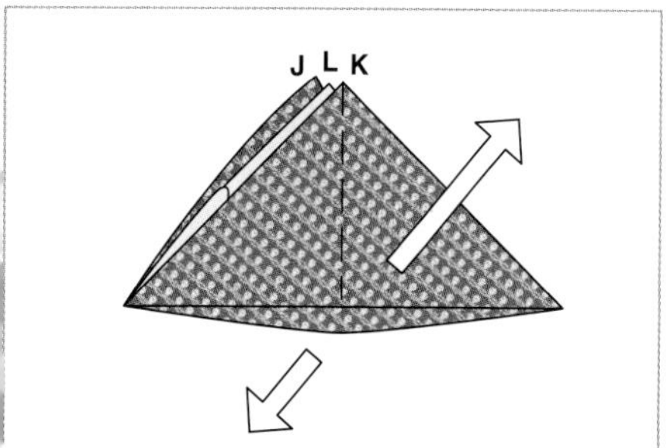

9 El modelo debe tener este aspecto. Ábralo para crear un sombrero resistente.

Una hoja de papel de envolver alcanza para hacer un sombrero para un niño; en el caso de un adulto se necesitarán dos hojas unidas con cinta adhesiva.

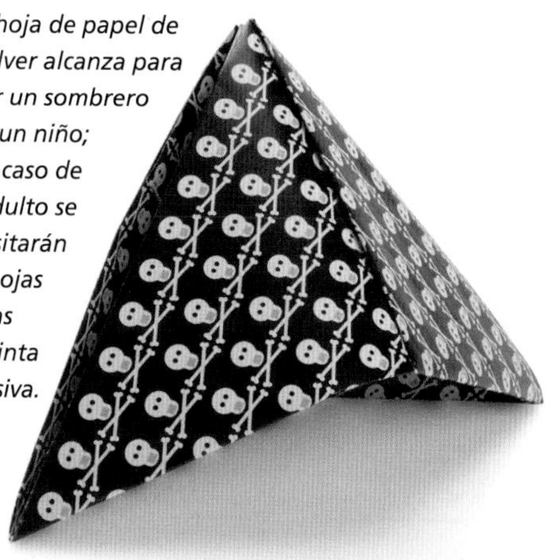

Planeador

NIVEL DE HABILIDAD

Necesitará

- ❒ Un cuadrado de papel de 25cm de gramaje ligero o medio

Consejo de artista: para hacer volar su planeador láncelo hacia arriba a unos 45 grados con una fuerza moderada. Si lo lanza con más impulso, el planeador realizará acrobacias.

ESTE AVIÓN FUE DISEÑADO POR UNO DE LOS MÁS IMPORTANTES PLEGADORES DE SINGAPUR, FRANCIS OW. UNO O DOS DE LOS MOVIMIENTOS NO RESULTAN INMEDIATAMENTE OBVIOS, PERO SI PLIEGA EL PAPEL CON CUIDADO, TODO SALDRÁ BIEN. ¡EL PLANEADOR COMIENZA SU VUELO RIZANDO EL RIZO!

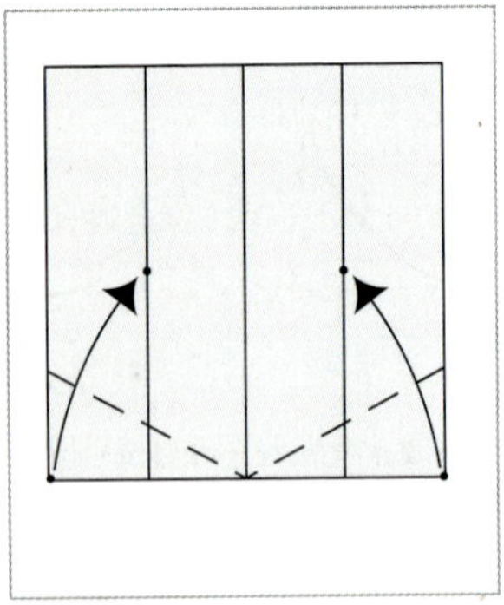

1 Pliegue la hoja en cuartos con un pliegue de montaña. Comenzando en el centro del borde inferior, pliegue las esquinas para que toquen las marcas de los cuartos.

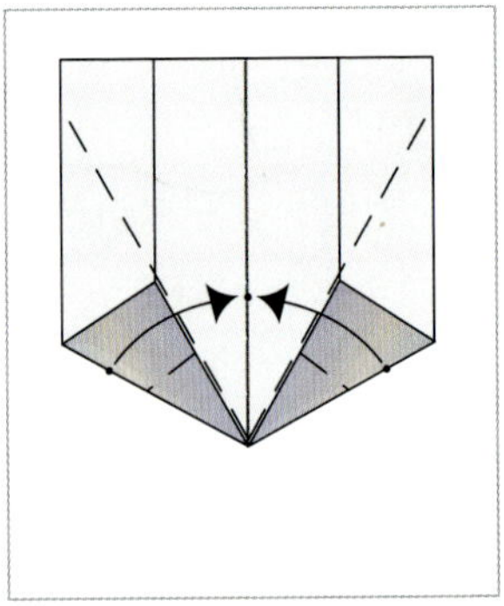

2 Lleve cada borde plegado hacia la marca central.

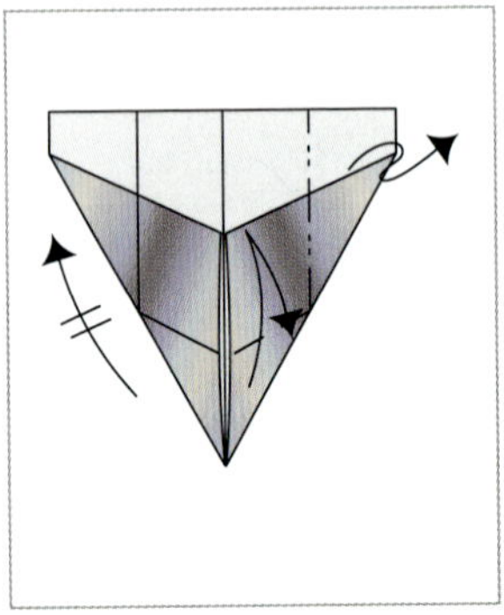

3 Ahora, dos preplegados: de montaña en las marcas exteriores; de valle en las dos marcas más pequeñas ya existentes. Esto hace que el movimiento siguiente sea más fácil.

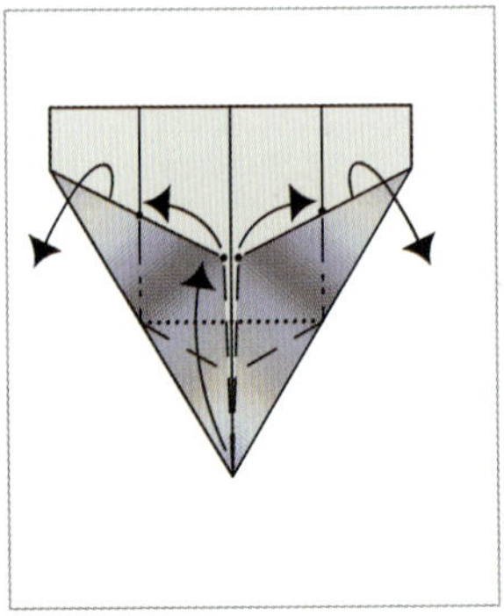

4 Despliegue los pliegues de montaña. Pliegue la punta hacia dentro para que quede plana sobre los dos pliegues de montaña...

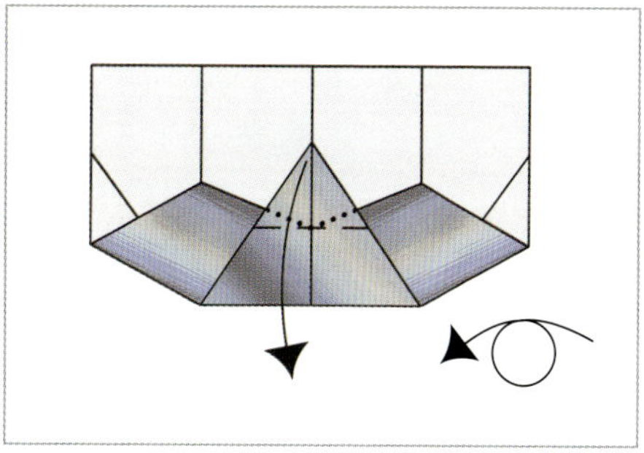

5 ...para formar una nueva marca a lo largo de la línea de puntos de este modo. Pliegue el triángulo hacia abajo todo lo posible y dé la vuelta al papel.

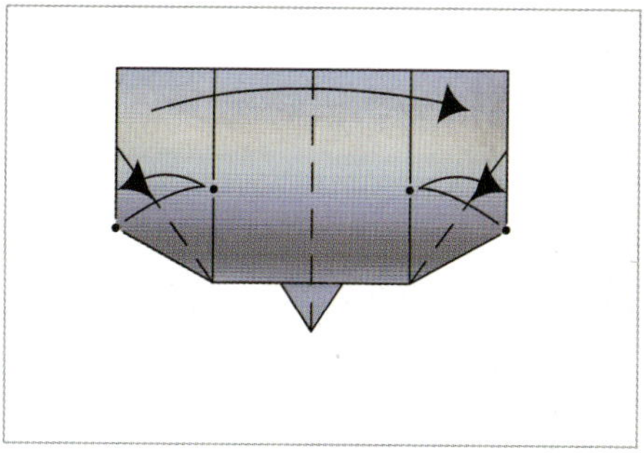

6 Refuerce los dos dobleces pequeños y pliegue hacia dentro por la mitad de izquierda a derecha.

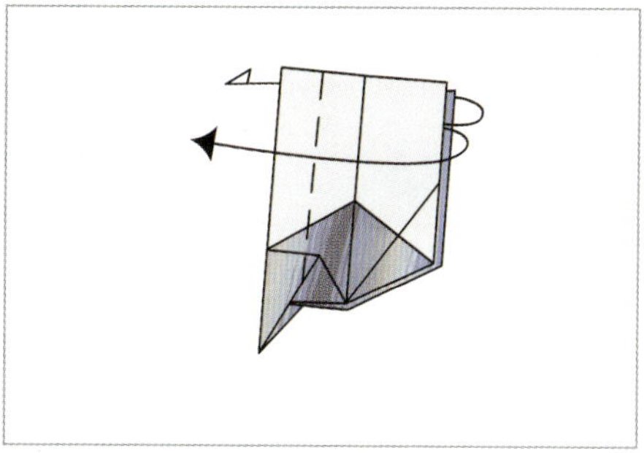

7 Pliegue hacia fuera para formar las alas. Los pliegues comienzan donde el costado de la nariz se encuentra con el borde horizontal y son paralelos al borde vertical.

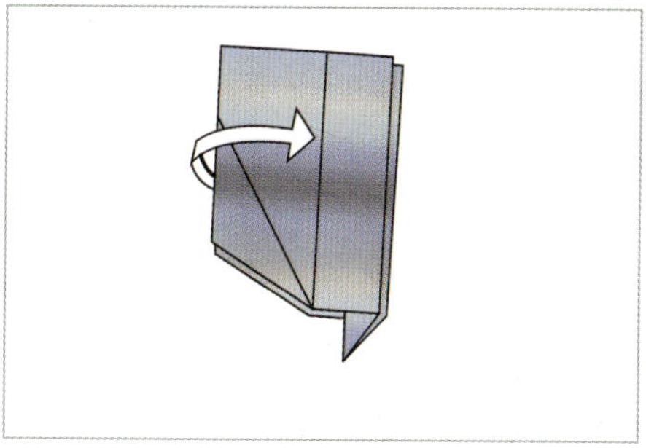

8 Abra la primera ala. El papel se levantará a lo largo del centro. Pliegue por donde muestra el dibujo. Pliegue por encima de los dobleces originales para transferir el pliegue hacia la capa superior.

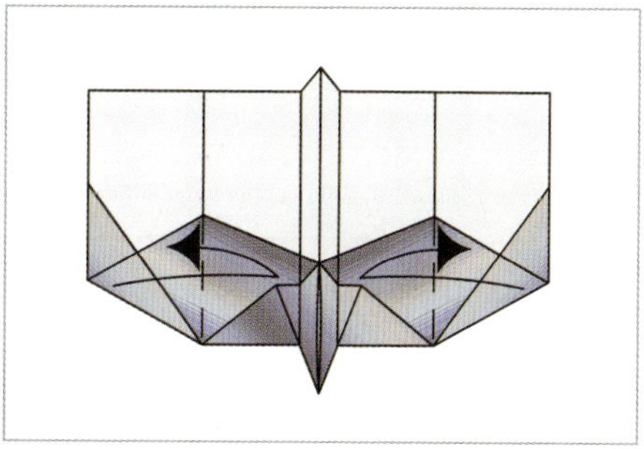

9 Levante las esquinas exteriores usando los dobleces establecidos para crear el planeador terminado.

Pájaro que bate las alas

Véase también

Base preliminar, página 21

NIVEL DE HABILIDAD

Necesitará

- ❒ Un cuadrado de papel de 15cm de gramaje ligero o medio (base preliminar)

AQUÍ TENEMOS EL QUE QUIZÁS SEA EL MEJOR DE TODOS LOS "MODELOS CON MOVIMIENTO". LA FORMA DEL PÁJARO ES SATISFACTORIA EN SÍ MISMA, PERO EL ARCO AMPLIO Y ELEGANTE QUE DESCRIBEN LAS ALAS CUANDO SON BATIDAS ES IMPRESIONANTE Y LLAMATIVO.

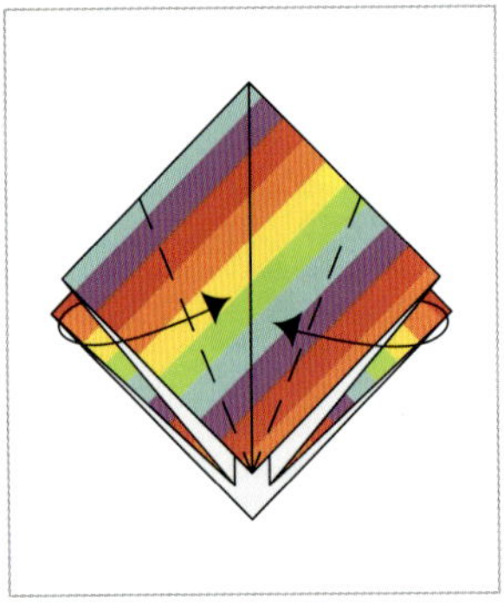

1 Comience a trabajar con la base preliminar. Con la esquina cerrada en la parte superior, pliegue hacia dentro las esquinas delanteras inferiores hacia la marca central...

2 ...de este modo. Pliegue hacia abajo el triángulo superior.

3 Tire hacia fuera de los triángulos laterales.

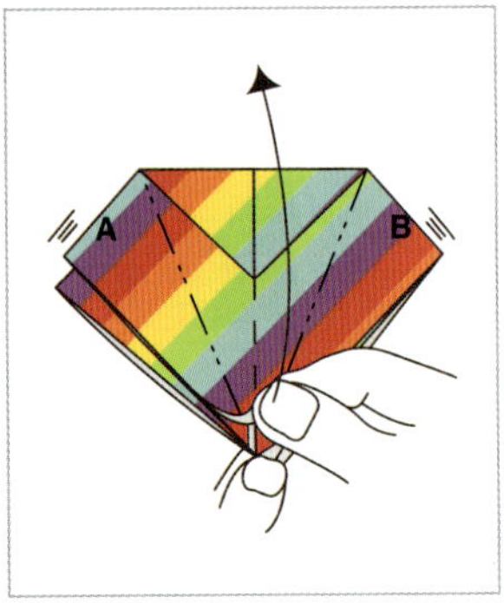

4 Sostenga el modelo sólo de la capa superior. Llévela hacia arriba...

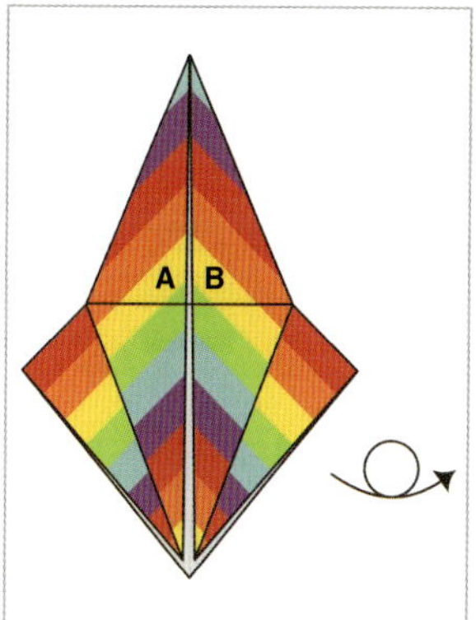

5 ...haciéndola girar sobre el borde superior de la forma del papel. A y B se moverán hacia dentro. Achate la forma de diamante con dobleces fuertes. Dé la vuelta al papel.

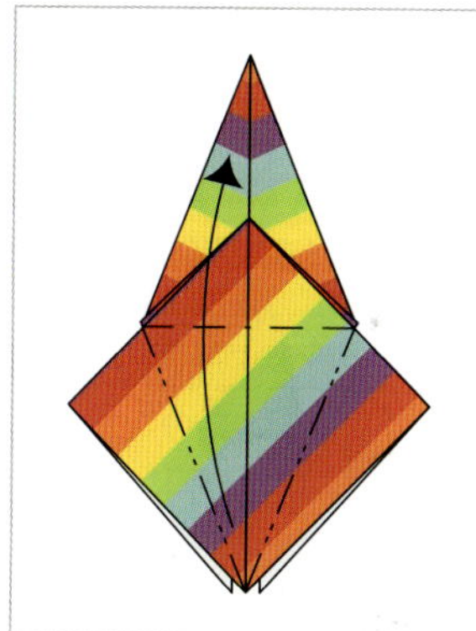

6 Repita los pasos 1-5 en este lado a fin de crear otra forma de diamante que coincida con la primera. Observe el triángulo suelto que queda oculto entre ellas.

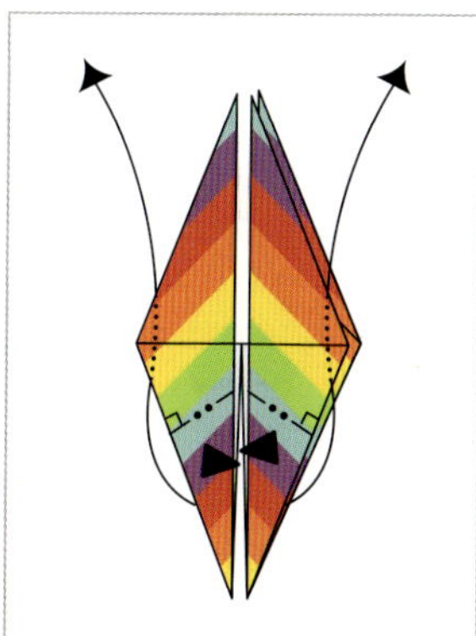

7 Pliegue invertido en cada una de las puntas inferiores, de modo que cada pliegue comience un poco por debajo del centro del diamante.

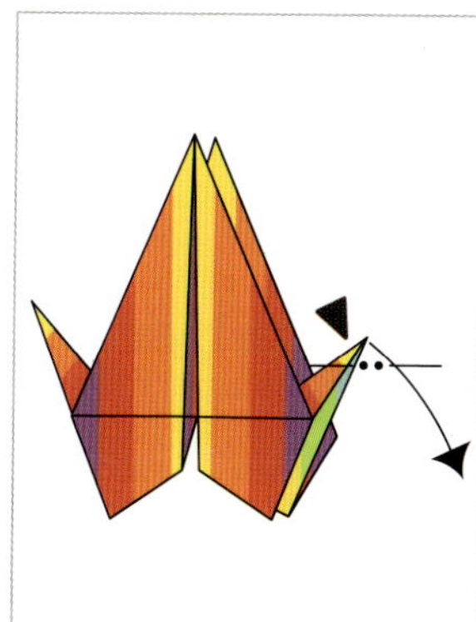

8 Invierta la cabeza.

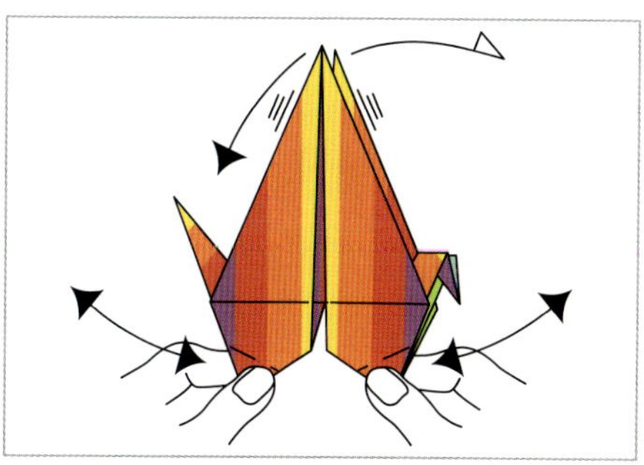

9 Sostenga el modelo como muestra el dibujo. Para completar la forma del pájaro mueva sus manos suavemente, abriendo y cerrando, y las alas se agitarán.

Éste es un diseño clásico que se puede hacer fácilmente usando restos de papel.

Bote de remos

NIVEL DE HABILIDAD

Necesitará

- Un cuadrado de cartulina de 15cm

ESTE DISEÑO, OBRA DEL BRITÁNICO MARTIN WALL, CREA UNA FORMA MUY SIMPLE QUE ESTÁ LISTA PARA NAVEGAR. HECHO CON CARTULINA, ESTE BOTE ES LO BASTANTE IMPERMEABLE COMO PARA QUE NAVEGUE POR UN ARROYO O UN RÍO Y, ADEMÁS, ES BIODEGRADABLE, DE MODO QUE NO DAÑARÁ EL MEDIO AMBIENTE.

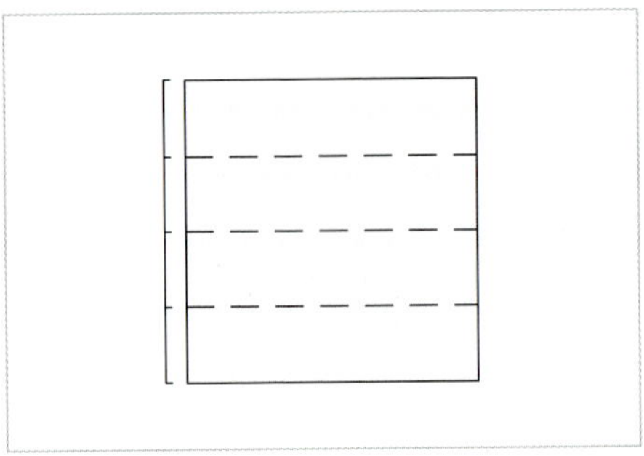

1 Haga pliegues de valle en el papel dividiéndolo en cuartos.

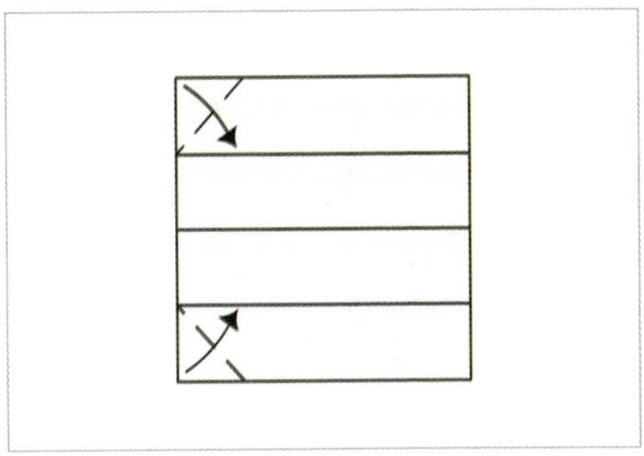

2 Pliegue hacia dentro las esquinas de la izquierda, arriba y abajo.

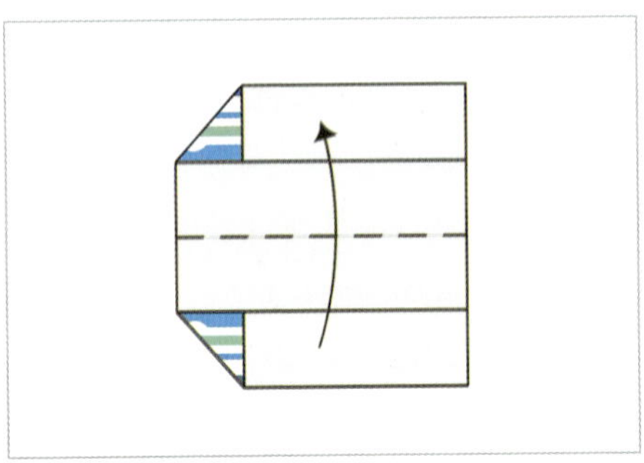

3 Pliegue por la mitad.

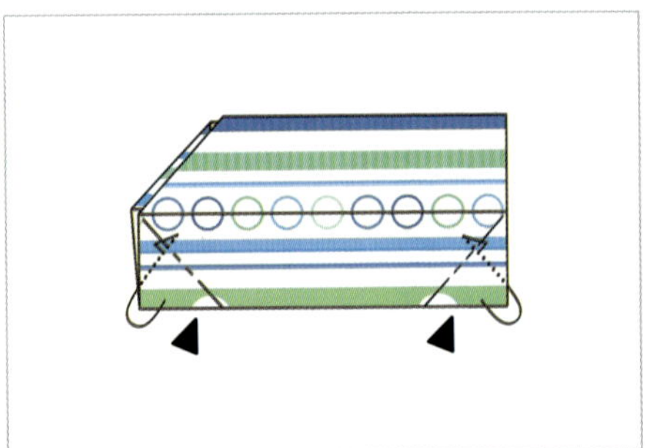

4 Pliegue invertido en las esquinas inferiores, niveladas con el doblez del cuarto.

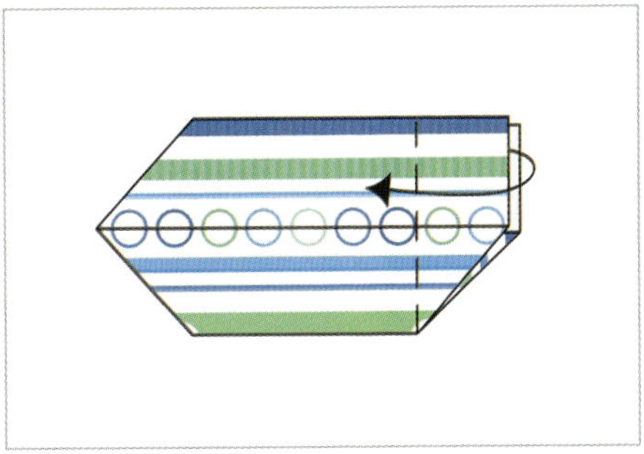

5 Abra el pliegue invertido.

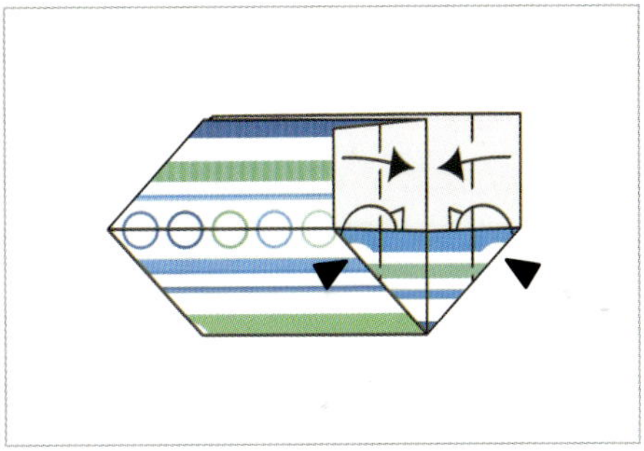

6 Pliegue invertido dos veces...

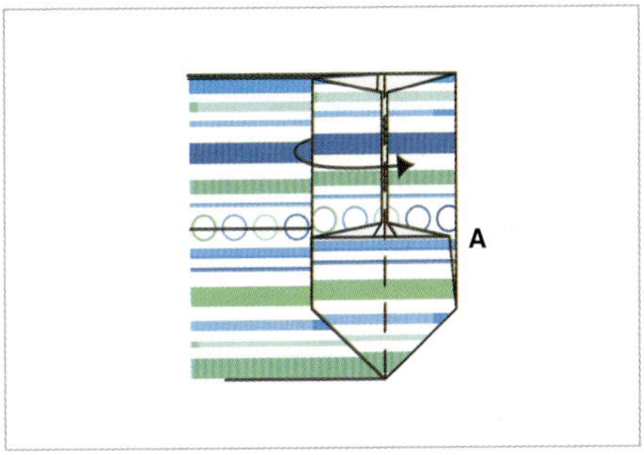

7 ...de este modo. Pliegue A hacia la derecha.

8 Inserte dentro del bote el cuarto superior del lado interior. Llévelo por encima de la parte superior de A, pero no por encima de la parte superior de las capas de pliegue invertido en la proa (parte delantera)...

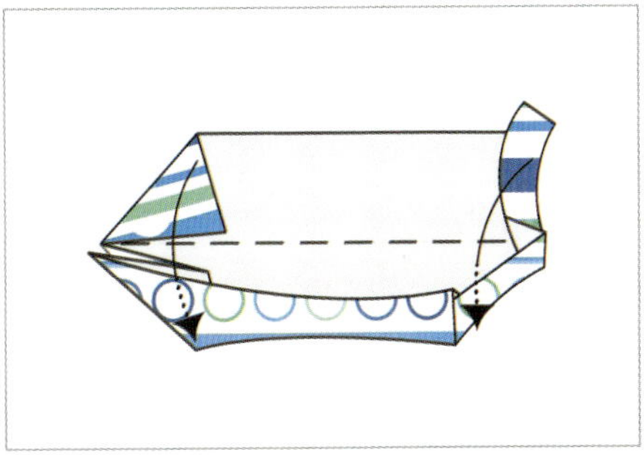

9 ...de este modo. Pliegue hacia dentro la capa más alejada, doblándola por encima del pliegue invertido en la proa para cerrarlo.

Esta pequeña flotilla de botes de remos podría navegar en la bañera un día de lluvia.

Rompecabezas

NIVEL DE HABILIDAD

Necesitará

- ❐ Cuatro cuadrados de 10cm o 15cm de papel de gramaje ligero o medio

MUCHOS PLEGADORES DE PAPEL ESTÁN INTERESADOS TAMBIÉN EN TRUCOS Y JUEGOS DE MAGIA QUE REQUIEREN UN POCO DE REFLEXIÓN PREVIA. UN MÉTODO POPULAR DE HACER UN ROMPECABEZAS CONSISTE EN DIVIDIR UNA FORMA EN SECCIONES IDÉNTICAS MÁS PEQUEÑAS Y LUEGO DESAFIAR A LA GENTE A QUE RECOMPONGA LA FORMA ORIGINAL. ÉSTOS SON LOS LLAMADOS ROMPECABEZAS DE DISECCIÓN.

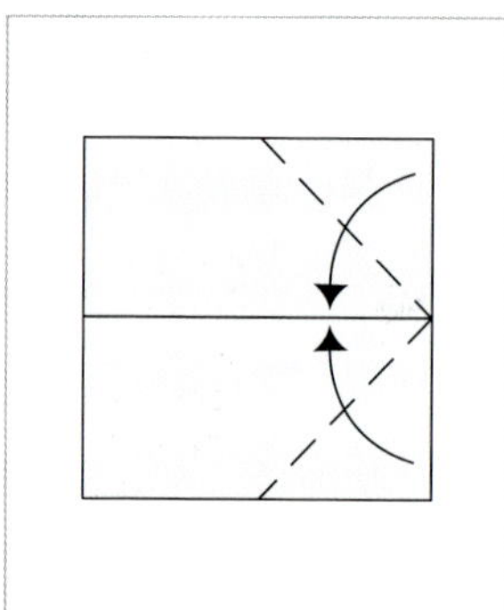

1 Comience con un cuadrado con el lado blanco hacia arriba, doblado por la mitad. Pliegue las dos esquinas que se muestran en el dibujo para que se encuentren con la marca central.

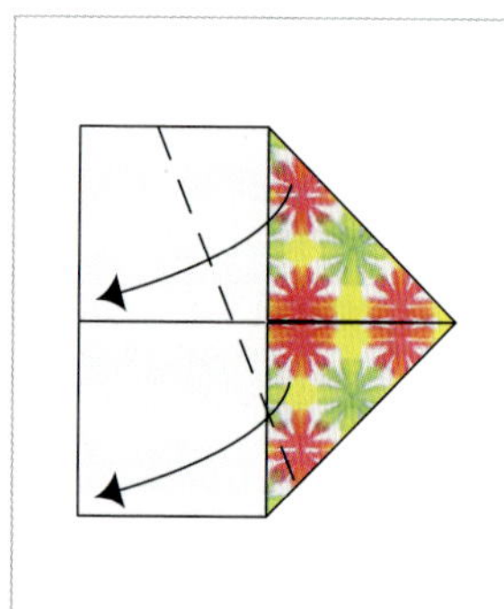

2 Lleve el borde superior derecho plegado hacia el borde largo...

3 ...de este modo. Despliegue el último paso.

4 Despliegue la aleta superior derecha.

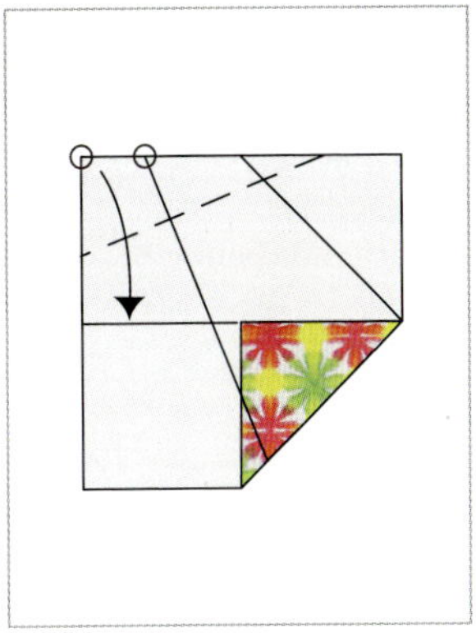

5 Asegúrese de que la esquina toca el doblez medio y de que el doblez largo se apoya sobre sí mismo. Los círculos muestran los puntos de referencia. Observe cuidadosamente el paso 6 antes de hacer este pliegue.

6 Vuelva a plegar la esquina superior derecha en uno de los dobleces existentes.

7 Utilizando nuevamente un doblez ya existente, pliegue sobre la sección inferior. Entrelace las capas de papel a fin de mantener unidas las aletas.

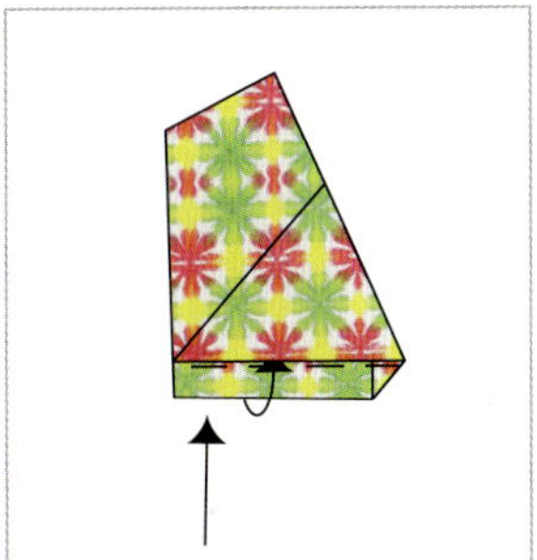

8 Pliegue sobre la estrecha tira de papel blanco, insertándola debajo de la aleta superior. Entrelace las capas de papel en el extremo. La unidad está completa. En total necesitará cuatro unidades.

Una de las dos soluciones del rompecabezas se encuentra en la página 192.

Perro ladrador

NIVEL DE HABILIDAD

Necesitará

- ❒ Un cuadrado de papel de origami dúo de 15cm

LA REPRODUCCIÓN DE ESTE DISEÑO DIVERTIDO E INNOVADOR LE RESULTARÁ SIN DUDA MUY SATISFACTORIA. PAUL JACKSON, EL DISEÑADOR DE ESTA PIEZA ÚNICA, DESCUBRIÓ EL MOVIMIENTO EN EL PASO 5 DE MANERA ACCIDENTAL. A PARTIR DE ALLÍ, LA CABEZA Y LA COLA SIMPLEMENTE SE PLIEGAN A SÍ MISMAS.

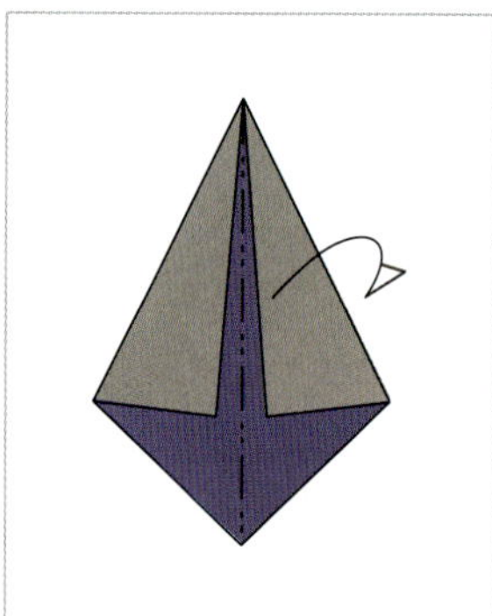

1 Pliegue dos esquinas hacia el centro como muestra el dibujo. Pliegue de montaña por la mitad.

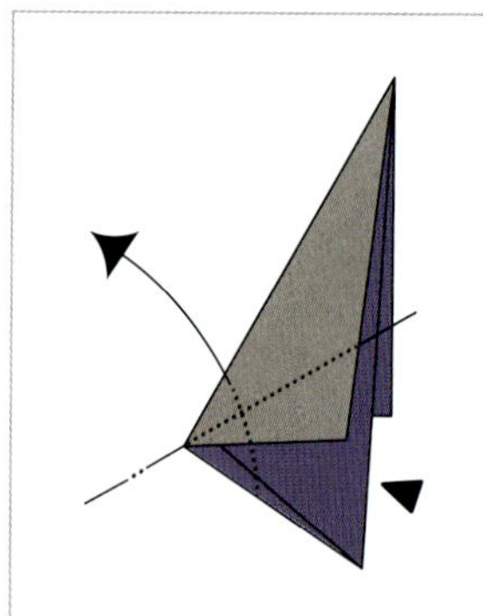

2 Pliegue invertido hacia la posición que se muestra en el paso 3.

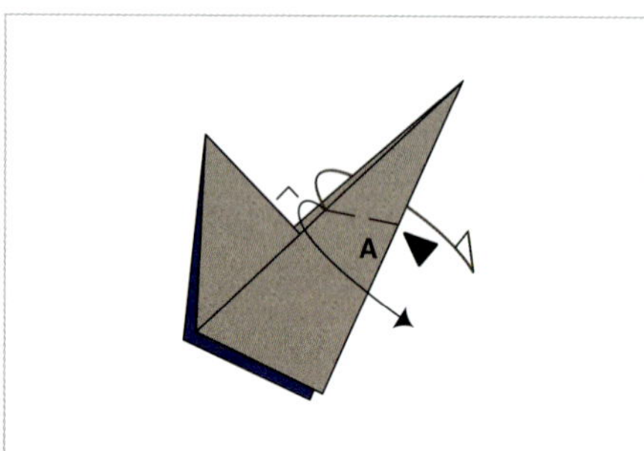

3 Pliegue invertido exterior hacia la posición que se muestra en el paso 4.

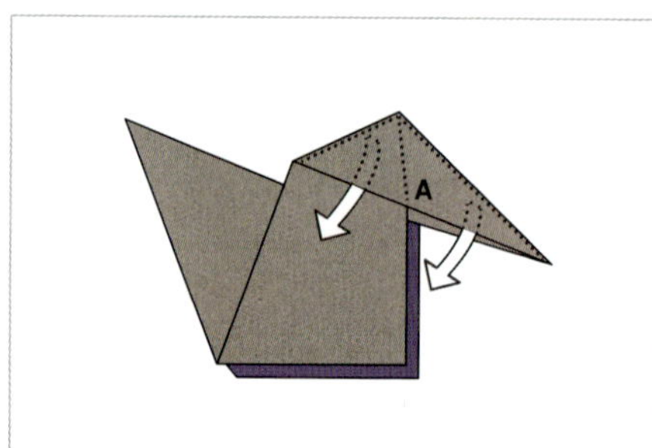

4 Extraiga la capa interna en A...

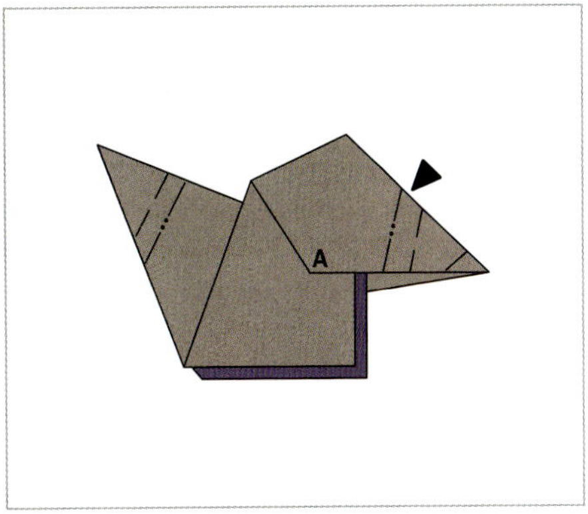

5 ...de este modo. Repita la operación en la parte posterior. Haga tres pliegues invertidos en la cabeza. Pliegue la cola.

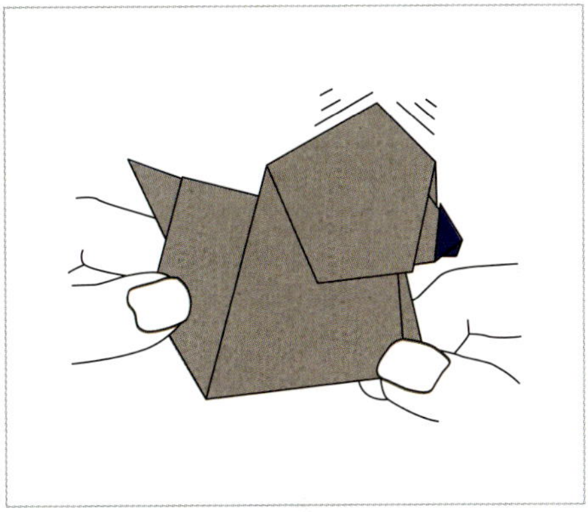

6 Para que el perro ladre, sosténgalo como muestra el dibujo y mueva la mano izquierda hacia la izquierda y atrás otra vez. La cabeza se moverá arriba y abajo como si estuviese ladrando.

Varíe los dobleces en el punto 5 para hacer perros de diferentes razas.

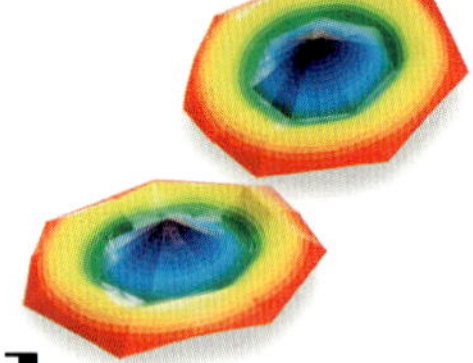

Platillo volante

NIVEL DE HABILIDAD

Necesitará

- Un cuadrado de papel de 15cm de gramaje pesado

Consejo de artista: lance el platillo como si fuese un plato volador, tratando de darle el mayor efecto posible en el momento de soltarlo girando la muñeca. Levante ligeramente el borde opuesto de la mano.

AUNQUE GENERALMENTE LOS PLATILLOS VOLANTES SON REDONDOS, PUEDE CREAR UNA VERSIÓN ESPECTACULAR USANDO UN CUADRADO. ESTA FORMA SE PUEDE CONVERTIR FÁCILMENTE EN UN OCTÁGONO Y LUEGO EN UN HEPTÁGONO CUANDO EL PAPEL SE VUELVE TRIDIMENSIONAL. ESTE DISEÑO SE VALE DE PRINCIPIOS GIROSCÓPICOS, YA QUE SE LANZA CON EFECTO ROTATORIO.

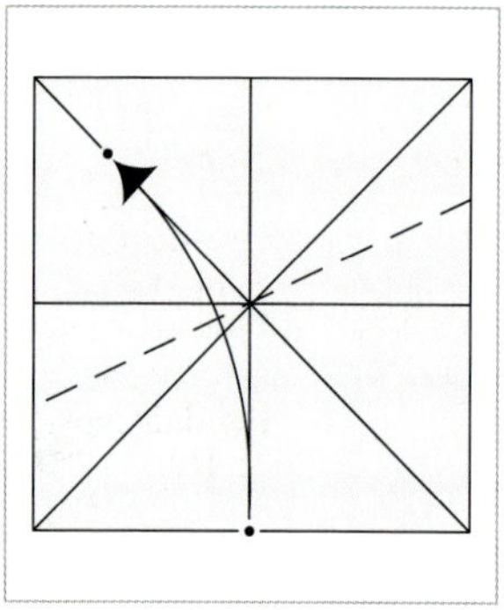

1 Haga un pliegue que pase por la mitad del cuadrado, de esquina a esquina en ambos sentidos con pliegues de valle. Asegúrese de que el pliegue pasa por el centro del papel.

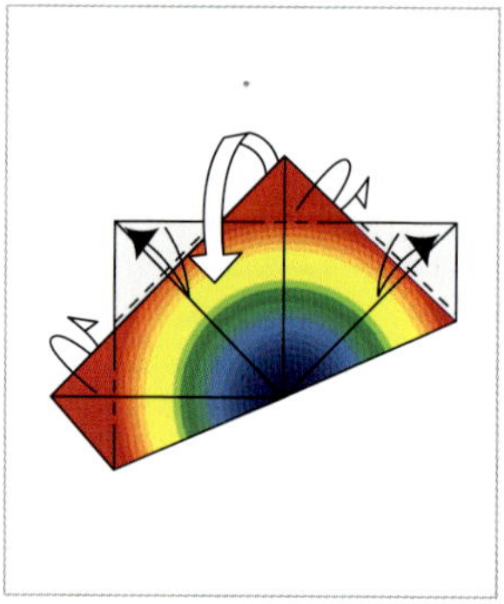

2 Coja la punta inferior central para que se apoye a lo largo de la diagonal superior izquierda. Prepliegue las esquinas a lo largo del frente (valles) y en la parte posterior (montañas).

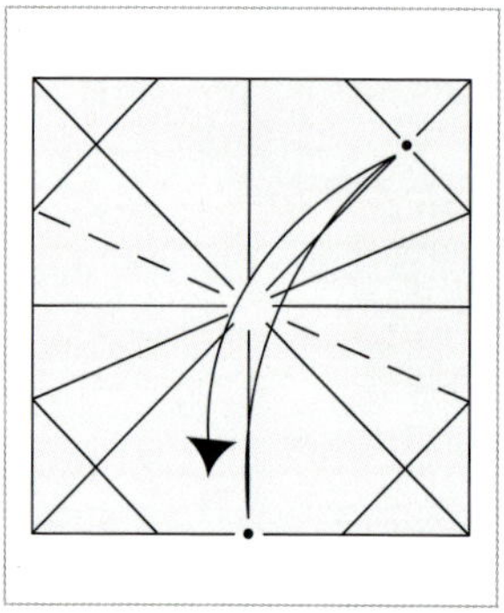

3 Abra el papel hacia fuera. Repita el paso 1 hacia el lado derecho y despliegue.

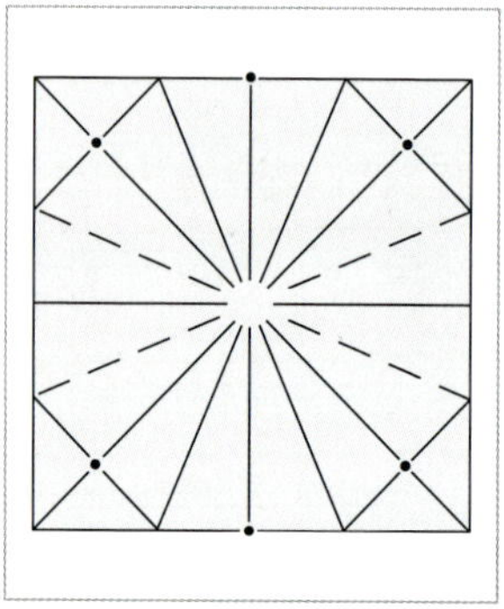

4 Éste es, hasta ahora, el modelo de pliegues. Repita dos veces más el paso 1 usando las marcas de posición mostradas en el dibujo para completar los pliegues radiales.

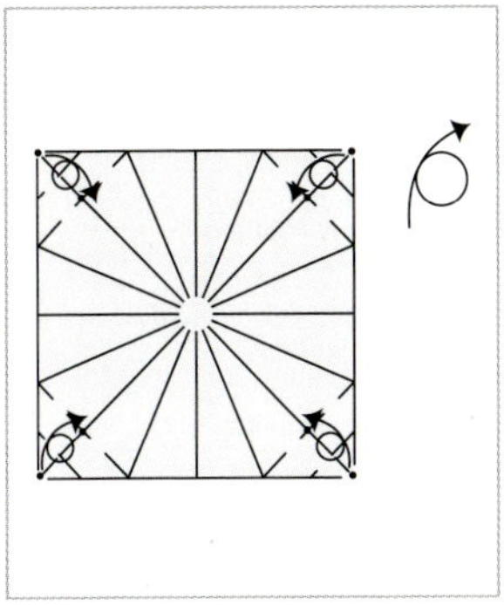

5 Pliegue cada una de las esquinas hacia los dobleces hechos en el paso 2, luego pliegue otra vez usando el propio doblez. Dé la vuelta al papel.

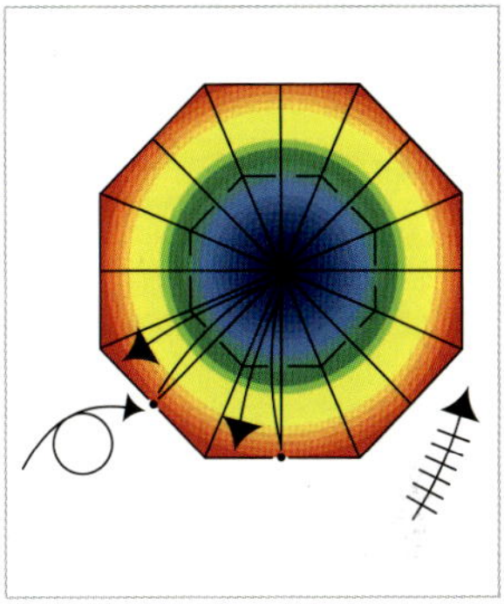

6 Ahora el papel debe tener forma octogonal. Pliegue el centro de cada borde hacia el punto central. Pliegue sólo entre diagonales adyacentes y luego despliegue.

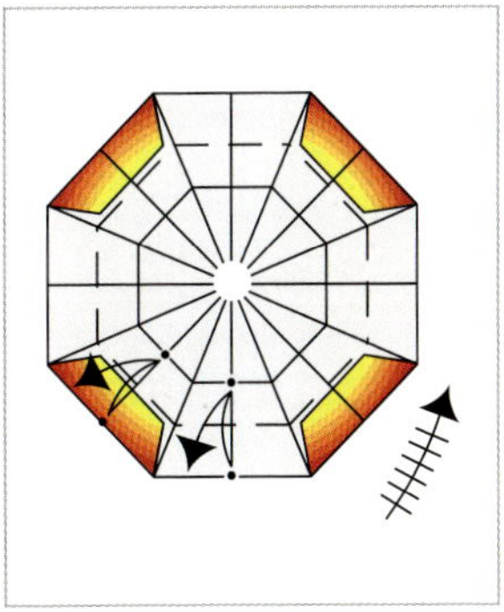

7 Dé la vuelta al papel otra vez. Pliegue cada borde hacia las marcas de "rayos" que acaba de hacer, sólo entre diagonales adyacentes. Despliegue.

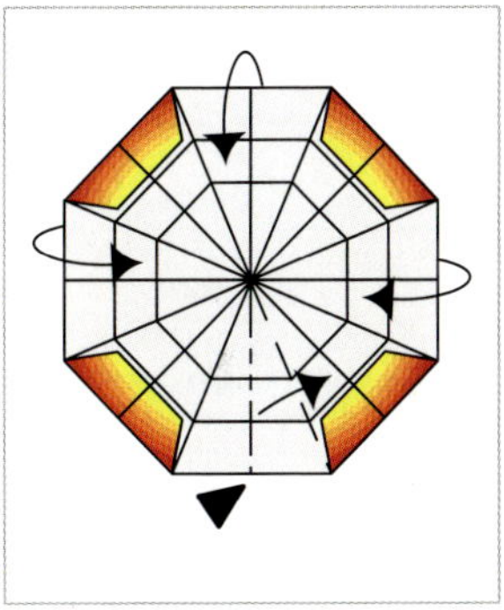

8 Haga un pliegue de montaña y luego dóblelo hacia los costados, elevando los lados del papel para formar una depresión central.

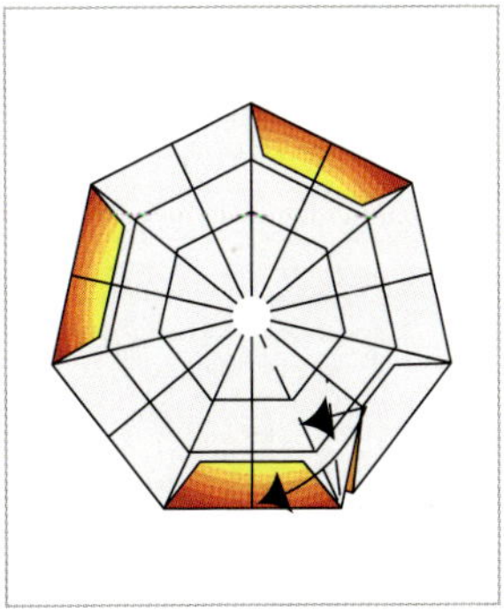

9 Cierre el plisado plegando el borde exterior hacia la diagonal, plegando luego por encima usando la diagonal.

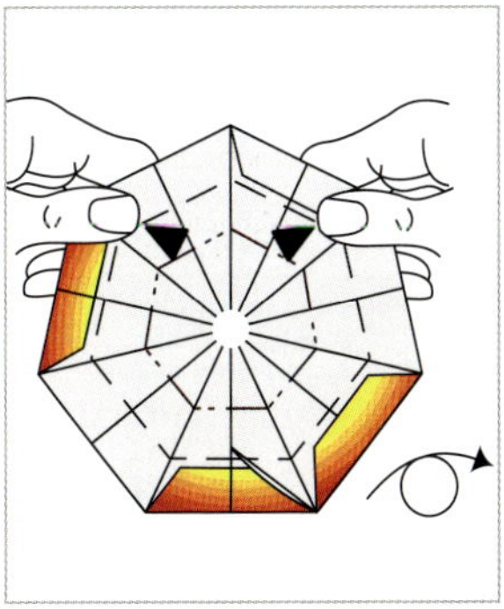

10 Levante el papel y presione con suavidad para darle forma usando los pliegues que haya hecho. Dé la vuelta al papel.

Pájaro carpintero

Véase también

Base de cometa, página 20

NIVEL DE HABILIDAD

Necesitará

- ❑ Un cuadrado de papel de 15cm de gramaje medio (base de cometa)

LOS MODELOS DE ORIGAMI QUE PRESENTAN ALGUNA CLASE DE MOVIMIENTO SIEMPRE HAN GOZADO DE GRAN POPULARIDAD TANTO ENTRE LOS ADULTOS COMO LOS NIÑOS. ESTE DISEÑO UTILIZA UNA TÉCNICA FAMILIAR PARA CREAR MOVIMIENTO. SI PLIEGA CON UN PAPEL RÍGIDO, PODRÁ OÍR UN SONORO "PICOTAZO".

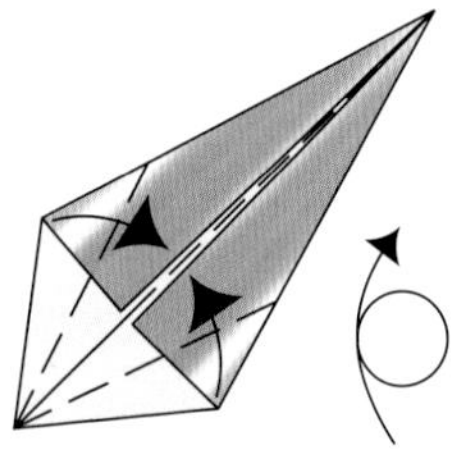

1 Comience con una base de cometa. Pliegue los bordes cortos hacia la marca central. Dé la vuelta al papel.

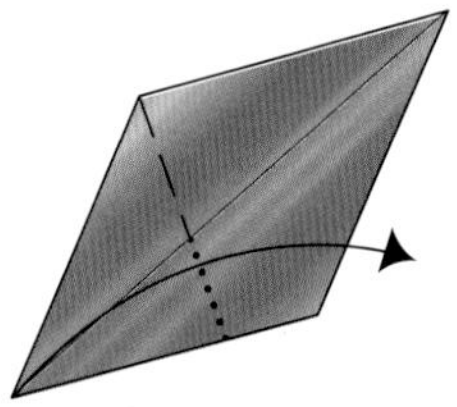

2 Comenzando en la esquina izquierda, pliegue el borde derecho nuevamente sobre sí mismo, pero sólo hasta el centro y no más allá de éste. Repita la operación en el lado izquierdo.

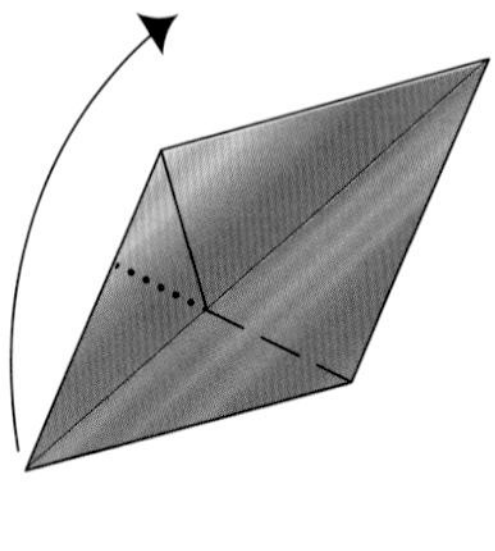

3 Dé la vuelta al papel por completo, luego haga los mismos pliegues en el otro extremo. Esto formará un pliegue en forma de diamante en el centro del modelo.

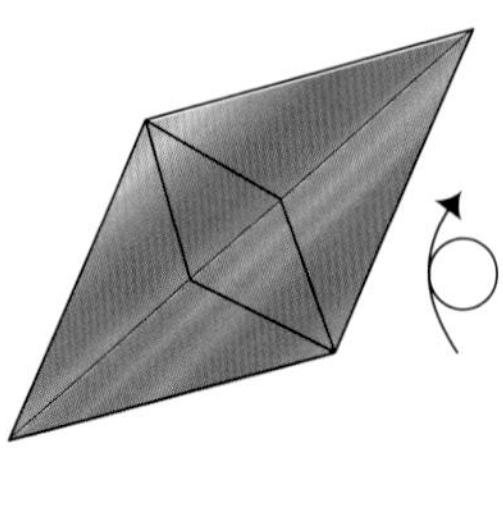

4 Dé la vuelta y despliegue las dos aletas superiores en el extremo de la base del diamante. Pliegue ambas esquinas exteriores hacia dentro para que se unan a las dos esquinas internas.

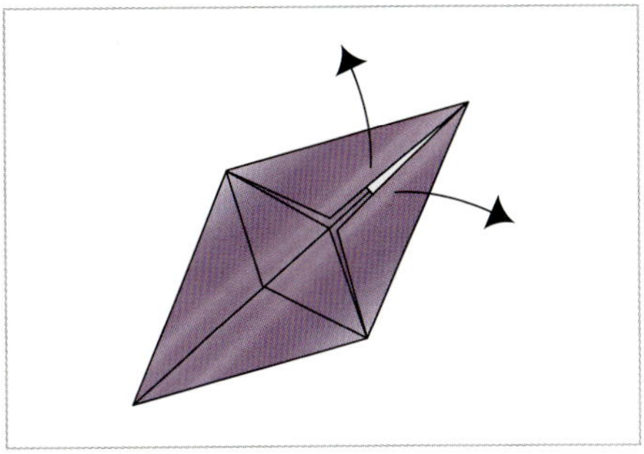

5 Levante el papel y refuerce los pliegues en forma de diamante realizados en los pasos 2 y 3 de modo que pasen a través de las capas extra.

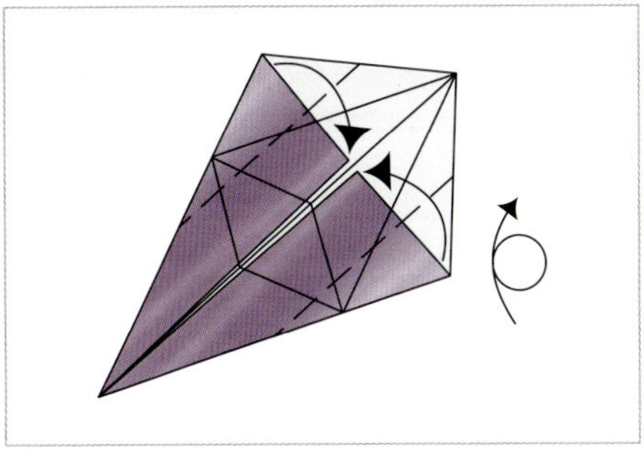

6 Haga un pliegue invertido interior para formar el pico.

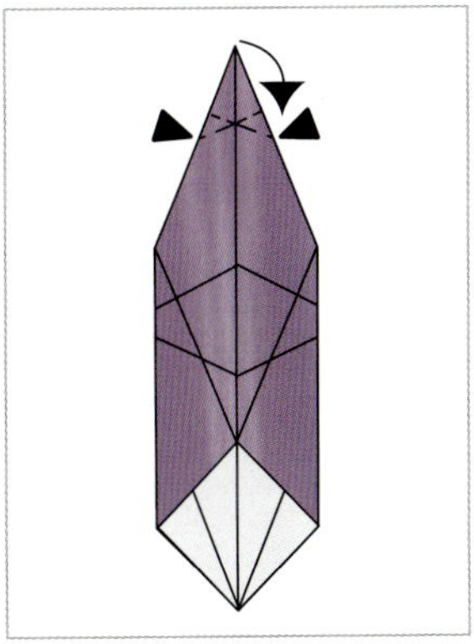

7 Pliegue ambos lados del pico hacia abajo, doblando con fuerza.

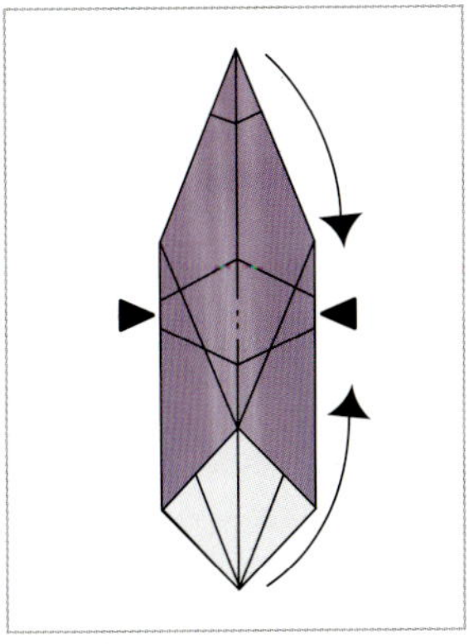

8 Sostenga el modelo por ambos lados y presione con suavidad para conseguir el picotazo del pájaro carpintero terminado.

Este diseño clásico puede hacerse con papel blanco y luego colorearlo para representar el pájaro y el árbol de una manera más obvia.

Véase también
Triángulo, página 24

Molinete

NIVEL DE HABILIDAD

Necesitará

- ❑ Un triángulo de papel A4 (carta)

Consejo de artista: para que el molinete gire, enderece un *pin* e inserte un extremo a través de la parte trasera. Empújelo hacia delante para que toque la nariz. Sostenga el extremo que asoma del alambre y lance el molinete a través del aire.

PHILIP SHEN DISEÑÓ ESTA FORMA BELLA Y ELEGANTE QUE PARECE CASI HABER CRECIDO EN LUGAR DE HABER SIDO PLEGADA CON UN SIMPLE PAPEL.
EL PASO 5 ES UN TANTO COMPLICADO, ¡PERO NO SE RINDA!

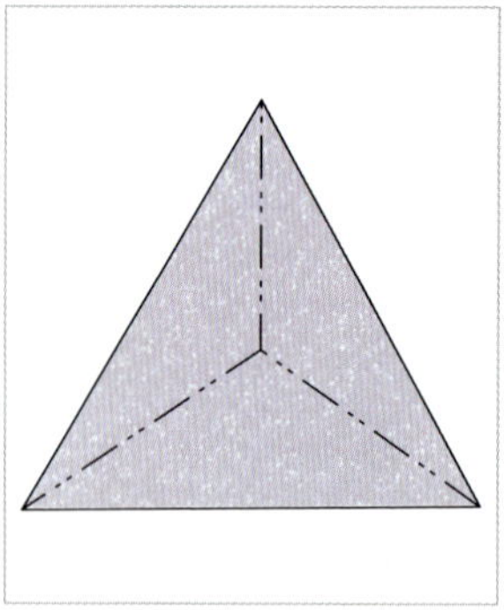

1 Pliegue desde las esquinas, pero sólo hasta el punto central.

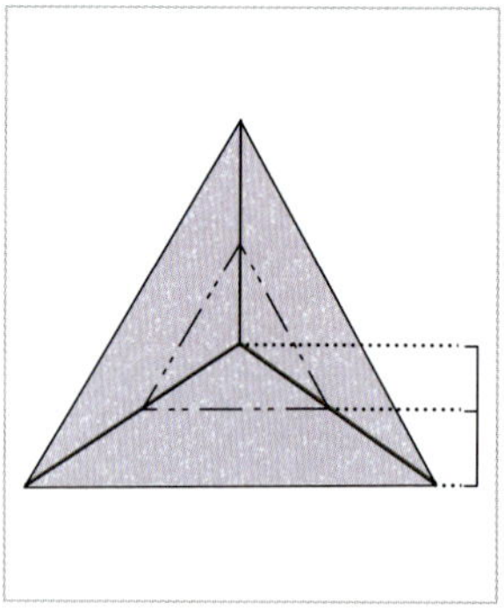

2 Haga pliegues de montaña paralelos a los bordes, a mitad de camino entre los bordes y el punto central. No pliegue más allá de los dobleces existentes.

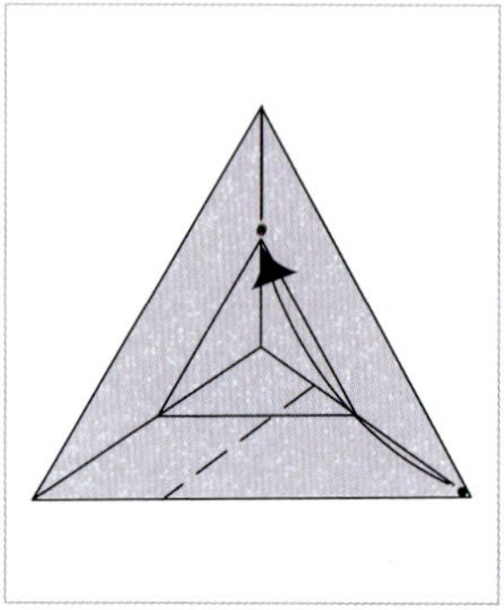

3 Pliegue de punto a punto, pero haga un pliegue de montaña sólo donde muestra el dibujo. No lo haga más largo.

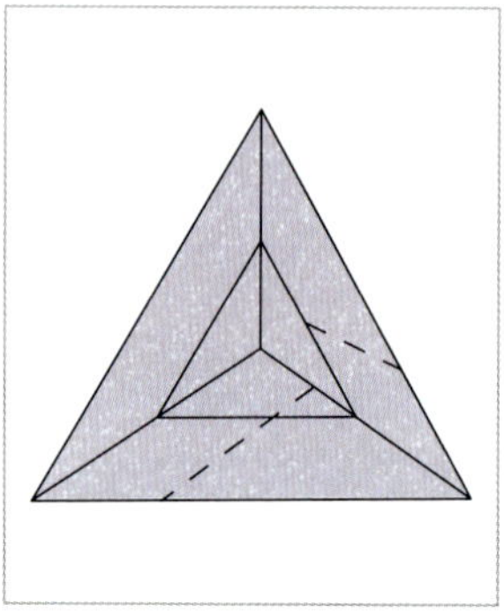

4 Repita la operación con las otras dos esquinas para crear un modelo de pliegues simétrico.

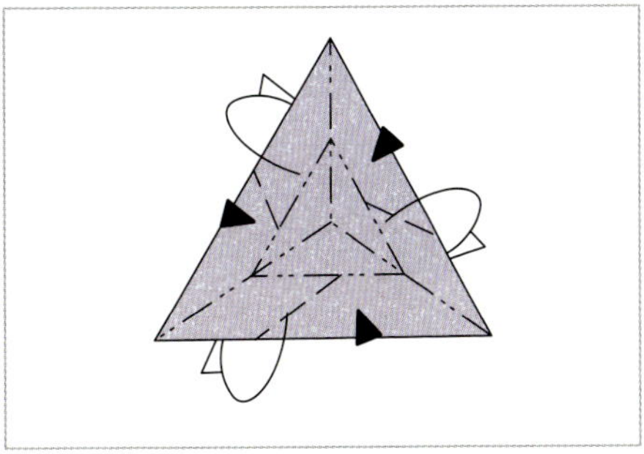

5 Fortalezca todos los pliegues doblando los bordes hacia atrás.

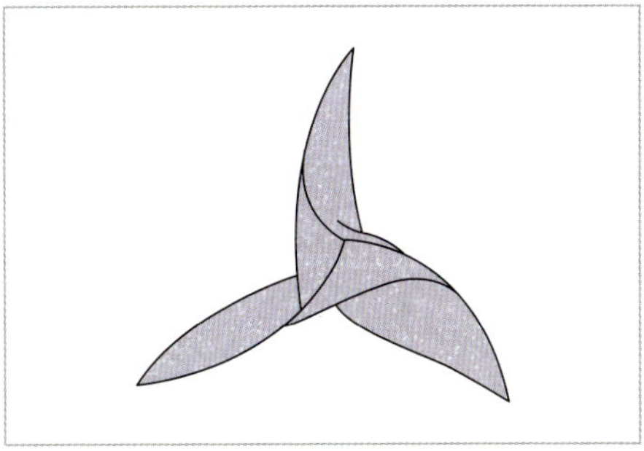

6 Ésta es la forma básica del molinete. Dé la vuelta al papel.

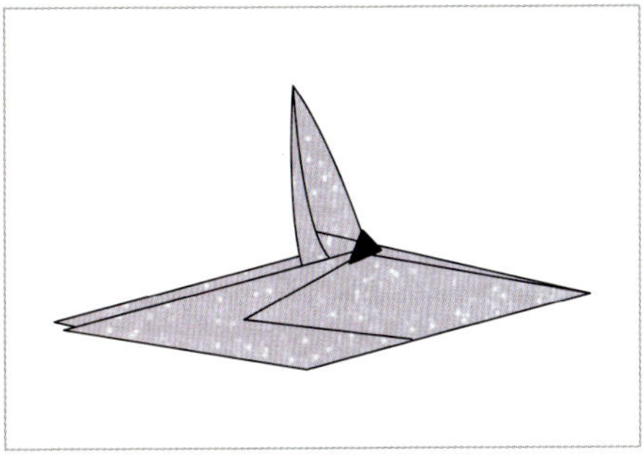

7 El punto central, sobre el que giran los tres bordes, se mantiene erguido. Empuje el punto central hacia el interior del cuerpo del diseño para crear...

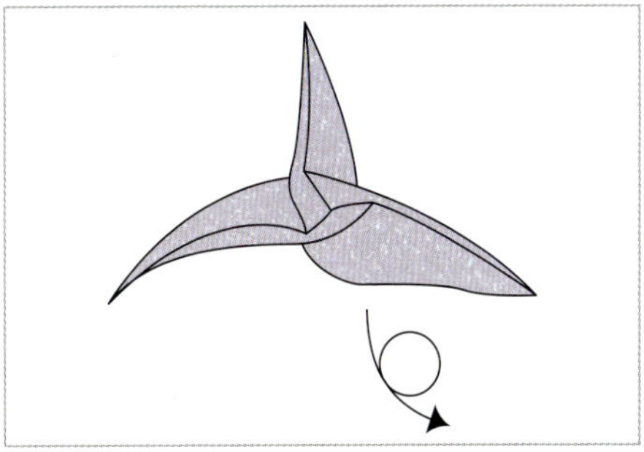

8 ...un centro cóncavo, con la forma cerrada. Dé la vuelta al papel.

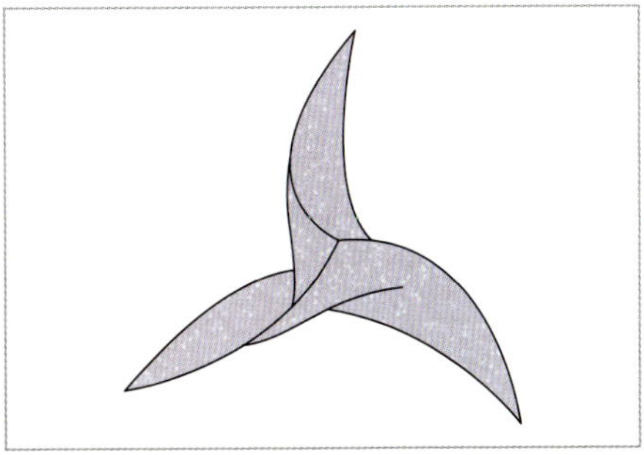

9 El molinete está terminado: una hermosa forma creada con sólo nueve pliegues.

Si el papel es de gramaje muy fino, haga girar el molinete dejándolo caer desde lo alto.

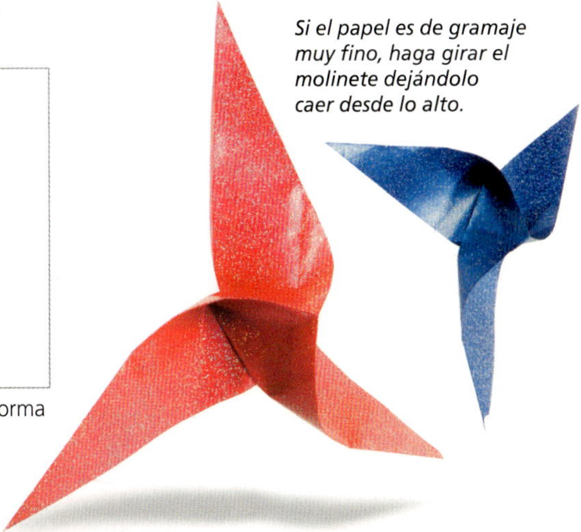

Fantasma

NIVEL DE HABILIDAD

Necesitará

- Un cuadrado de papel de 20cm de gramaje ligero o medio

VARIOS FANTASMAS DE DIFERENTES TAMAÑOS PODRÍAN COLGARSE DE UN HILO Y EXHIBIRSE EN LAS VENTANAS, O BIEN UNOS FANTASMAS MÁS PEQUEÑOS PUEDEN UTILIZARSE PARA DECORAR TARJETAS DE INVITACIÓN PARA UNA FIESTA ESPECIAL. LOS OJOS DIBUJADOS SON, TAL VEZ, UNA PEQUEÑA TRAMPA, PERO NO HAY DUDA DE QUE CONSIGUEN UN EFECTO FANTASMAGÓRICO.

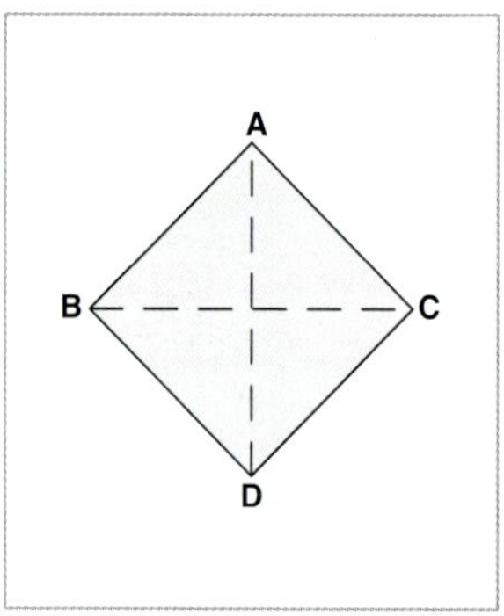

1 Pliegue y despliegue ambas diagonales como valles.

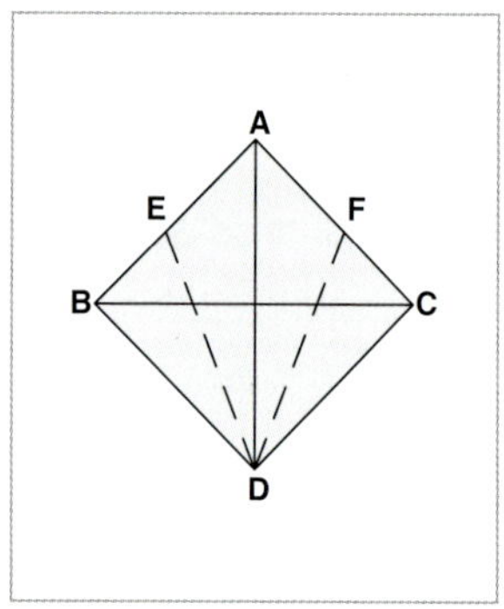

2 Pliegue los bordes DB y DC hacia el pliegue central DA. Despliegue.

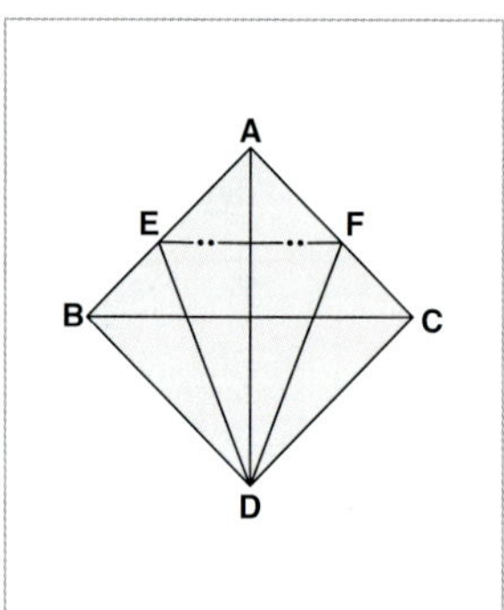

3 Conecte E y F con un pliegue de montaña. Despliegue.

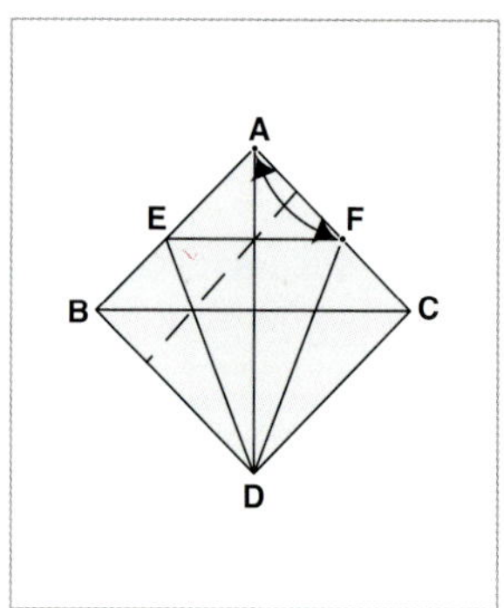

4 Pliegue A hasta F. Despliegue.

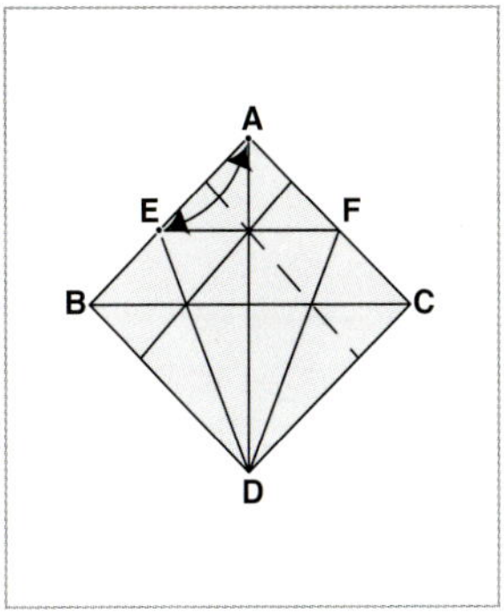

5 Pliegue A hasta E. Despliegue.

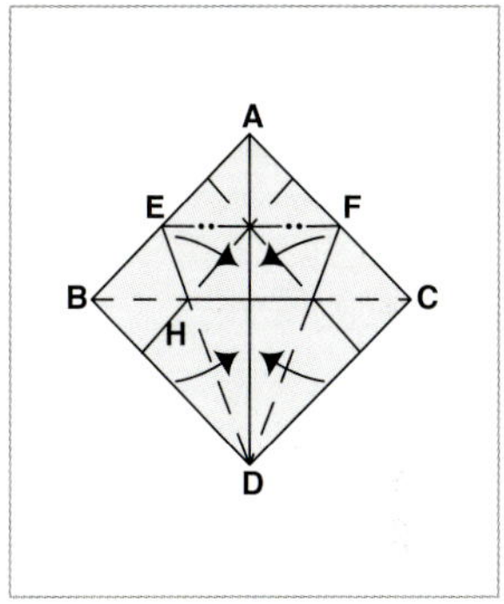

6 Pliegue con mucho cuidado a lo largo de las marcas. Lleve E y F hacia el centro. Deje que A baje hasta tocar E. Lleve B y C hacia abajo. Mire el paso 7.

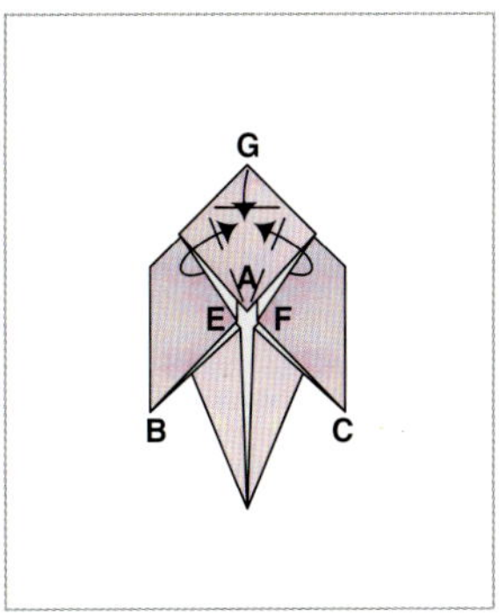

7 Pliegue hacia dentro los bordes diagonales por encima de EF hacia el pliegue central, luego pliegue hacia abajo la esquina superior, G.

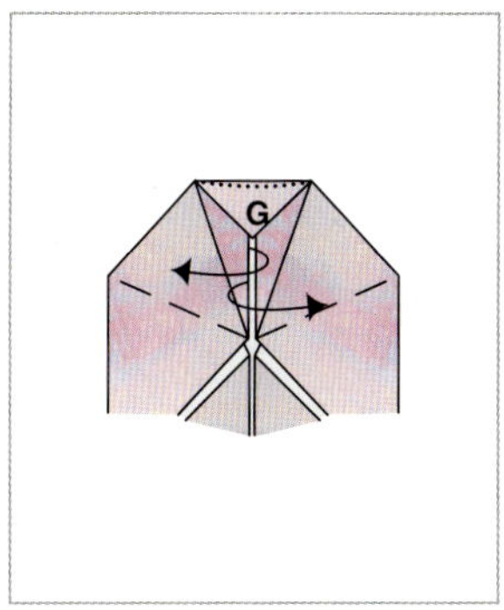

8 Despliegue los triángulos laterales dejando la esquina superior plegada hacia abajo.

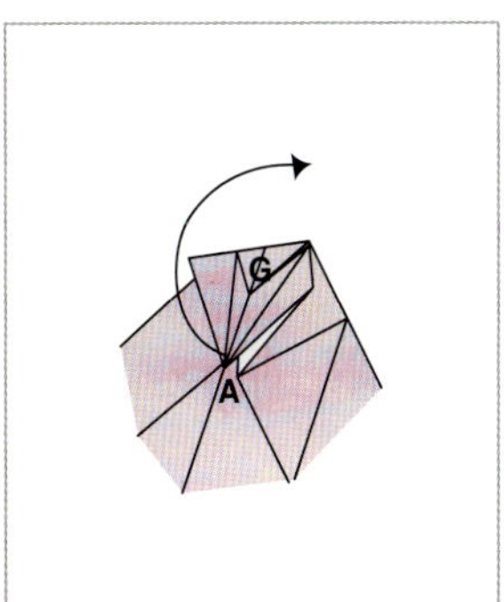

9 Levante la esquina A de una sola capa y llévela hacia arriba y por encima del borde superior del papel.

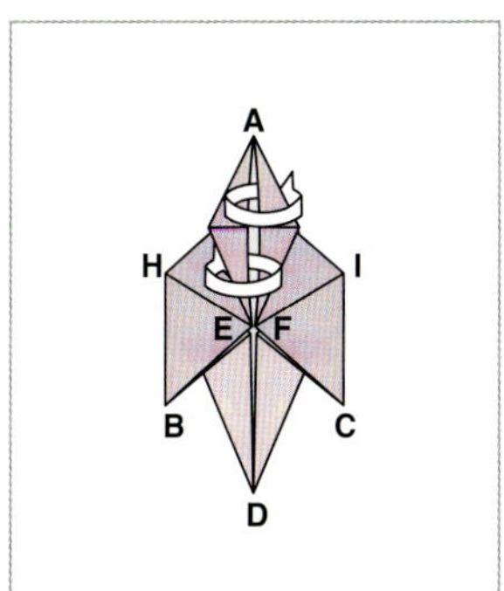

10 Despliegue AEF hasta dejar casi la hoja plana, haciendo girar los bordes AE y AF por detrás para tocar G (prescinda de este paso si utiliza papel con un solo lado)...

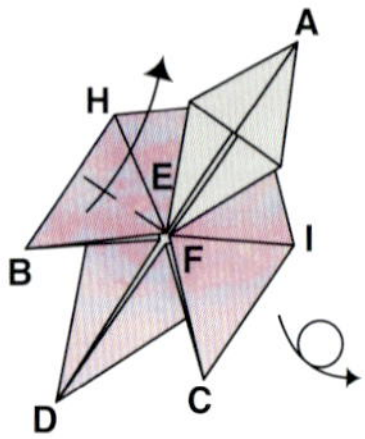

11 ...de este modo. Observe el gran triángulo que se ha formado ahora debajo de A. Pliegue hacia arriba la esquina B. Dé la vuelta al papel.

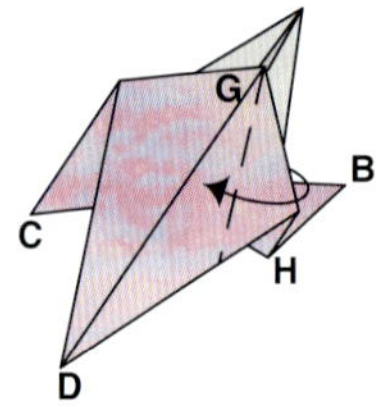

12 Pliegue hacia dentro el borde GH aunque sin que llegue hasta el pliegue central.

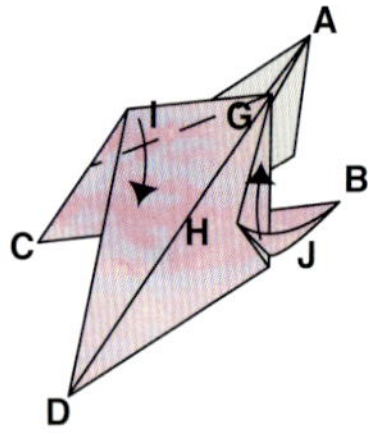

13 Aplaste el triángulo entre H y J. Pliegue hacia dentro el borde GI como muestra el dibujo.

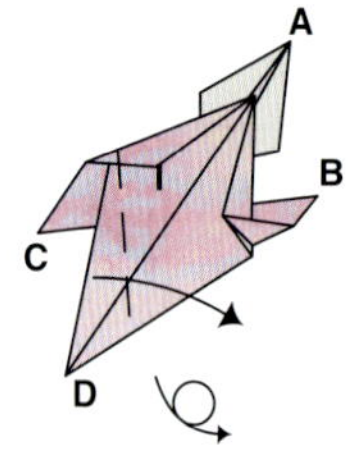

14 Pliegue D hacia fuera y a la derecha. Dé la vuelta al papel.

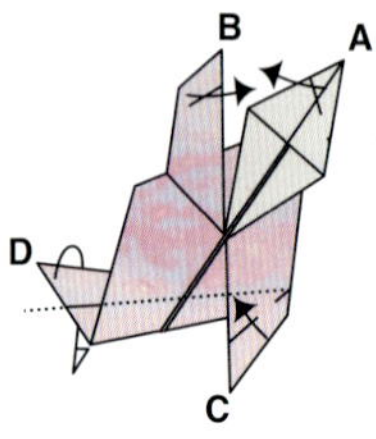

15 Pliegue A hacia la izquierda. Pliegue B y C hacia dentro. Pliegue D hacia abajo.

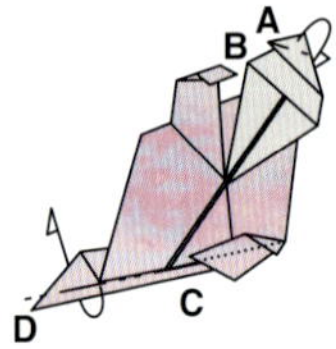

16 Estreche A. Pliegue D hacia arriba. Dibuje los ojos con un rotulador negro.

ORIGAMI NAVIDEÑO

Las decoraciones navideñas caseras son llevadas a casa tradicionalmente por los niños, que las han creado en la escuela, y luego exhibidas con orgullo por las madres para avergonzar a sus hijos adolescentes algunos años más tarde. Las decoraciones que se muestran en este apartado son simples y de buen gusto, y pueden hacerlas todos los miembros de la familia para disfrutarlas después. Las decoraciones de papel están particularmente indicadas para aquellas personas que tienen hijos pequeños o animales, ya que masticar una pieza de bisutería de papel es menos dañino, ¡y es mucho más probable que rebote!

Bisutería

NIVEL DE HABILIDAD

Necesitará

- ❑ Papel o papel de aluminio de 30cm x 7,5cm de gramaje ligero

Consejo de artista: en los lugares donde necesite crear pliegues precisos utilice un par de tenacillas limpias o su dedo pulgar y una superficie plana. Las superficies rugosas o una uña dentada dañarán los papeles de aluminio y los satinados.

ESTE DISEÑO FUNCIONA MEJOR CUANDO SE LLEVA A CABO UTILIZANDO UN PAPEL BRILLANTE Y SIN ESTAMPAR. PARA EL ESPECTADOR PARECE MUY COMPLEJO, PERO, DE HECHO, SE TRATA DE UN MODELO DE PLEGADO SIMPLE REPETIDO MUCHAS VECES A LO LARGO DEL PAPEL. EL SECRETO DE SU ÉXITO CONSISTE EN PLEGAR EL PAPEL CON PRECISIÓN.

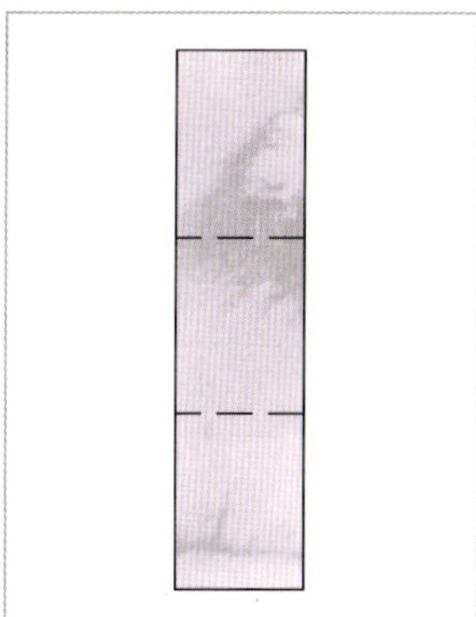

1 Con el lado derecho del papel hacia arriba, practique dos pliegues de montaña para formar tres secciones iguales.

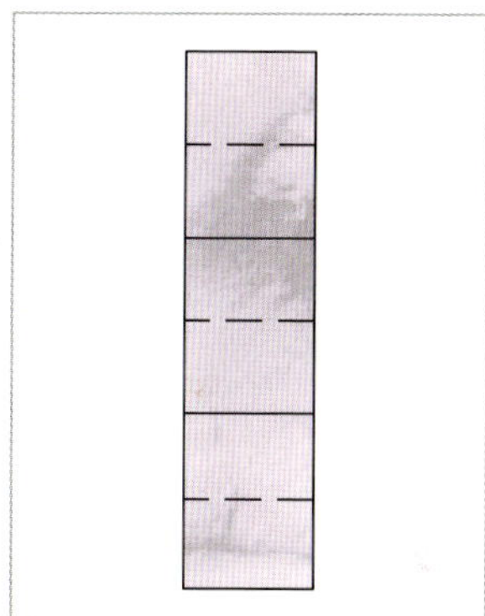

2 Haga pliegues de montaña a mitad de camino entre cada sección creando seis divisiones iguales.

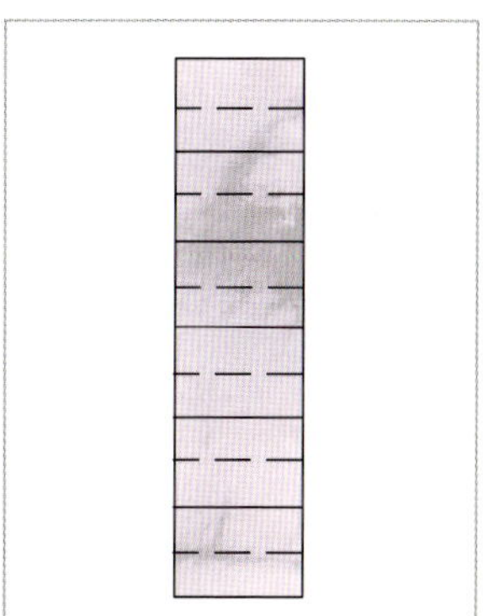

3 Haga pliegues de montaña a mitad de camino entre los pliegues existentes creando 12 divisiones iguales.

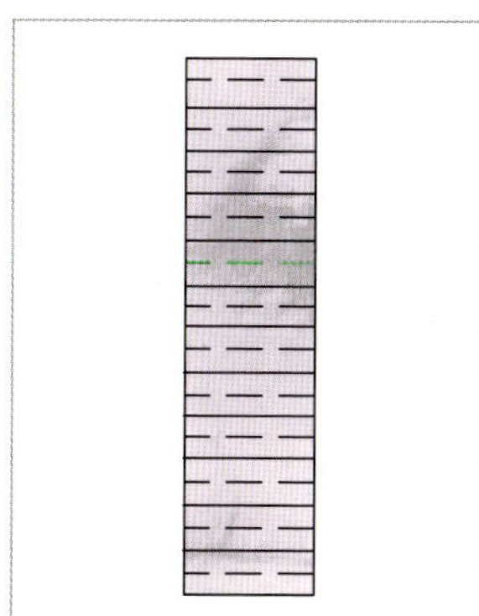

4 Haga pliegues de montaña a mitad de camino entre cada uno de los pliegues existentes creando 24 divisiones iguales. Mantenga los pliegues precisos.

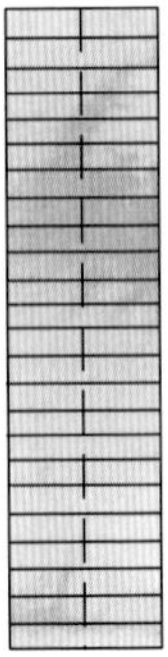

5 Pliegue la hoja de papel por la mitad a lo largo. Despliegue.

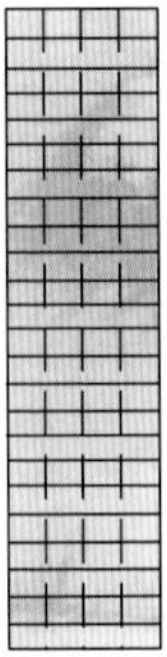

6 Pliegue los lados hacia el medio de la hoja, doblando justo a lo largo. Despliegue.

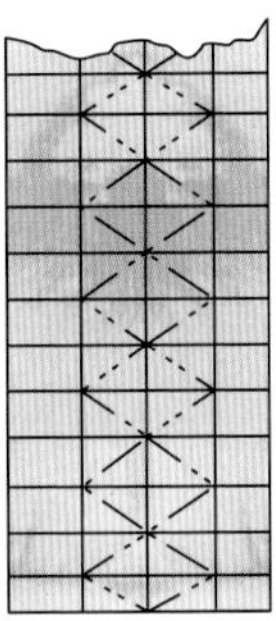

7 Observe el dibujo de pliegues hechos hasta ahora. Todos los pliegues existentes son pliegues de valle, mientras que los nuevos serán pliegues de montaña.

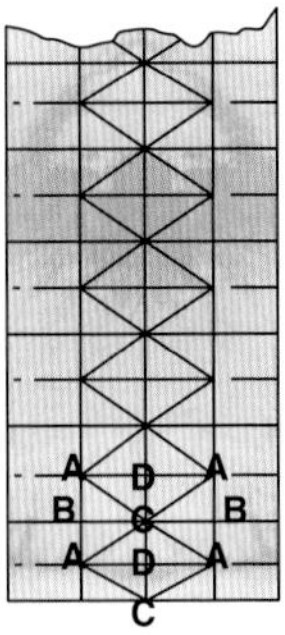

8 Ahora haga un cuidadoso pliegue de montaña diagonal a través del medio del papel, como muestra el dibujo, asegurándose de que sus pliegues se conectan exactamente en las intersecciones de los pliegues ya existentes.

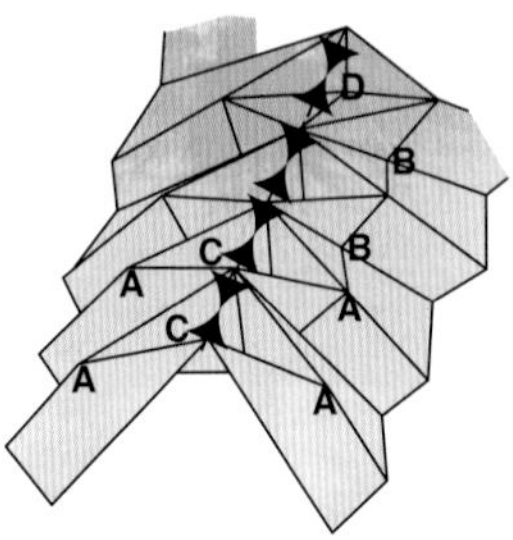

9 Vuelva a plegar valles alternados a lo largo de las secciones del borde exterior. Esto produce un efecto plisado, con diamantes a través del medio del papel. Sitúe los puntos A, B,C y D.

10 Pellizque los plisados juntos de modo que los puntos laterales y extremos (C y A) de los diamantes se eleven y los puntos medios (D) de los diamantes y plisados (B) se hundan.

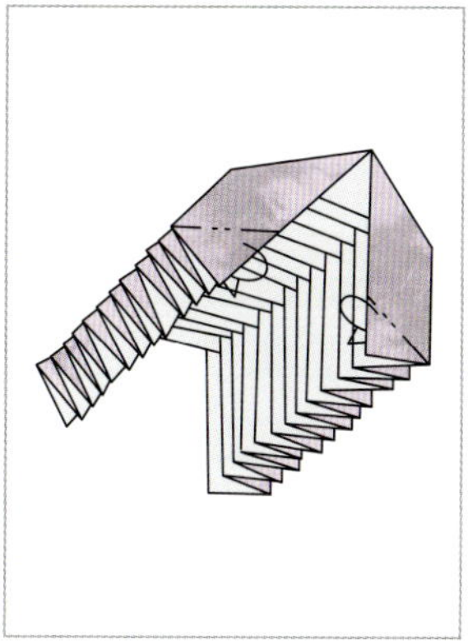

11 Presione con firmeza para reforzar los pliegues y luego dé la vuelta al papel. Haga un pliegue de montaña insertando las esquinas de una sola capa en ambos extremos del frente.

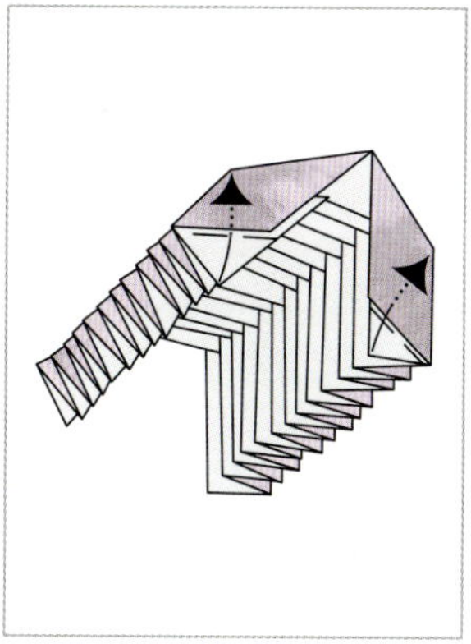

12 Pliegue de montaña en las esquinas de doble capa en los bordes interiores, como muestra el dibujo.

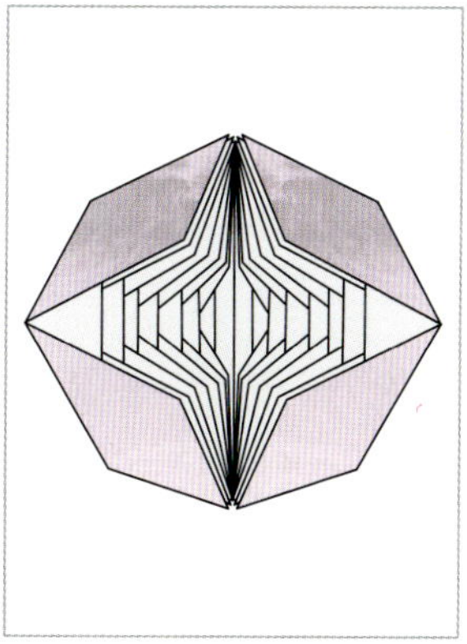

13 Repita todo a lo largo de la fila de dobleces, plegando ordenadamente en cada esquina.

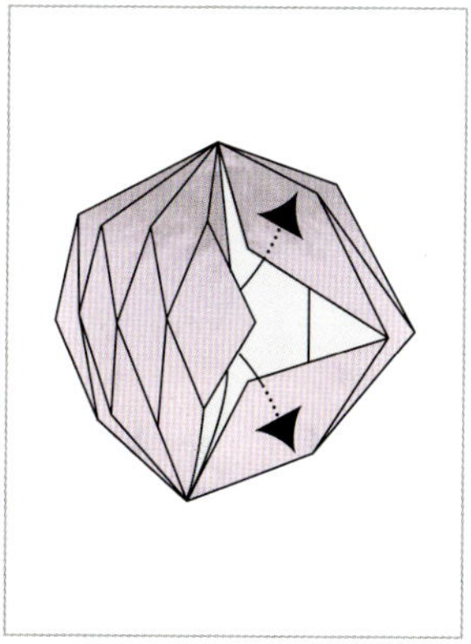

14 Una los extremos para formar una esfera. Inserte el borde izquierdo debajo del borde derecho, como muestra el dibujo, cerrando la pieza de bisutería.

Para colgar las piezas utilice aguja e hilo para asegurar un lazo dentro del cuerpo de la pieza antes de cerrarla.

Estrella de cuatro piezas

NIVEL DE HABILIDAD

Necesitará

- Cuadrados de papel de 10cm x 15cm de gramaje medio

UNA DE LAS MEJORES MANERAS DE CREAR UNA FORMA GEOMÉTRICA CONSISTE EN PLEGAR UN NÚMERO DE FORMAS SIMPLES QUE PUEDEN ENTRELAZARSE. A ESTE PROCEDIMIENTO SE LO CONOCE HABITUALMENTE COMO "ORIGAMI MODULAR". LA ESTRELLA DE CUATRO PIEZAS CONSTITUYE UN EJEMPLO SENCILLO DE ESTA CLASE DE PLEGADO Y ES UN PROYECTO IDEAL PARA EL PRINCIPIANTE.

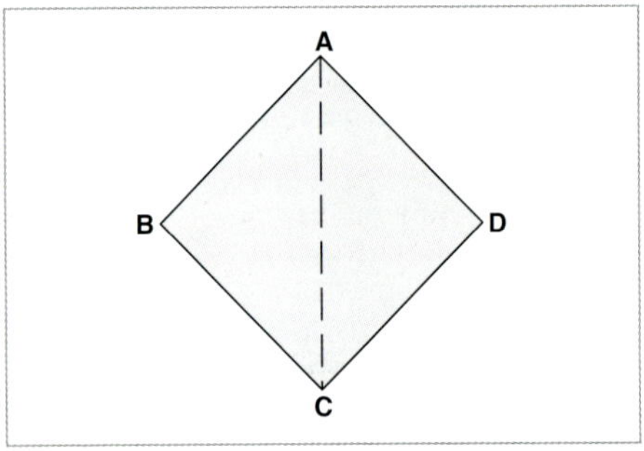

1 Pliegue B hacia D. Marque y despliegue.

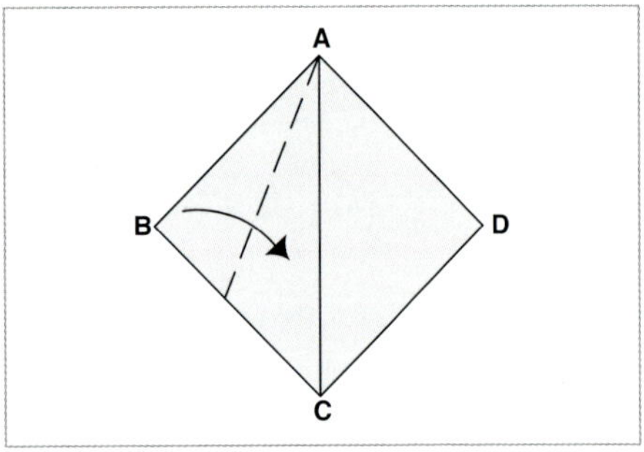

2 Pliegue hacia dentro el borde AB para que descanse a lo largo de la marca AC.

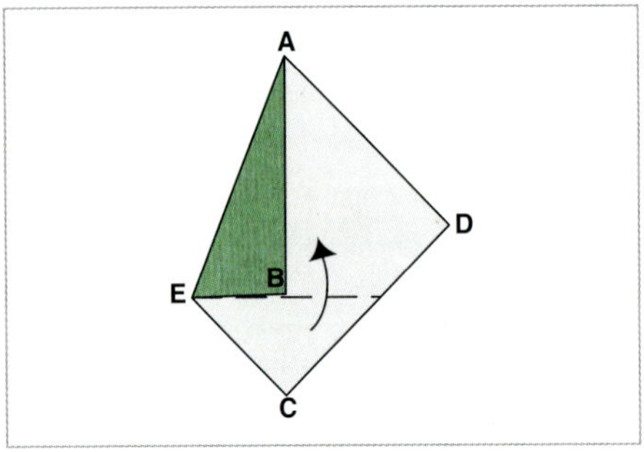

3 Pliegue hacia arriba a lo largo de una marca que sigue el borde EB, cubriendo B.

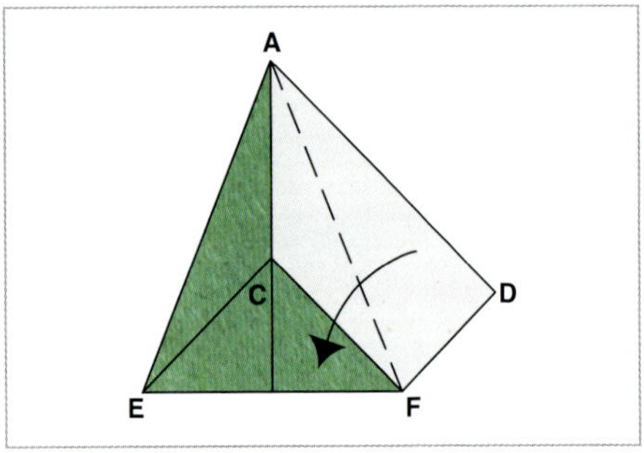

4 Pliegue hacia el centro el borde AD de modo que cubra C por la mitad.

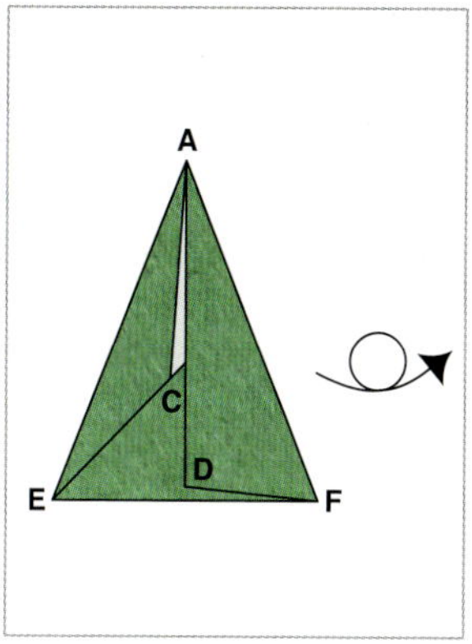

5 Ahora el modelo tiene este aspecto. Dé la vuelta al papel.

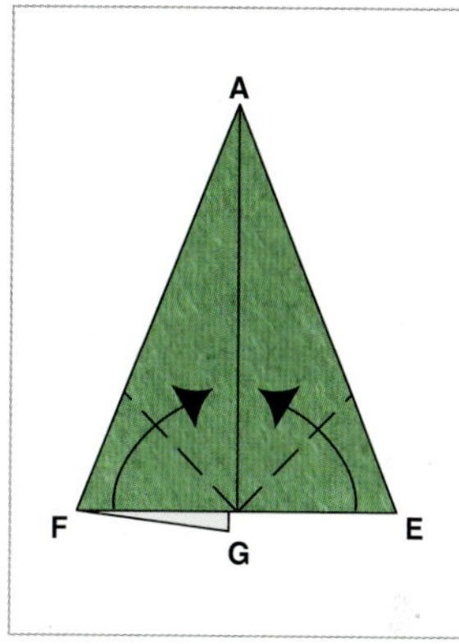

6 Pliegue hacia dentro E y F para que descansen sobre la marca AG.

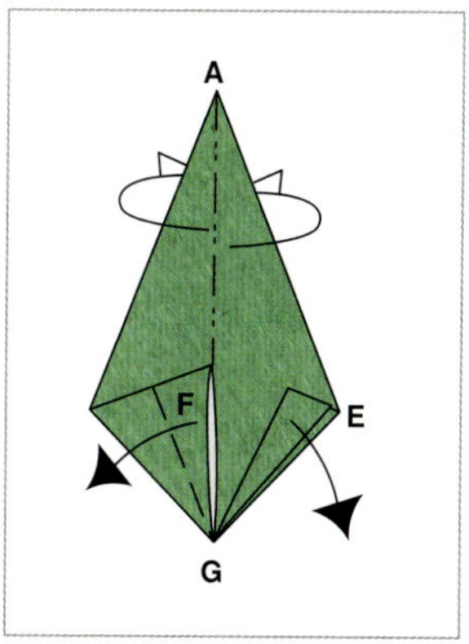

7 Pliegue F y E hacia fuera en dirección a los bordes inclinados recién formados que se unen en G. E se muestra ya plegado. Mantenga los pliegues nítidos en G.

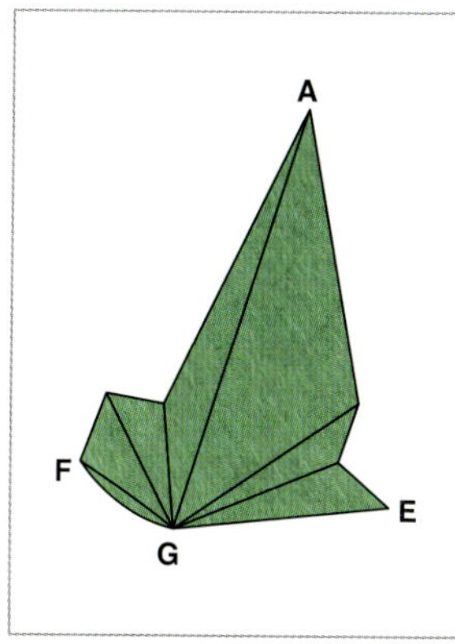

8 Despliegue los dos últimos pasos de modo que el modelo presente este aspecto. Ésta es una de las puntas de la estrella. Forme otras tres secciones de la misma manera que ha hecho con la primera.

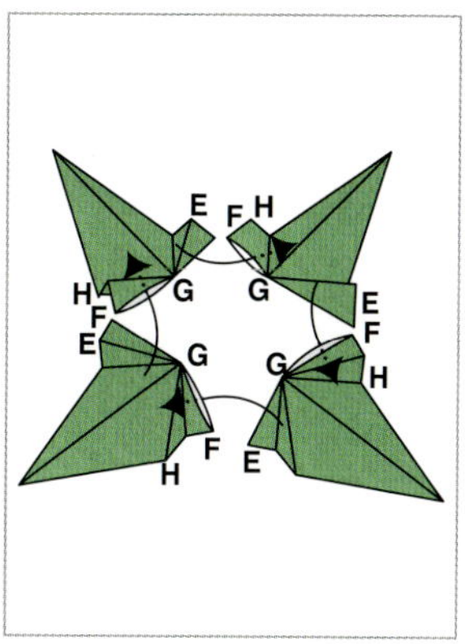

9 Inserte la esquina E de una sección entre las capas de otra en F, hasta que E toque H y las dos G se toquen entre ellas. Los pliegues de valle y montaña deben quedar alineados en el punto donde se superponen.

Esta estrella de cuatro piezas está hecha con "montones" de papeles de Navidad ordenados.

Tarjeta de mesa

NIVEL DE HABILIDAD

Necesitará

- ❑ Una tarjeta fina y estampada de 13cm x 10cm
- ❑ Una tarjeta blanca tamaño carta (A4)
- ❑ Tijeras
- ❑ Plumas de colores

UN TOQUE FINAL AL ARREGLO DE UNA MESA PARA UNA OCASIÓN ESPECIAL ES HACER UNA TARJETA QUE LLEVE EL NOMBRE DE LOS INVITADOS QUE OCUPARÁN LOS LUGARES EN LA MESA. USE PAPELES ESTAMPADOS O PEGUE DIMINUTOS MODELOS DE ORIGAMI AL COSTADO PARA QUE COINCIDAN CON SU TEMA.

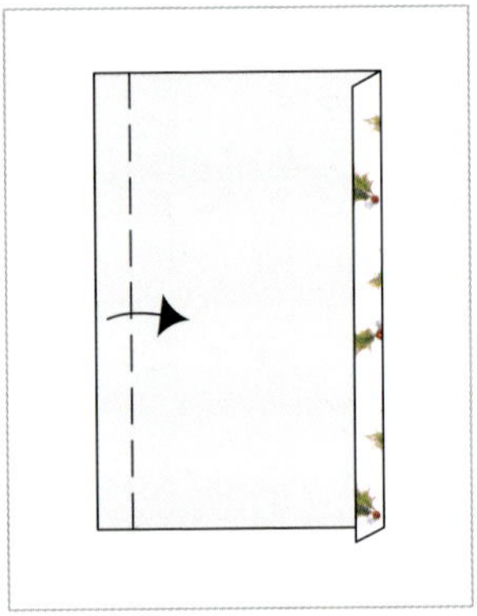

1 Pliegue aproximadamente 1cm a lo largo de los bordes más largos. El lado derecho se muestra ya plegado.

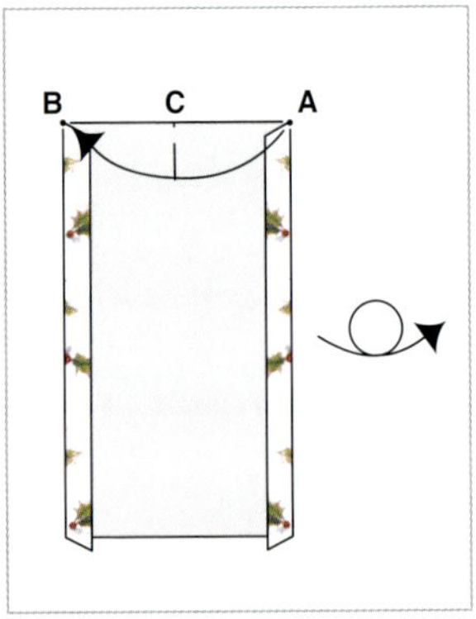

2 Una las esquinas superiores A y B y pellizque para situar el medio del borde superior (C). No haga un pliegue largo. Despliegue y dé la vuelta al papel.

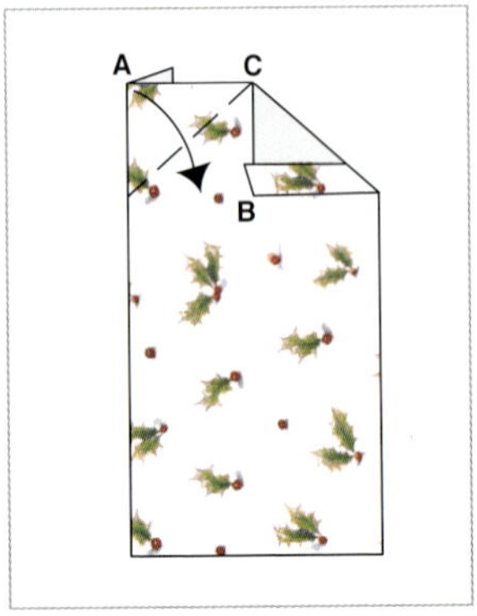

3 Pliegue A y B hacia el medio usando la marca en C para encontrar el punto en el borde superior donde las marcas se unen. B se muestra ya plegado.

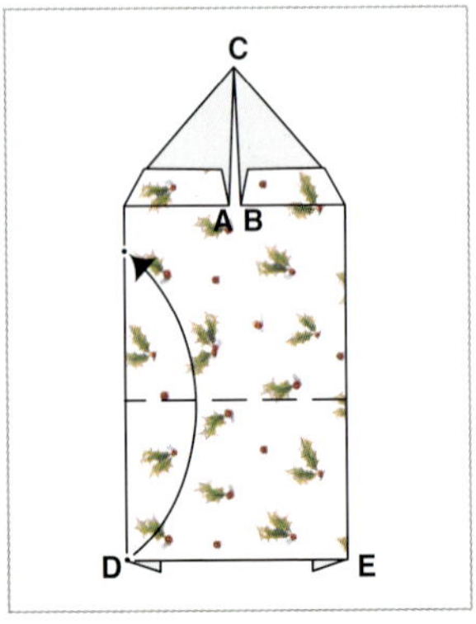

4 Pliegue D y E para que se apoyen justo debajo de la base del triángulo. La ubicación exacta no es importante.

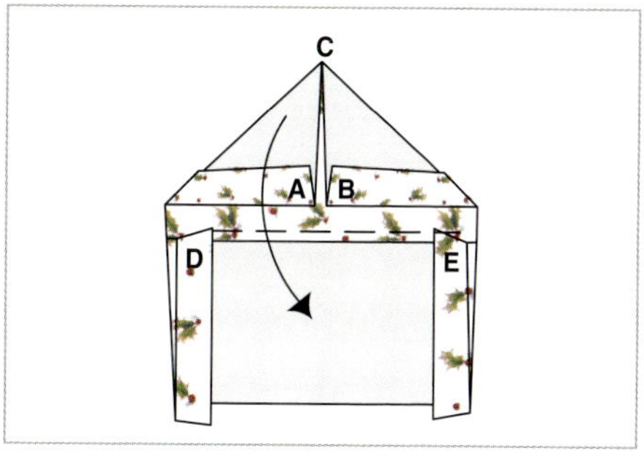

5 Pliegue hacia abajo C y marque a lo largo de una línea justo por encima de DE.

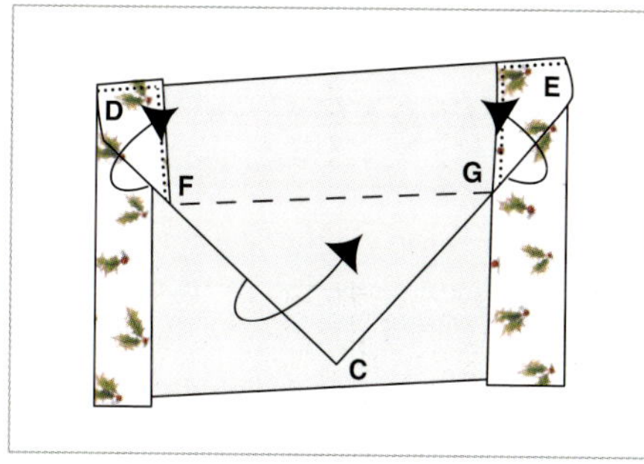

6 Lleve las esquinas sueltas D y E hacia el frente, encerrando detrás de ellas las esquinas del gran triángulo C. Haga un pliegue de valle entre F y G, levantando la esquina C.

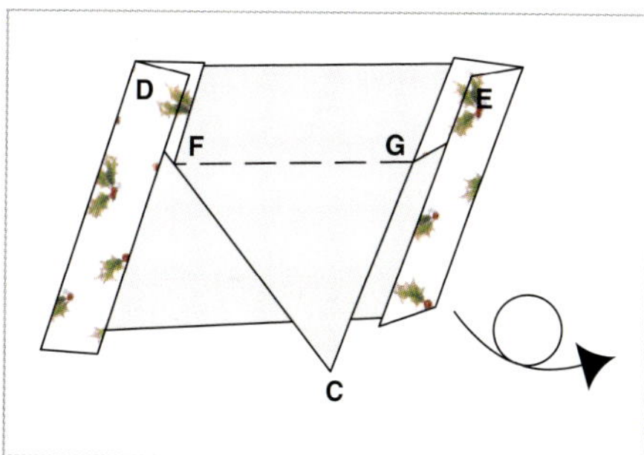

7 Ésta es la parte posterior de la tarjeta de mesa, con C formando un pie de apoyo. Dé la vuelta al papel.

8 Escriba el nombre de su invitado en la tarjeta usando plumas de colores.

Para crear modelos que se adjunten al costado de la tarjeta de mesa, hágalo con un cuadrado de 7,5cm, pero asegúrese de que utiliza un papel de gramaje ligero.

Estrella de seis puntas

Véase también

Triángulo, página 24

NIVEL DE HABILIDAD

Necesitará

- ❑ Un triángulo de un cuadrado de papel de 15cm de gramaje medio

LA ESTRELLA DE SEIS PUNTAS, UNA DE LAS MÁS SIMPLES Y ATRACTIVAS DE TODAS LAS DECORACIONES PLEGADAS, UTILIZA LAS TÉCNICAS DE PLEGADO MÁS BÁSICAS. USANDO PAPEL DÚO CREARÁ UNA ESTRELLA QUE RESULTA IGUALMENTE ATRACTIVA DESDE CUALQUIER LADO, MIENTRAS QUE EL EMPLEO DE PAPEL TEXTURADO PROPORCIONA A ESTE SENCILLO ELEMENTO DECORATIVO UN ASPECTO LUJOSO.

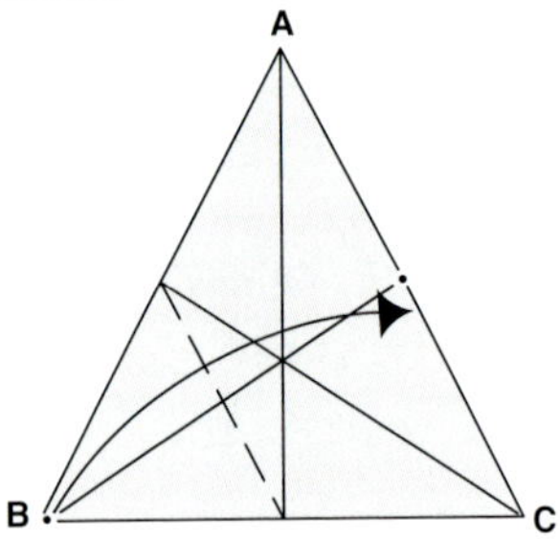

1 Comience con un triángulo. Pliegue B hacia el otro borde.

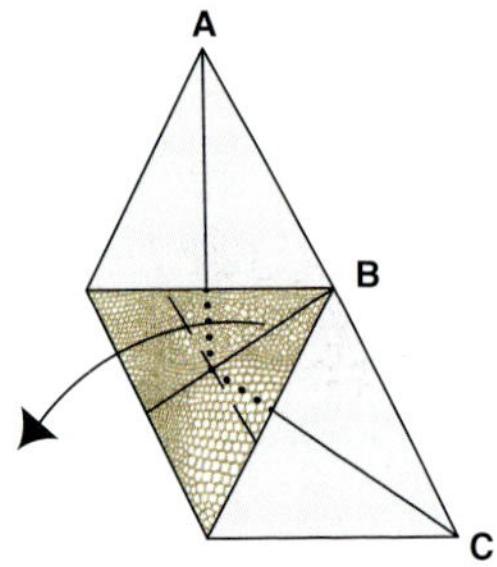

2 Pliegue nuevamente a lo largo de un doblez que pase sobre el centro del triángulo.

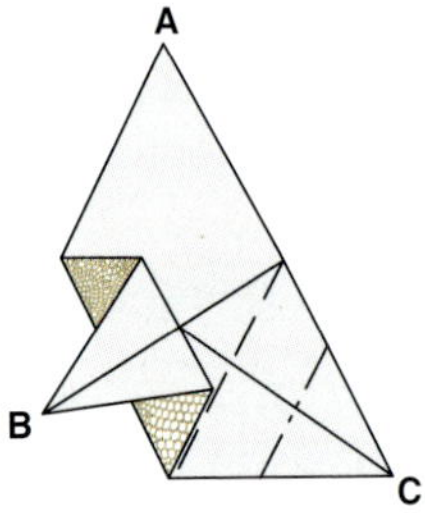

3 Repita los pasos 1 y 2 para C.

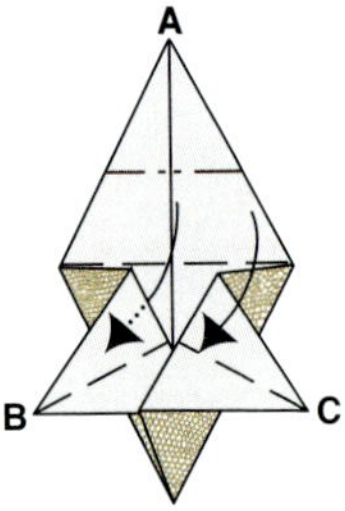

4 Repita los pasos 1 y 2 para A. Inserte la parte izquierda del pliegue debajo de B para cerrar A, B y C juntos formando un dibujo simétrico...

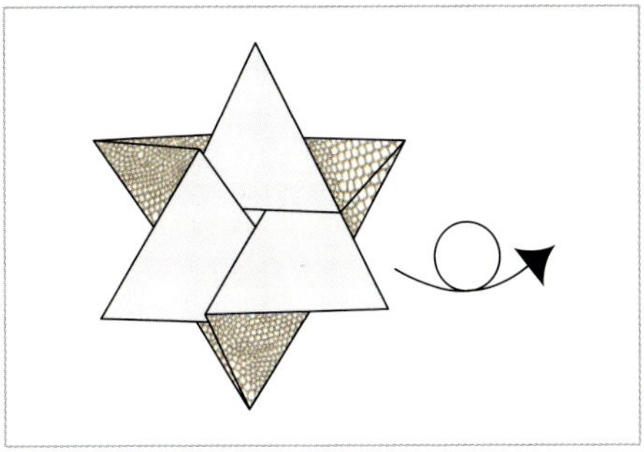

5 ...de este modo. Dé la vuelta al papel. Para colgar la estrella fije un lazo a la estrella con aguja e hilo.

Estas estrellas de seis puntas son bidimensionales, de modo que resultan perfectas para unirlas a las tarjetas. Use cinta, y el destinatario podrá colgarlas en su árbol. Elija papeles dorados o plateados para conseguir los mejores resultados.

Ángel

NIVEL DE HABILIDAD

Necesitará

- Una hoja de papel A4 (carta) de gramaje fino o medio

ESTE DISEÑO ELEGANTE Y ABSTRACTO ES MUY DIFERENTE DE LOS DISEÑOS DE ANIMALES DE FORMAS MÁS CONVENCIONALES INCLUIDOS EN ESTE LIBRO. ESTE DISEÑO CAPTURA EL PARECIDO DEL ÁNGEL MEDIANTE UNOS POCOS PLIEGUES, Y ESTA PUREZA PUEDE REALZARSE CON EL USO DE PAPEL JAPONÉS SEMITRANSPARENTE.

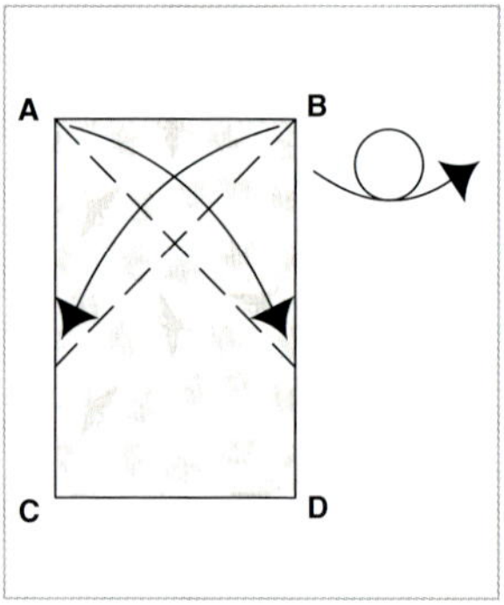

1 Pliegue A de manera que quede sobre el borde BD. Despliegue. Pliegue B para que quede sobre el borde AC. Pliegue, despliegue y dé la vuelta al papel.

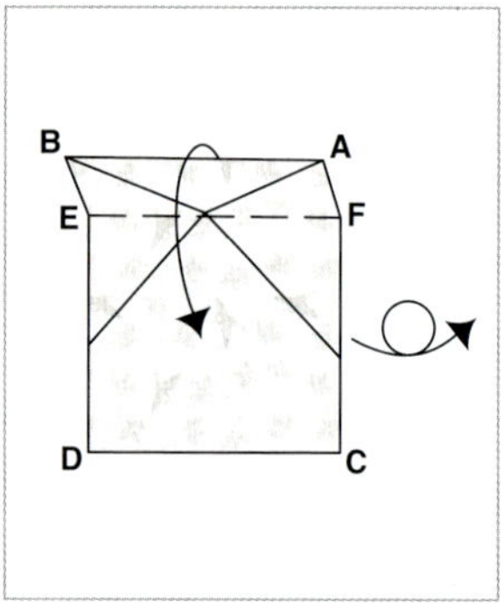

2 Haga un pliegue de valle horizontal que pase a través del punto central de la "cruz" del pliegue de montaña. Dé la vuelta al papel.

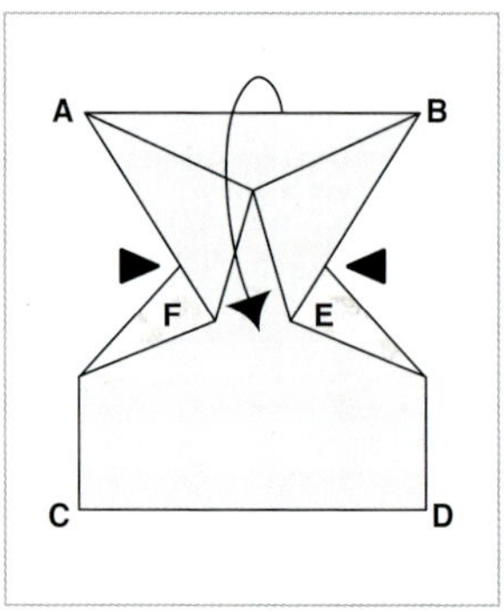

3 Sosteniendo los costados del papel en E y F, deje que A y B se eleven mientras los costados son llevados hacia dentro...

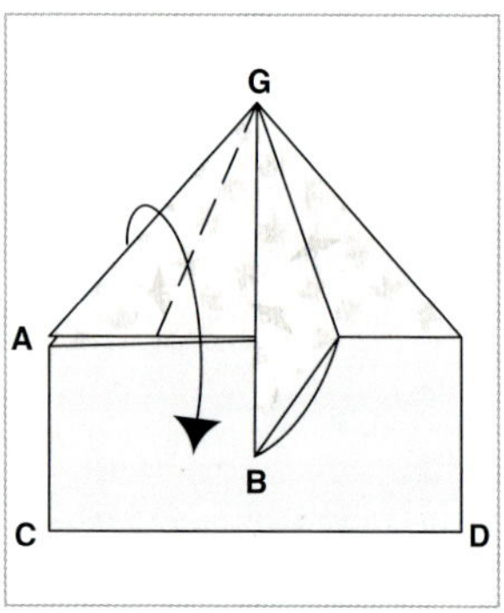

4 Imagine un pliegue central desde la punta (G) hasta el medio del papel. Pliegue A y B hacia dentro para que se apoyen a lo largo del pliegue imaginario. Mantenga el doblez nítido en G.

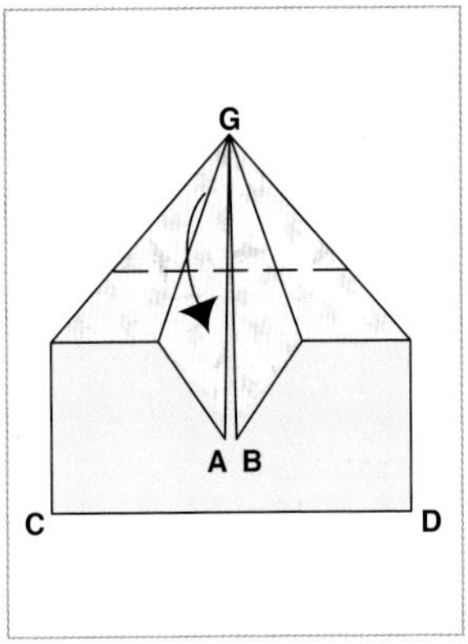

5 Pliegue G hacia AB. El pliegue debe ser firme.

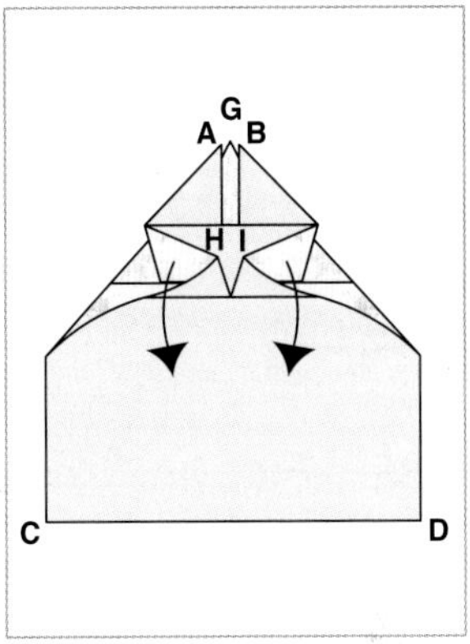

6 Sostenga G, A y B y hágalos girar hacia donde solía estar G. Aplaste el papel para formar los triángulos H e I. Sostenga el papel con la mano izquierda en H, y...

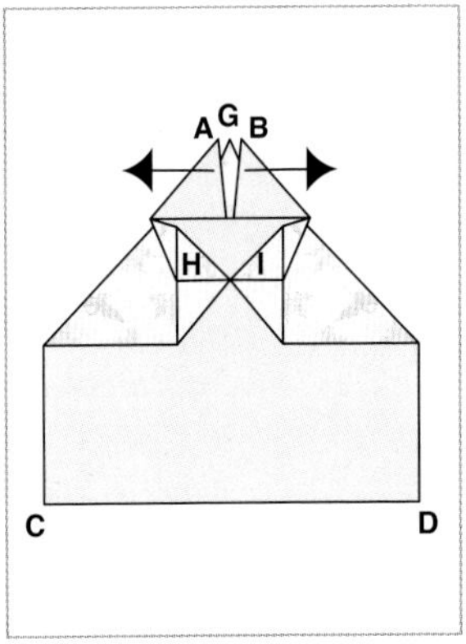

7 ...tire de B y A alejándolos de G (examine el siguiente dibujo para comprobar la nueva posición). Aplaste el papel y pliegue. Dé la vuelta al papel.

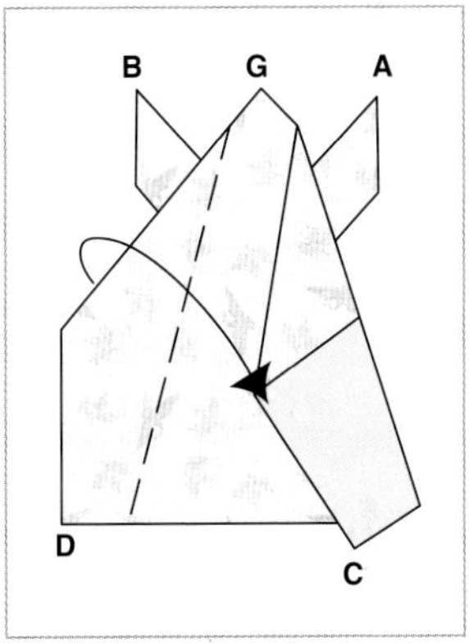

8 Pliegue los lados hacia dentro de modo que se superpongan en el centro (véase el siguiente paso). Observe que no se encuentran en G. C ya ha sido plegado.

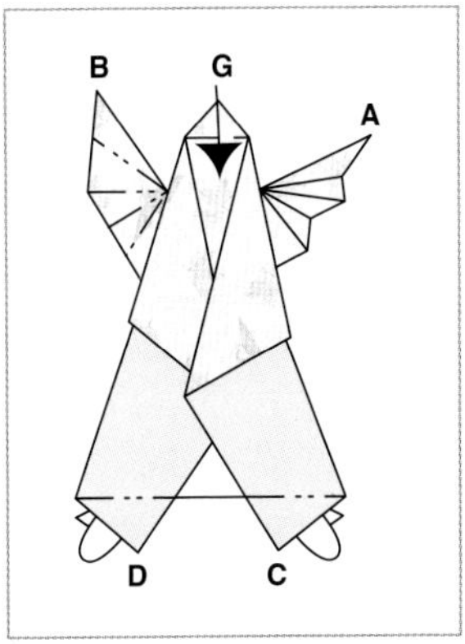

9 Inserte D y C detrás. Pliegue G hacia abajo. Pliegue con cuidado las alas como se muestra en el dibujo.

El ángel tiene un bolsillo en la parte posterior que puede utilizarse para fijarlo a la punta de su árbol. Como alternativa, puede ser unido a una tarjeta hecha a mano.

El hombre de la luna

NIVEL DE HABILIDAD

Necesitará

- Un cuadrado de papel de 15cm de gramaje medio

ESTE DISEÑO LUCE MUY ATRACTIVO EN UNA TARJETA DE FELICITACIÓN O COMO ELEMENTO DECORATIVO COLGANTE, SUSPENDIDO CON UN HILO. NO OBSTANTE, DEBE PRESTAR ATENCIÓN: TIENE QUE HACER LOS PLIEGUES INVERTIDOS CON MUCHO CUIDADO PARA NO DISTORSIONAR LAS PROPORCIONES DEL ROSTRO.

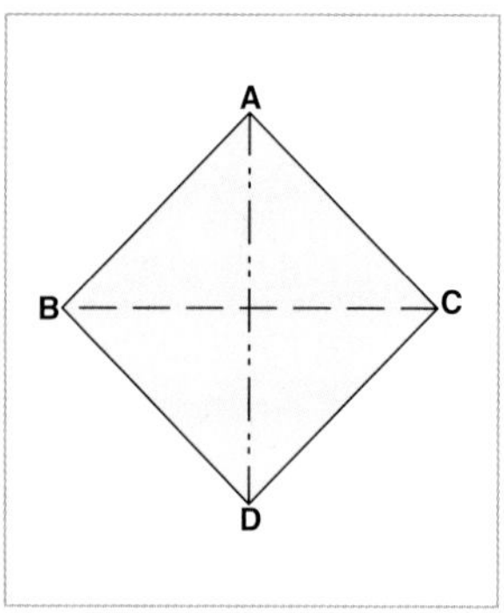

1 Pliegue BC como un valle y AD como una montaña. Despliegue ambos.

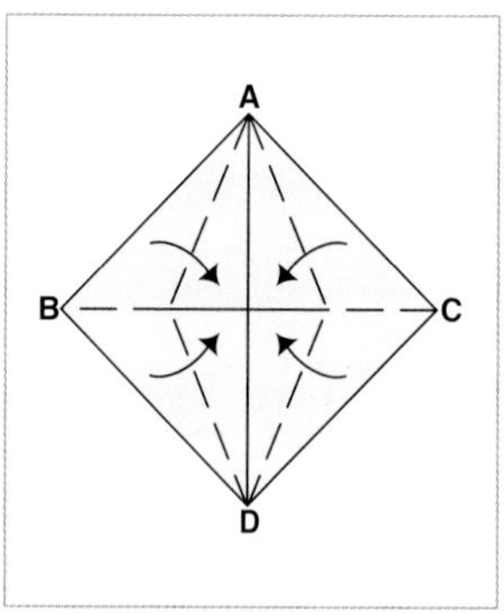

2 Pliegue los bordes AB y AC hacia la marca AD, plegando hacia abajo desde A sólo hasta la marca BC. Repita la operación para la mitad inferior. Doble el papel...

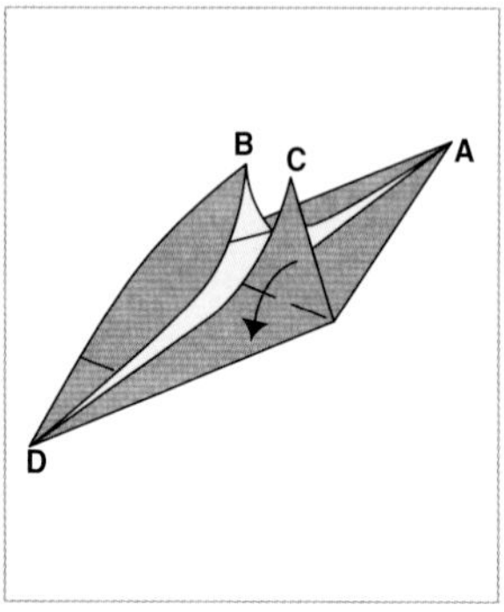

3 ...de este modo. El papel no quedará plano. Achate C hacia D.

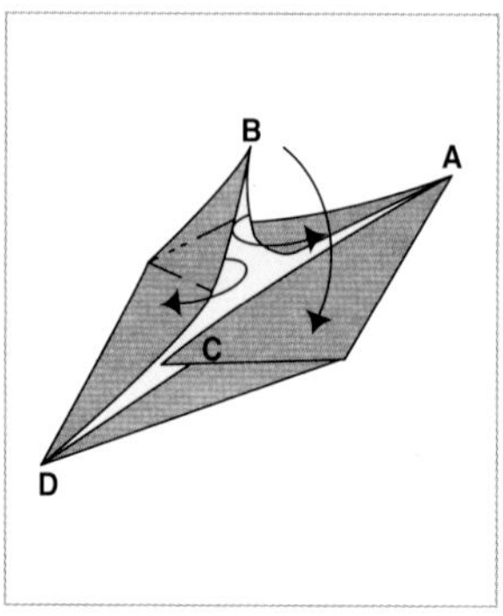

4 Abra B y aplane...

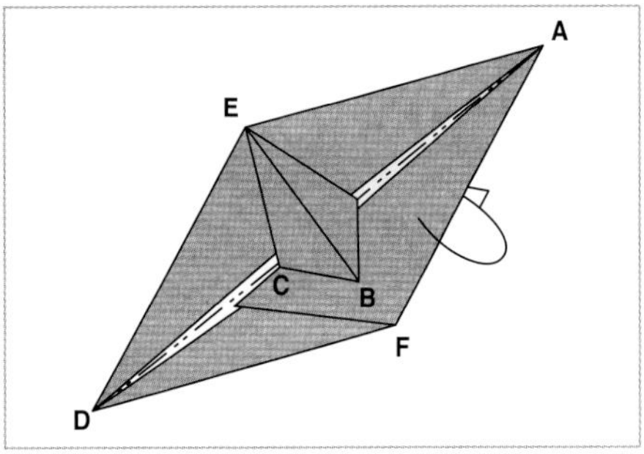

5 ...de este modo. Pliegue F hacia E por detrás. Haga girar el papel para que se vea como en el paso 6.

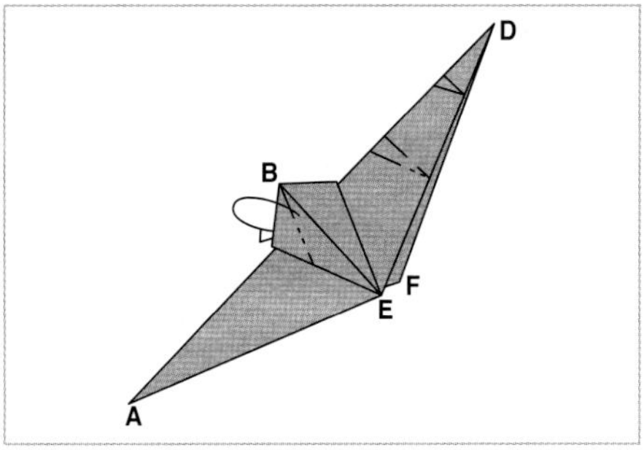

6 Estreche B plegando el papel por detrás. Haga dos juegos de pliegues *crimp* en el triángulo superior. Haga primero el par más largo, luego haga un pliegue invertido a lo largo del pliegue de montaña y finalmente a lo largo del pliegue de valle.

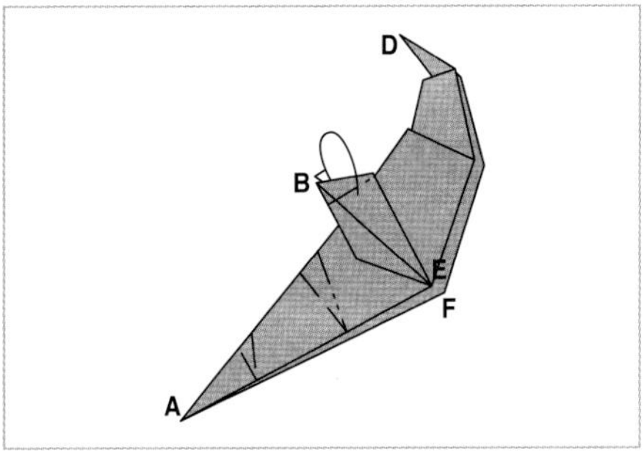

7 Pliegue B por detrás como muestra el dibujo. Haga otros dos juegos de pliegues *crimp* en el triángulo inferior como se describe arriba, primero el grupo más largo.

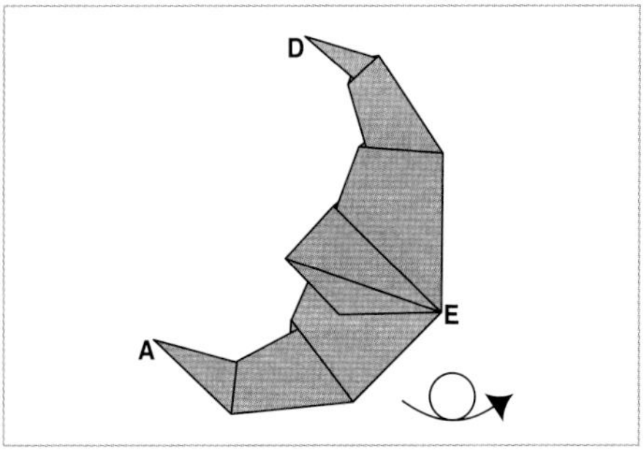

8 Los pliegues *crimp* están terminados. Dé la vuelta al papel.

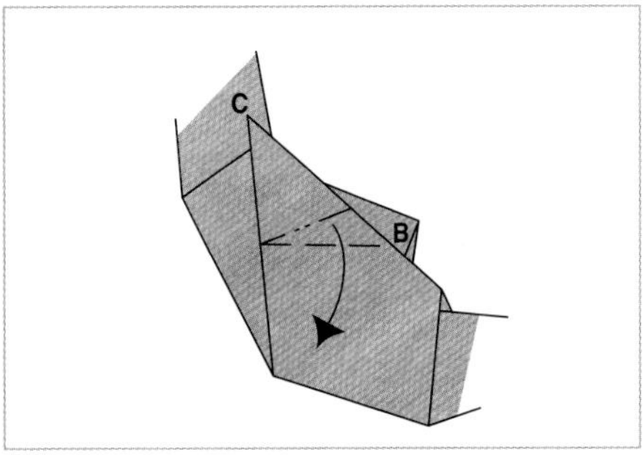

9 Pliegue C como muestra el dibujo para crear...

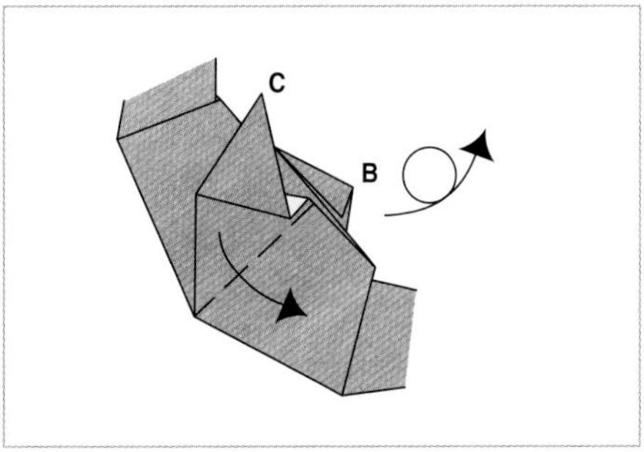

10 ...esta forma. Pliegue C hacia abajo. Dé la vuelta al papel.

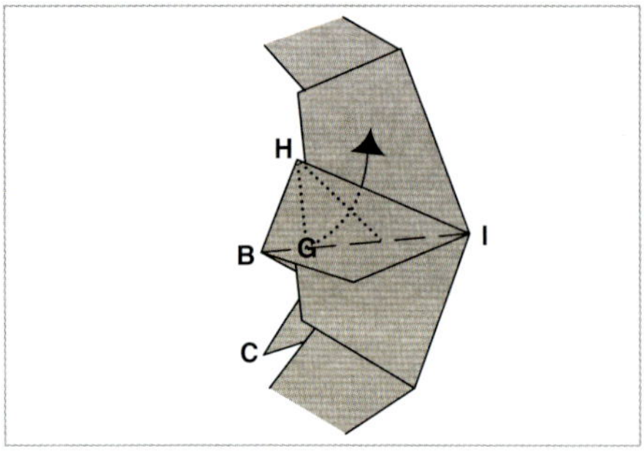

11 Tire de la esquina G con un pliegue invertido, de modo que G se vuelva visible encima del borde HI.

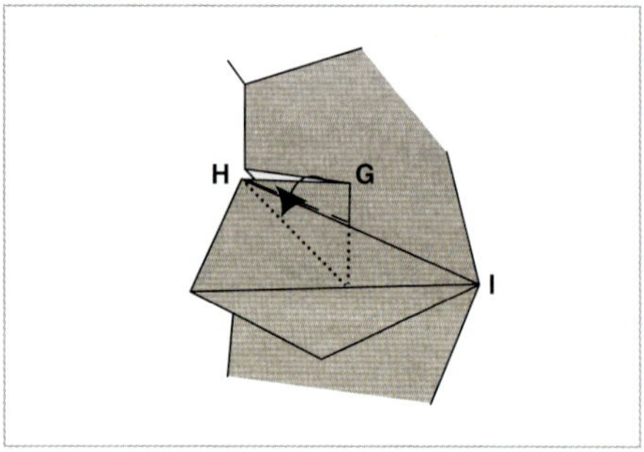

12 Tire hacia abajo la capa superior del borde HG, aplanando y abriendo parcialmente G para formar un ojo...

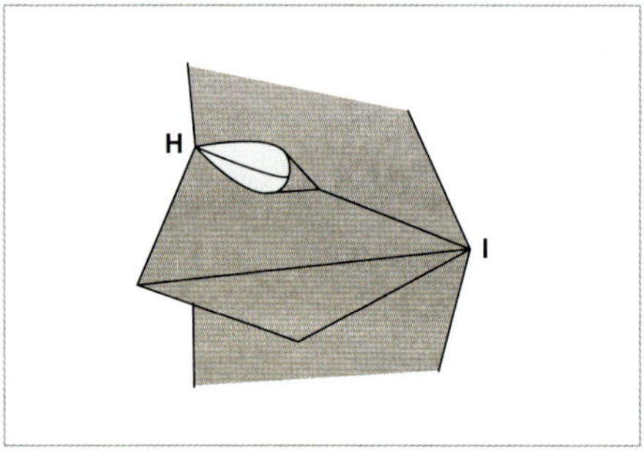

13 ...de este modo. Para colgar el modelo, fije un lazo en la parte superior con hilo y aguja.

Use una cinta para fijar su modelo de hombre de la luna en el árbol de Navidad. El modelo tiene un lado bueno y otro malo, y la cinta impedirá que gire.

EL PARAÍSO DEL PLEGADOR DE PAPEL

Este capítulo incluye modelos que no parecen particularmente excitantes, pero su plegado resulta muy placentero. Cada uno de ellos tiene un truco o un movimiento especial que parece mágico. Practique la creación de estos modelos hasta que pueda llevar a cabo los movimientos especiales con fluidez, y luego podrá dejar asombrados a todos sus amigos.

Caja sorpresa

NIVEL DE HABILIDAD

Necesitará

- Un cuadrado de papel de 30cm de gramaje ligero o medio

ÉSTE ES UN EJEMPLO EXTREMO DE PLEGAR POR EL SIMPLE PLACER DE HACERLO. EL DISEÑO, OBRA DEL BRITÁNICO ERIK KENNEWAY, RESULTA POCO ESPECTACULAR A LA VISTA UNA VEZ QUE ESTÁ TERMINADO, PERO EL PROCESO DE PLEGADO ES MUY GRATIFICANTE Y EL MOVIMIENTO FINAL ES PURA MAGIA.

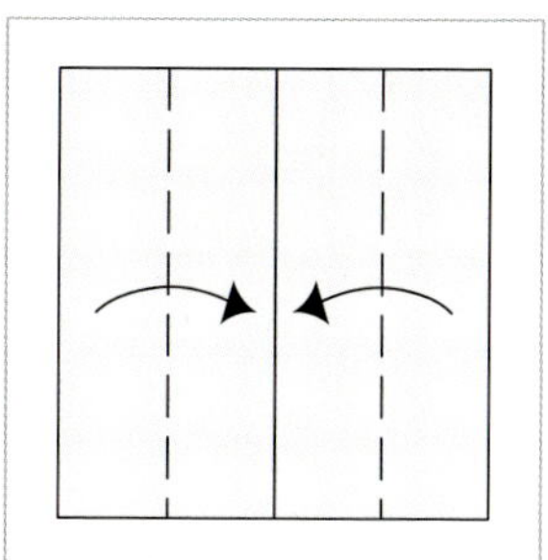

1 Pliegue los bordes en forma de valle hacia la marca central.

2 Pliegue las esquinas en forma de montaña hacia atrás.

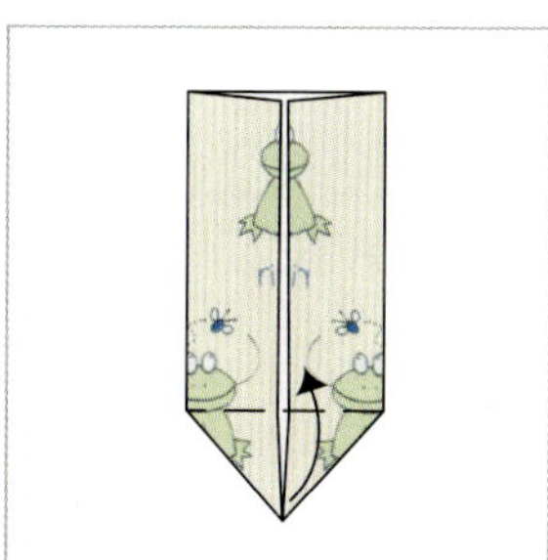

3 Pliegue el triángulo hacia arriba.

4 Humedezca los dedos para poder coger bien el papel y sosténgalo como muestra el dibujo. Tire hacia fuera las capas exteriores, deslizándolas hacia los lados...

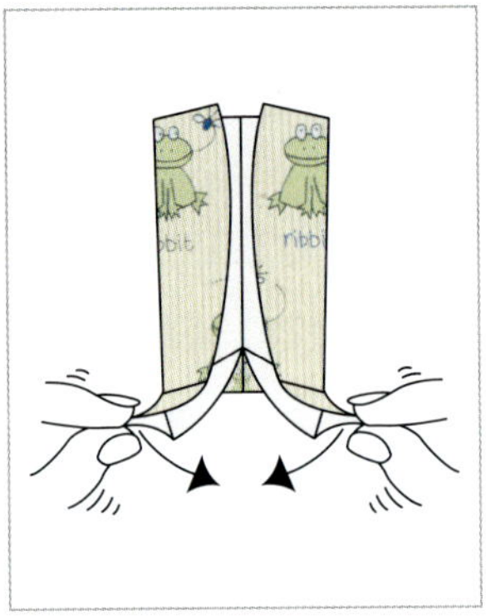

5 ...de este modo. Aplaste el papel uniendo las esquinas.

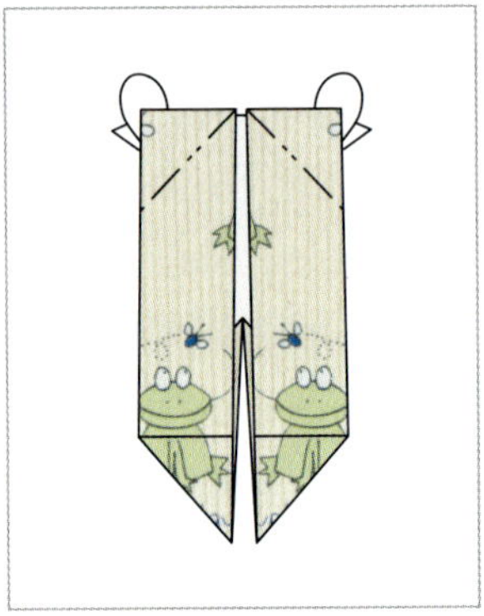

6 El movimiento ha terminado. Repita los pasos 2-5 en la parte superior.

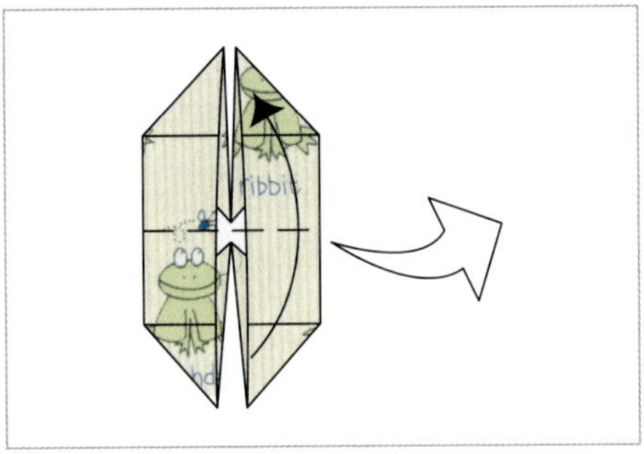

7 Pliegue por la mitad.

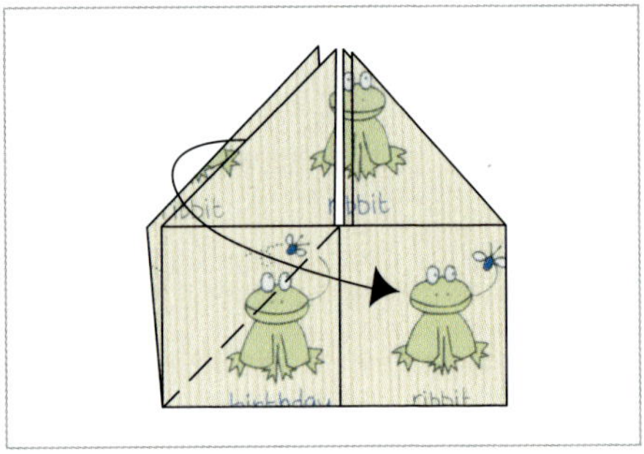

8 Pliegue hacia la derecha.

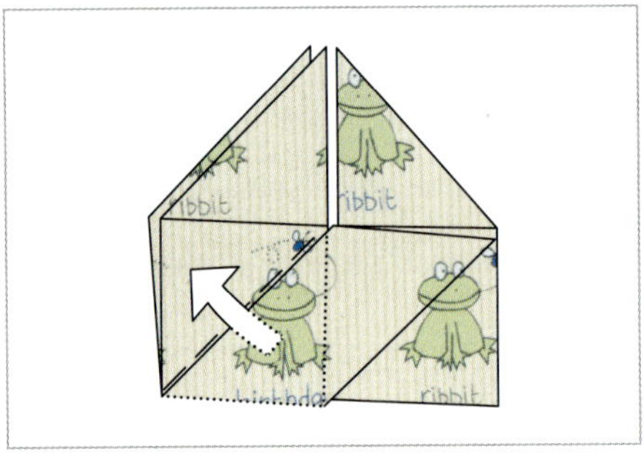

9 Tire hacia fuera la esquina oculta.

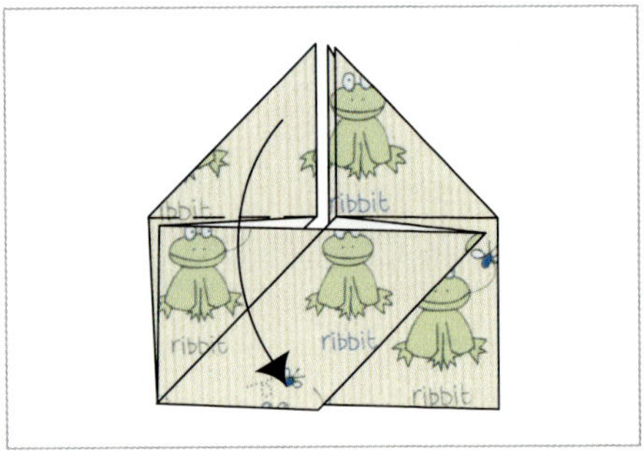

10 Pliegue el triángulo hacia abajo.

11 Inserte el triángulo suelto dentro del bolsillo. Mantenga el modelo ordenado.

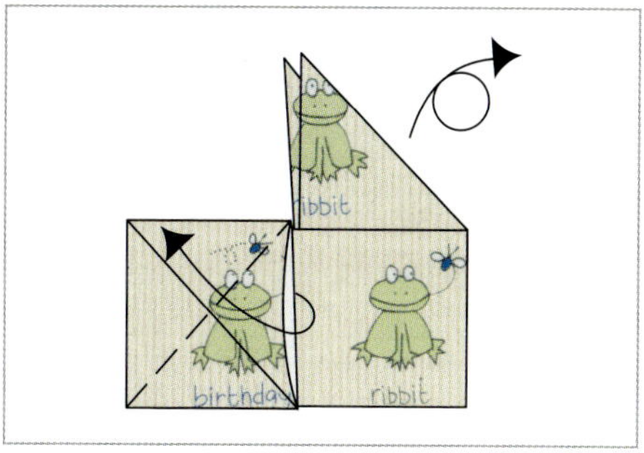

12 Pliegue la esquina suelta hacia arriba y a la izquierda. Dé la vuelta al papel.

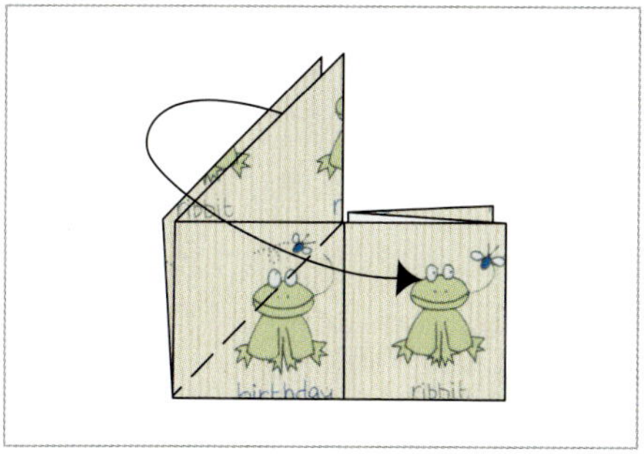

13 Repita los pasos 8-12 de este lado.

14 El plegado está terminado.

15 Sostenga el modelo como muestra el dibujo y tire de las aletas centrales hacia arriba y hacia fuera para formar el modelo completo.

¡Los papeles de envolver llamativos hacen que estas cajas sean aún más divertidas!

Hexaedro con broche

NIVEL DE HABILIDAD

LOS HEXAEDROS SON MUY COMUNES EN EL ORIGAMI. CUALQUIER ESTRUCTURA DE SEIS LADOS SE DENOMINA HEXAEDRO, Y AQUELLOS QUE TIENEN SUS SEIS LADOS IGUALES ENTRAN EN LA CATEGORÍA DE CUBOS. ESTE DISEÑO, OBRA DEL BRITÁNICO EDWIN CORRIE, ES UNO DE LOS MÁS SIMPLES Y PRESENTA UN "BROCHE", LO QUE HACE QUE SU PLEGADO RESULTE EXTREMADAMENTE INTERESANTE.

Necesitará

- ❑ Un cuadrado de papel de 17,5cm de gramaje ligero o medio (plegado para crear una cuadrícula de 4 x 4 doblándolo en cuartos en sentido horizontal y vertical, luego corte el papel para dejar una cuadrícula de 3 x 3)

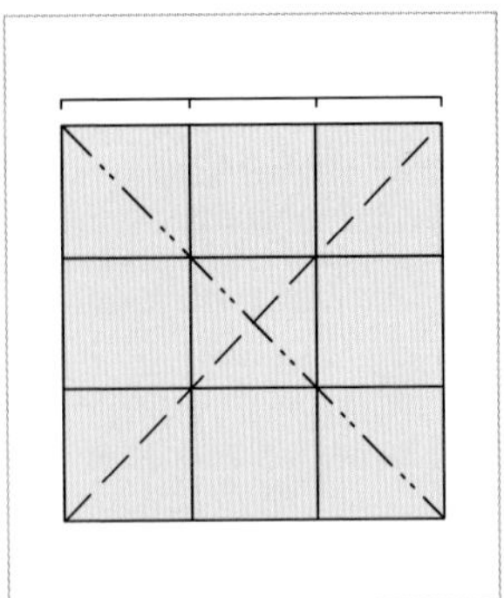

1 Pliegue una diagonal en forma de montaña y la otra diagonal en forma de valle.

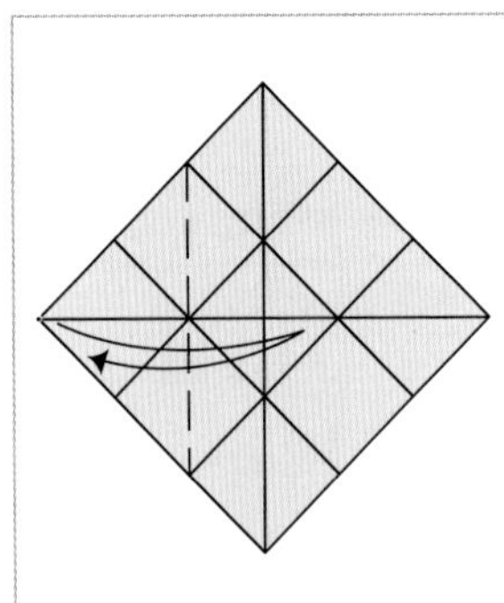

2 Pliegue de punto a punto. Despliegue.

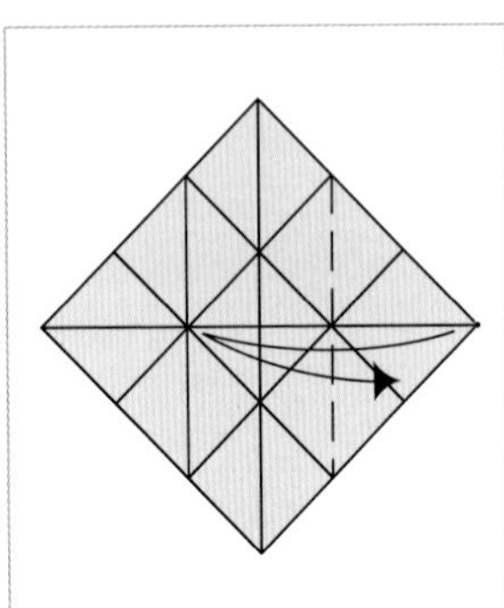

3 Pliegue del mismo modo, de punto a punto, en sentido contrario.

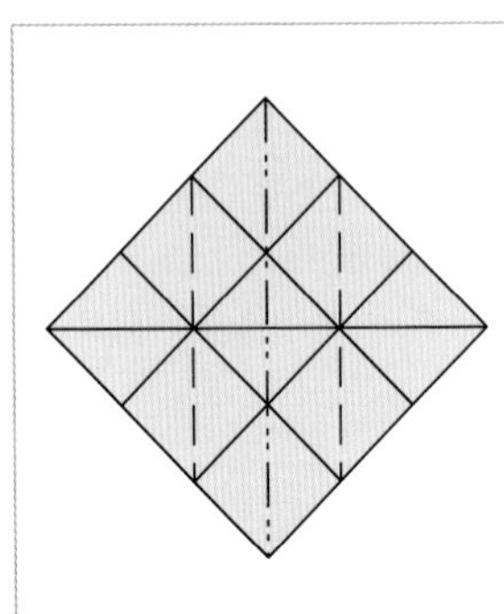

4 Plise como muestra el dibujo (véase el paso siguiente).

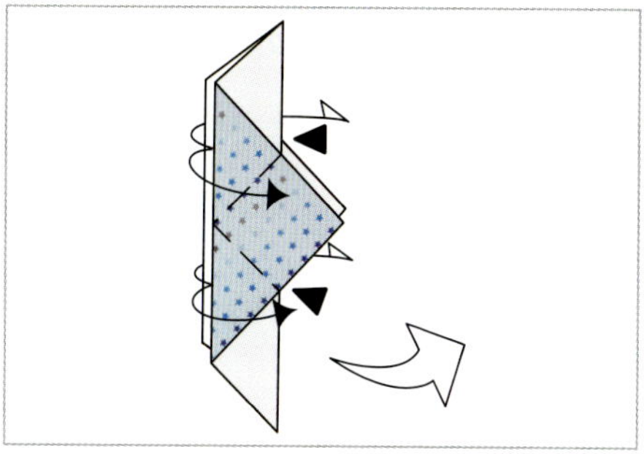

5 Haga un pliegue invertido exterior en las esquinas superiores e inferiores (véase el paso siguiente).

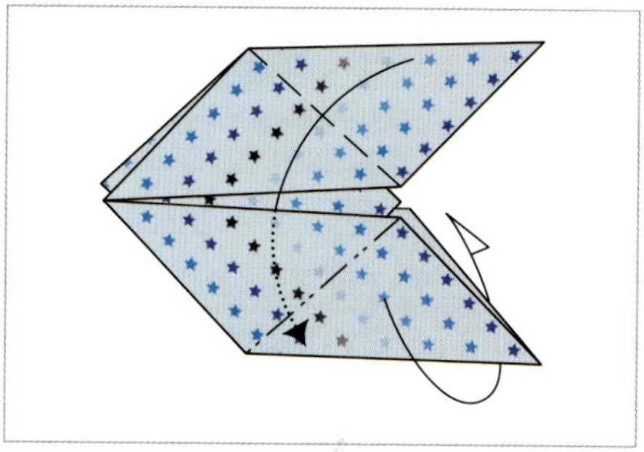

6 Haga un pliegue de montaña en la esquina superior insertándola en el bolsillo formado por el pliegue invertido exterior inferior. A continuación, haga un pliegue de montaña para insertar por detrás la esquina inferior dentro del pliegue invertido exterior superior.

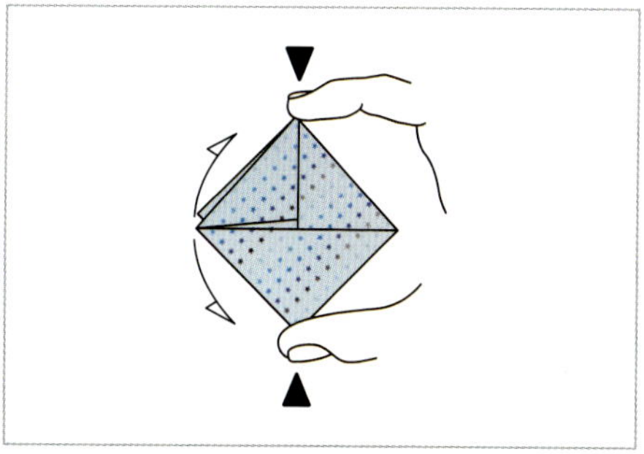

7 Sostenga el modelo como muestra el dibujo y apriételo. Las esquinas izquierdas se separarán para crear un tercer borde alrededor del medio, formando una forma de hexaedro tridimensional.

Estos hexaedros representan unos hermosos adornos navideños para colgar del árbol, ¡si el simple placer de plegarlos no es suficiente!

Véase también

Caja de Fuse, página 46

Pelota modular

NIVEL DE HABILIDAD

Necesitará

- ❑ Seis tiras de 8cm x 4cm de papel de gramaje ligero o medio

Consejo de artista: para los modelos de origami tridimensionales, los papeles de envolver pueden no ser lo bastante rígidos para mantener la estructura creada. Por lo tanto, use spray adhesivo para tratar el papel de carta común (A4) antes de cortarlo según el tamaño adecuado.

TOMOKO FUSE ES MUY CONOCIDA POR SU FANTÁSTICO ENFOQUE MODULAR DEL ORIGAMI. ESTA PELOTA NO TIENE NINGÚN PROPÓSITO CONCRETO, PERO SU INTRINCADO DISEÑO CONSTITUYE UNA BUENA INTRODUCCIÓN AL MUNDO DE LAS ESTRUCTURAS MODULARES. JUGANDO CON ESTA FORMA SERÁ CAPAZ DE CREAR LAS PROPIAS.

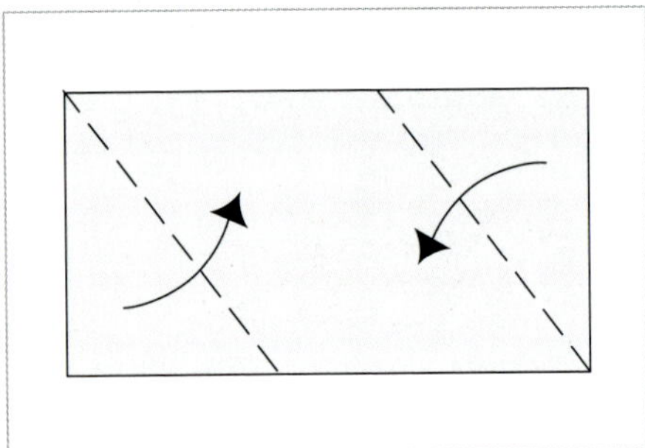

1 Pliegue hacia arriba la esquina inferior izquierda y hacia abajo la esquina superior derecha. Siempre debe plegar estas esquinas cuando pliegue los otros módulos.

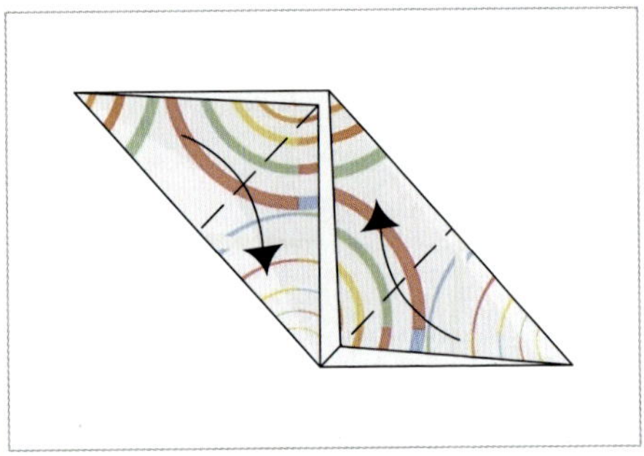

2 Pliegue cada triángulo por la mitad...

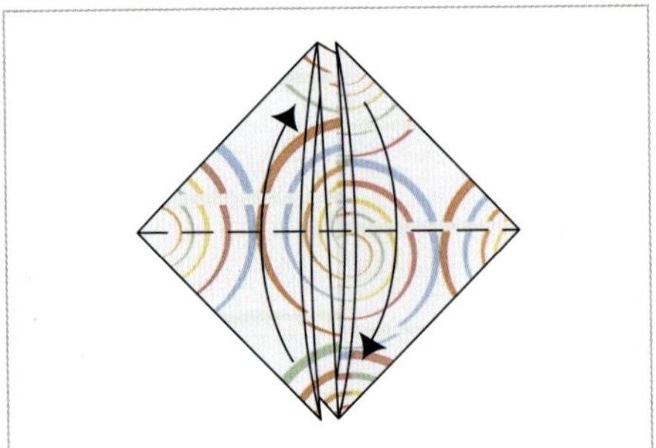

3 ...y otra vez.

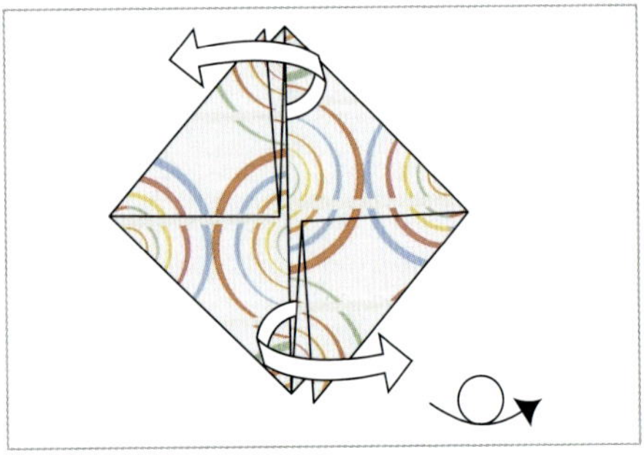

4 Despliegue ligeramente cada lado. Dé la vuelta al papel.

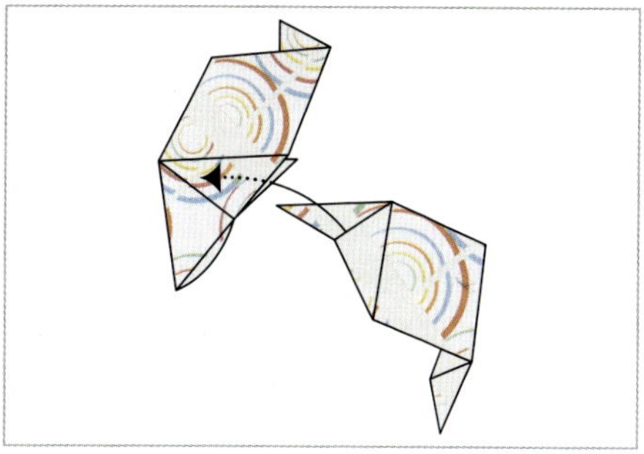

5 El módulo terminado. Haga otros cinco. Los seis deben ser idénticos y no imágenes especulares.

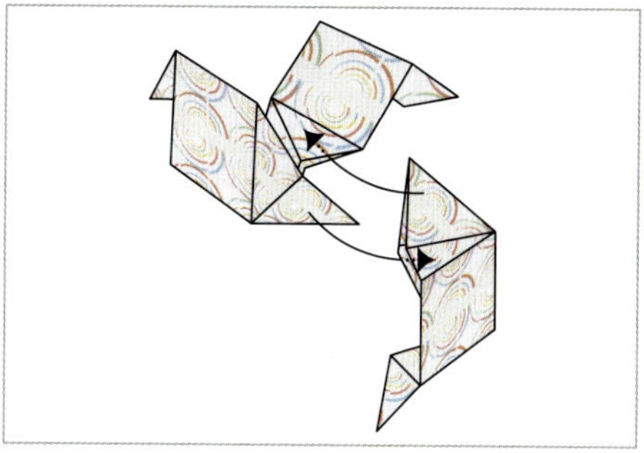

6 Inserte una esquina de 45 grados de uno de los módulos dentro del bolsillo de otro...

7 ...de este modo. Añada un tercer módulo, insertando su esquina de 45 grados dentro del bolsillo del módulo superior, al tiempo que inserta la esquina del módulo izquierdo dentro del bolsillo del tercer módulo, como muestra el dibujo.

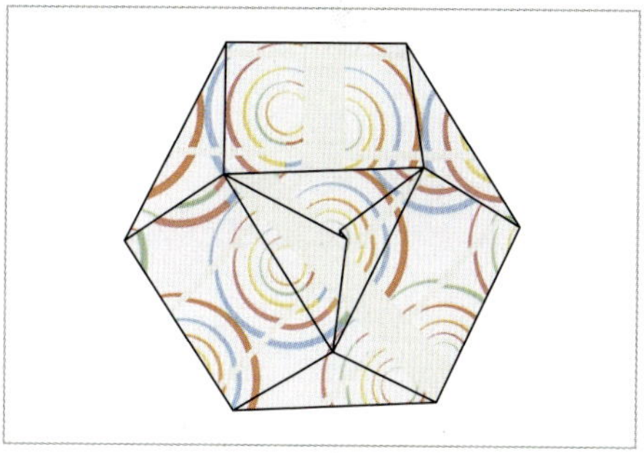

8 Observe cómo cada uno de los módulos se inserta en el bolsillo del siguiente para formar una pirámide invertida bien cerrada. Añada los otros tres módulos para completar el diseño.

Tratar de que los módulos encajen uno dentro de otro puede ser un proceso frustrante, pero no desista.

Mosaico de papel

NIVEL DE HABILIDAD

Necesitará

- ❏ Múltiples azulejos de 4cm de papel de gramaje ligero o medio

ESTOS PEQUEÑOS AZULEJOS PUEDEN UNIRSE PARA FORMAR TODA CLASE DE MODELOS Y CONSTITUIRÁN UNOS MOSAICOS DE PAPEL Y TARJETAS MUY ATRACTIVOS. AUNQUE ESTOS AZULEJOS NO TIENEN UN PROPÓSITO ESPECIAL, RESULTAN MUY ÚTILES PARA PERFECCIONAR SUS HABILIDADES Y MEJORAR SU PRECISIÓN EN EL PLEGADO.

1 Haga pliegues de montaña en el centro del papel en sentido horizontal y vertical.

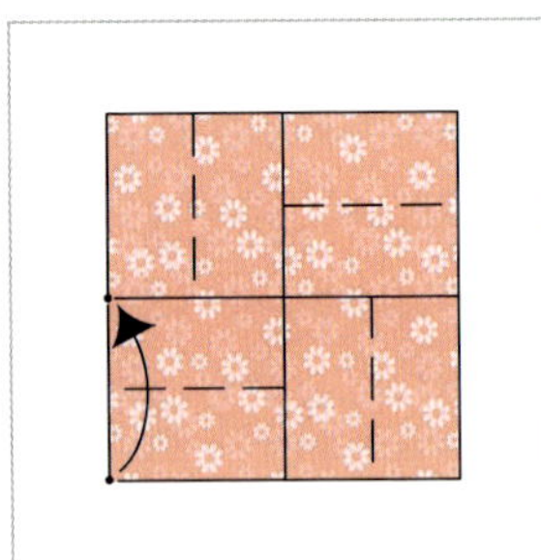

2 Pliegue el borde inferior del papel de punto a punto, pero proceda sólo desde el borde izquierdo hacia el centro. Repita esta operación con todos los otros bordes.

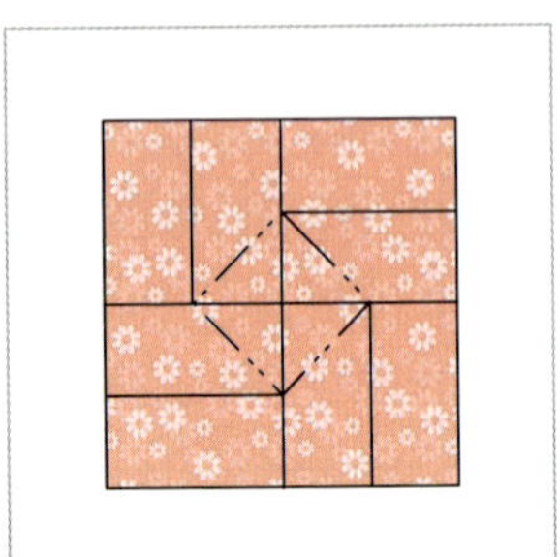

3 Haga pequeños pliegues de montaña diagonales conectando los puntos donde se unen los pliegues de los pasos 1 y 2. Refuerce todos los pliegues.

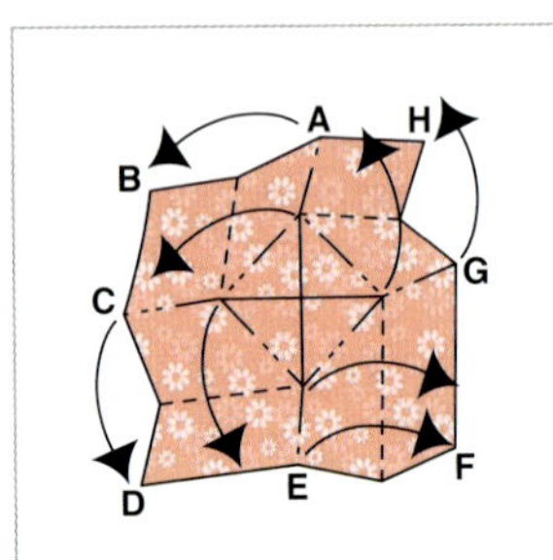

4 Pellizque los pliegues de montaña cortos en A, C, E y G y pliéguelos luego hacia las esquinas B, D, F y H a lo largo de los pliegues del paso 2.

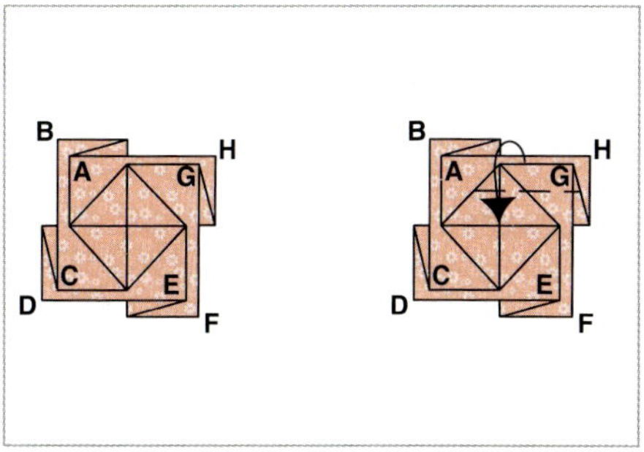

5 La forma de diamante en el centro del modelo en el paso 4 debe hacerse girar en el sentido contrario a las agujas del reloj. Este paso muestra el papel aplanado. Lleve el borde plegado en la parte superior del papel (G) hacia el centro.

6 Repita con los otros tres bordes plegados para completar la unidad. Haga todos los que necesita e intercálelos como muestra el dibujo.

Éste es un modelo de nueve azulejos como el que se muestra arriba y ha sido creado con papel dúo floreado.

Pared extensible

NIVEL DE HABILIDAD

Necesitará

- ❑ Un cuadrado de cartulina de 30cm

ESTE DISEÑO, CREADO POR EL JAPONÉS YOSHIHIDE MOMOTANI, ES REALMENTE ASOMBROSO, YA QUE PUEDE EXPANDIRSE Y PLEGARSE. EL DISEÑO NO ES DIFÍCIL DE SEGUIR, PERO SU CONSTRUCCIÓN REQUIERE TIEMPO Y PACIENCIA. EL "DESCOSIDO" FINAL DE LOS BORDES EN LOS PASOS 16-18 ES UN ACABADO MUY BONITO Y LLAMATIVO.

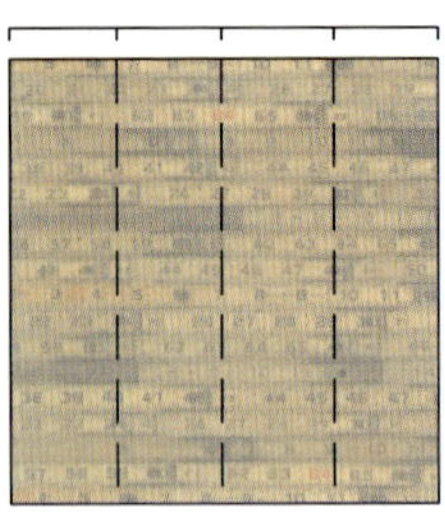

1 Pliegue en cuartos muy precisos, todos valles.

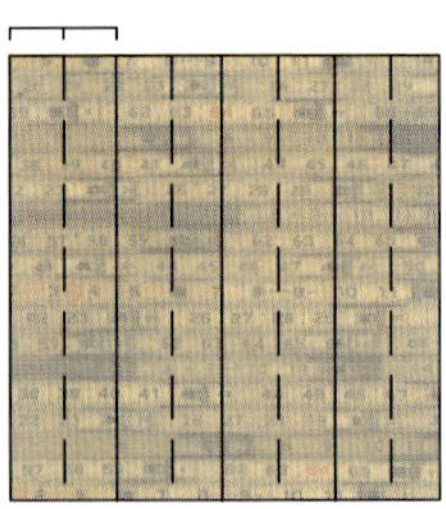

2 Pliegue en octavos muy precisos, todos valles.

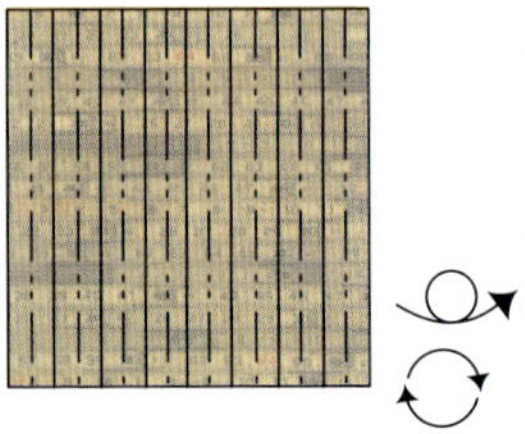

3 Coloque montañas a mitad de camino entre los pliegues de valle. Dé la vuelta al papel y gírelo.

4 Compruebe que el pliegue superior es un valle (si no lo es, dé la vuelta al papel para que lo sea).

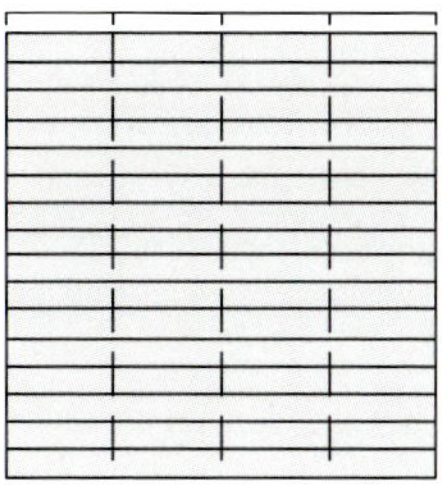

5 Repita los pasos 1-3, plegando valles como cuartos y octavos, luego montañas entre ellos...

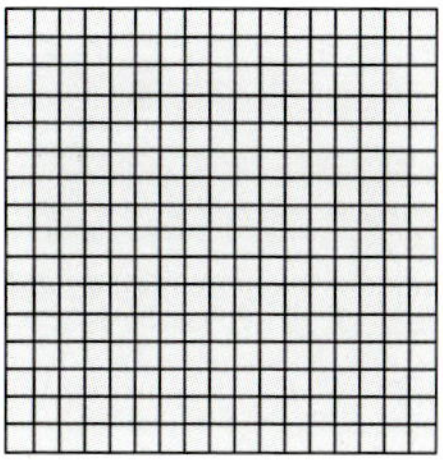

6 ...para crear esta cuadrícula.

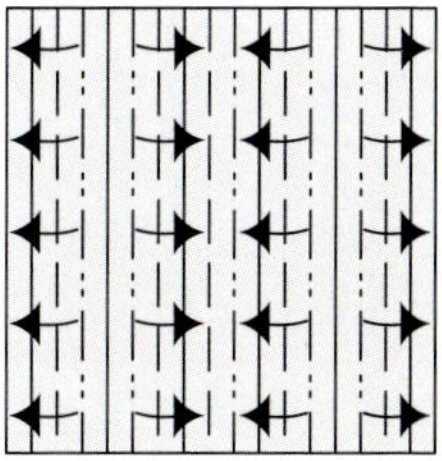

7 Haga pliegues donde muestra el dibujo...

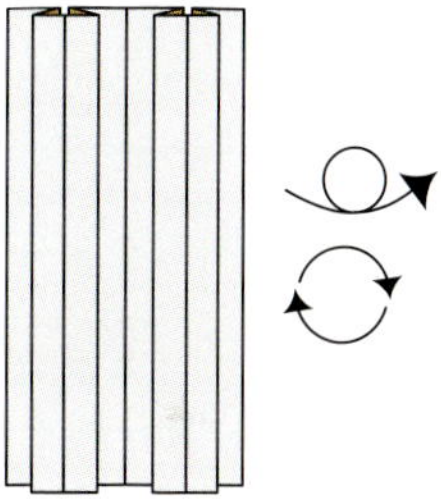

8 ...de este modo. Dé la vuelta al papel y gírelo.

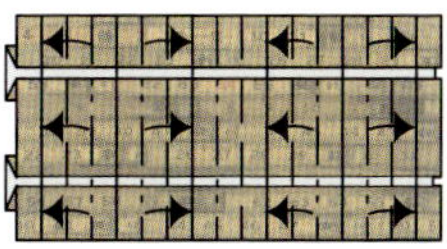

9 Vuelva a plegar.

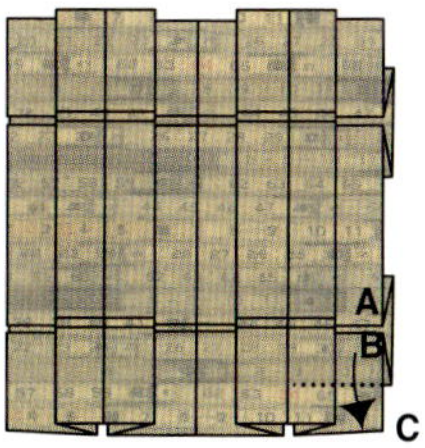

10 Los pliegues están terminados. Observe A, B y C. Pliegue de modo que el pliegue inferior gire hacia abajo...

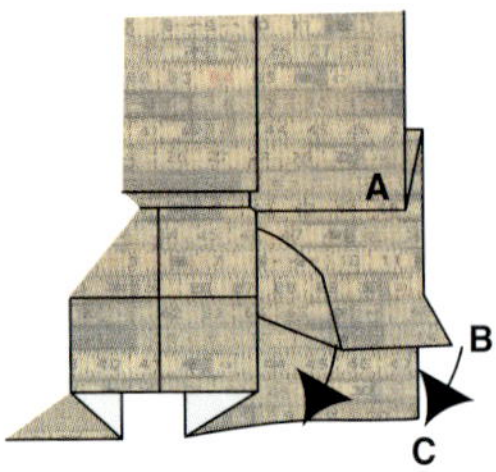

11 ...de este modo. Observe el pliegue diagonal que debe hacerse debajo del pliegue vertical para acomodar el eslabón giratorio.

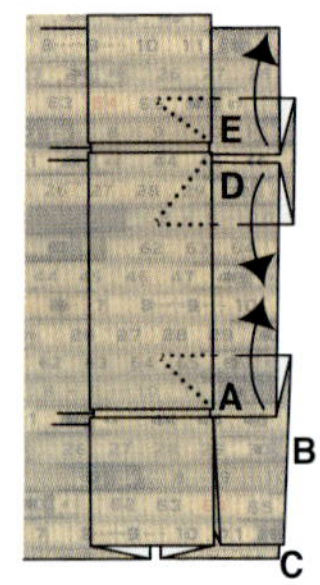

12 Repita el giro con A, D y E.

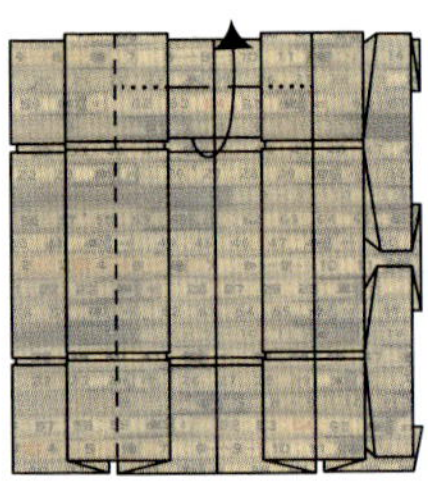

13 Repita hacia el centro, haciendo girar el pliegue hacia arriba para que quede al mismo nivel que el borde superior.

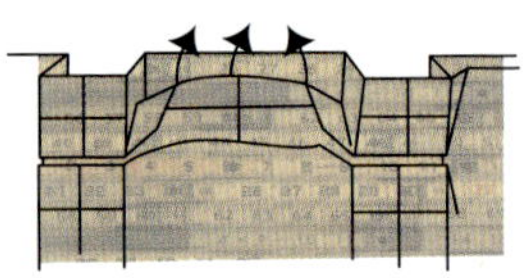

14 Como antes, los pliegues diagonales deben hacerse por debajo de los pliegues verticales; en esta ocasión, uno en cada extremo del eslabón giratorio.

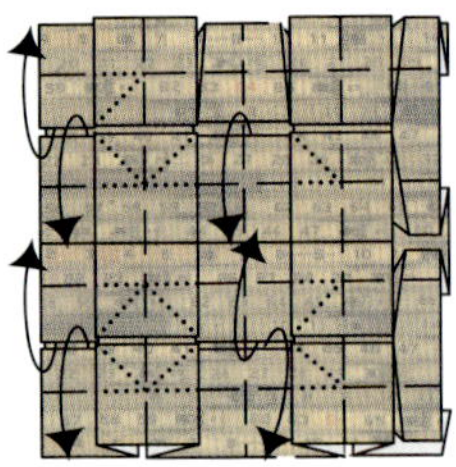

15 El eslabón giratorio está terminado. Repita la operación tres veces más hacia el centro y cuatro veces hacia el borde izquierdo.

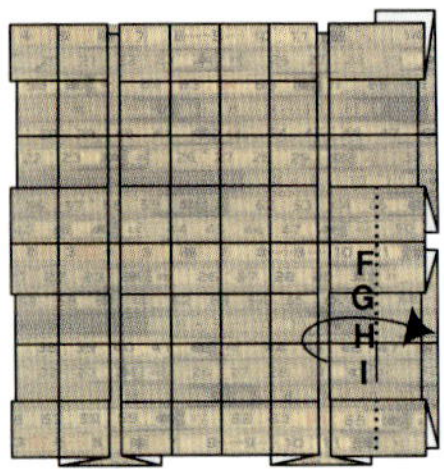

16 Observe FG y HI. Pliegue el borde GH hacia el lado derecho, de modo que G se separe de F y H se separe de I. Tire hacia fuera del papel que está debajo de F e I, de modo que el borde GH pueda aplastarse...

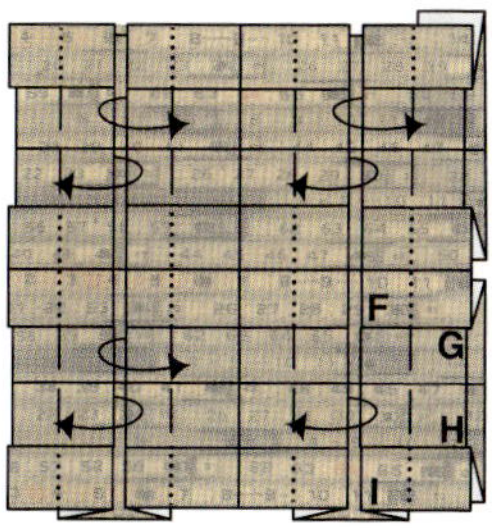

17 ...de este modo. Tire hacia fuera del papel que está debajo de F e I, de modo que el borde GH pueda aplastarse hacia la derecha...

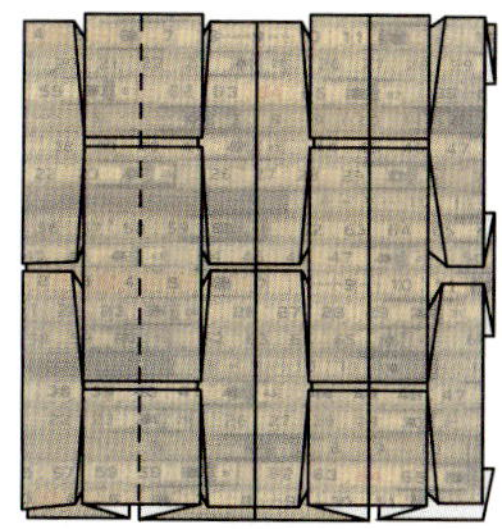

18 ...de este modo. Repita la operación "desabrochando" más bordes para revelar un patrón de ladrillo regular.

Para abrir los ladrillos, sostenga el modelo por los bordes opuestos y tire hacia fuera. En los huecos podría escribir un mensaje secreto para mostrarle a un amigo.

Cubo

Necesitará

- Un cuadrado de papel de 20cm de gramaje medio

EL PRODUCTO FINAL DE ESTE MODELO NO ES PARTICULARMENTE EXCITANTE, PERO SU CREADOR, EL ARTISTA JAPONÉS SHUZO FUJIMOTO, HA CONSEGUIDO CREAR UNO DE LOS MOVIMIENTOS MÁS ASOMBROSOS EN EL ORIGAMI PARA EL PASO 5; ASEGÚRESE DE QUE REALIZA CORRECTAMENTE EL PASO 2, DE LO CONTRARIO NO PODRÁ FORMAR EL CUBO.

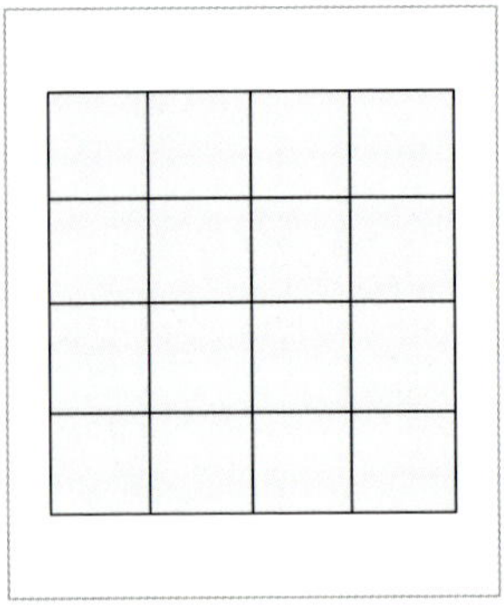

1 Divida con cuidado el papel en cuartos en sentido horizontal y vertical para crear 16 cuadrados.

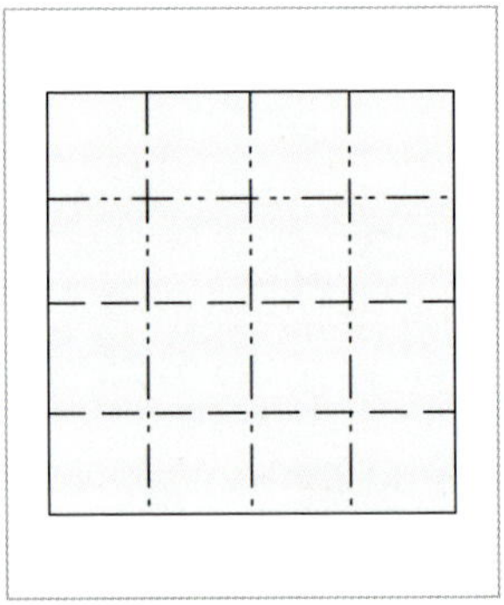

2 Vuelva a realizar los pliegues para que presente el dibujo de montañas y valles que se muestra aquí.

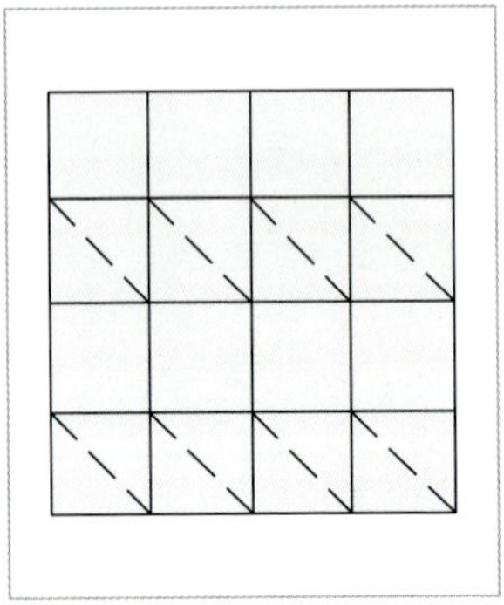

3 Añada ocho diagonales cortas. Sea preciso.

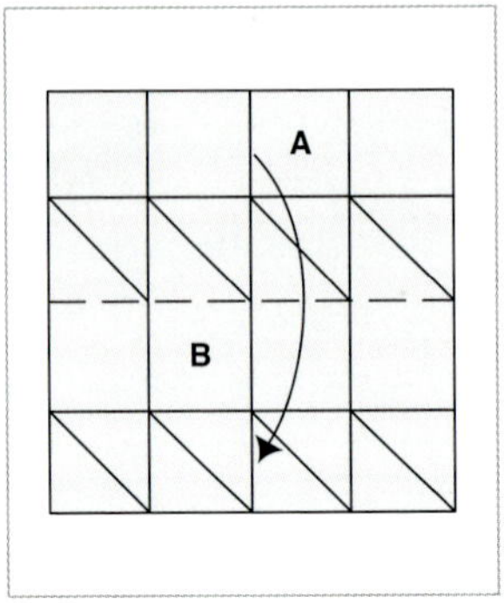

4 Pliegue por la mitad. Observe los cuadrados A y B.

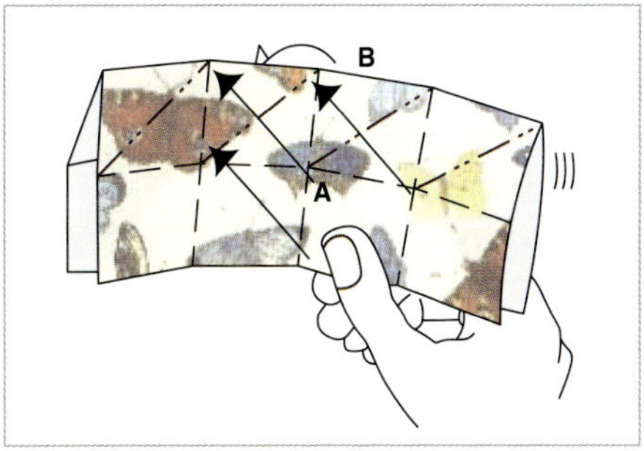

5 Sostenga el modelo como muestra el dibujo. Observe A delante y B detrás. Deslice A hacia arriba y a la izquierda, de modo que cubra exactamente a B.

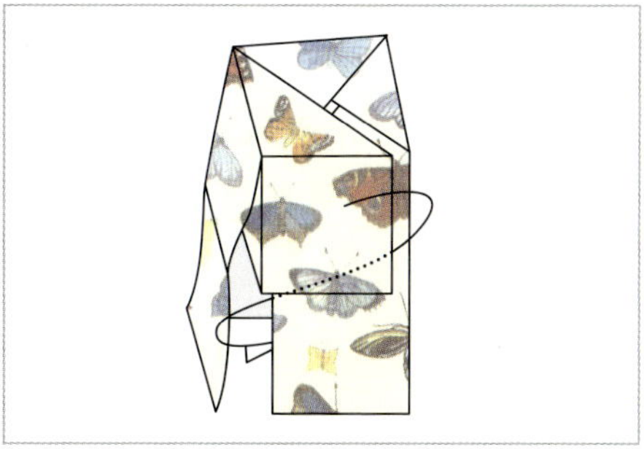

6 El papel se doblará en forma de cubo. Todos los pliegues deben formarse limpiamente y de forma simultánea. Inserte el cuadrado delantero en el interior para cerrar la parte superior.

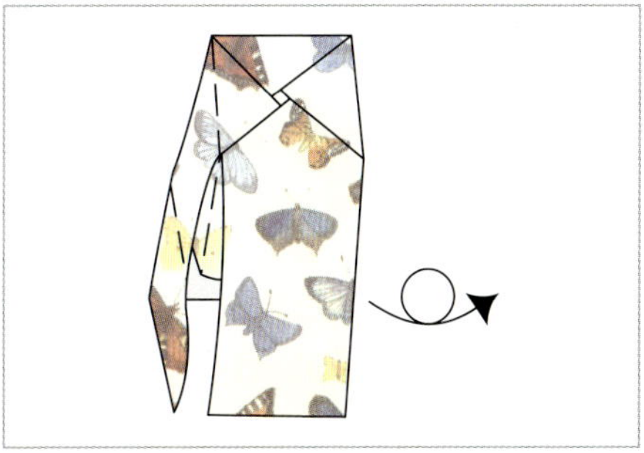

7 Dé la vuelta al papel.

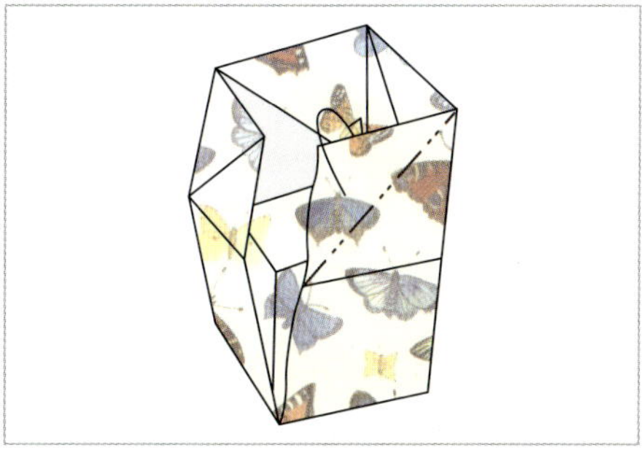

8 Pliegue la esquina.

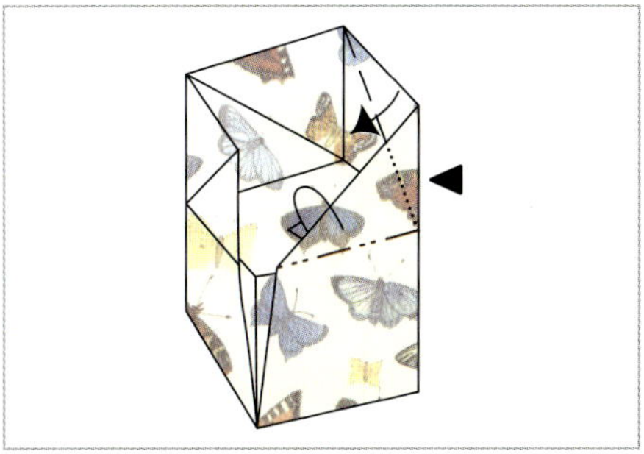

9 Empuje hacia dentro la siguiente esquina para que forme parte de la tapa.

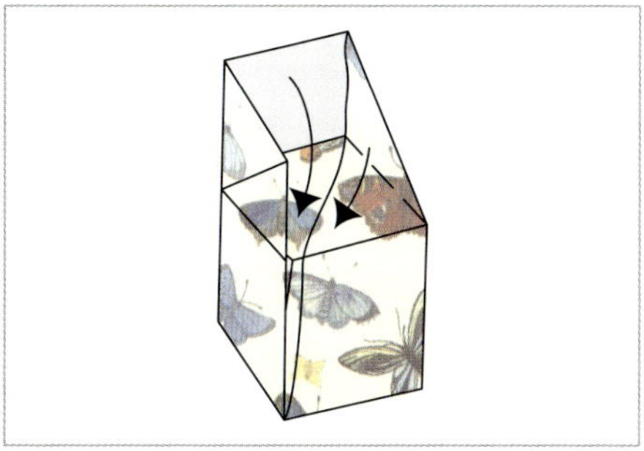

10 Empuje hacia dentro la siguiente esquina...

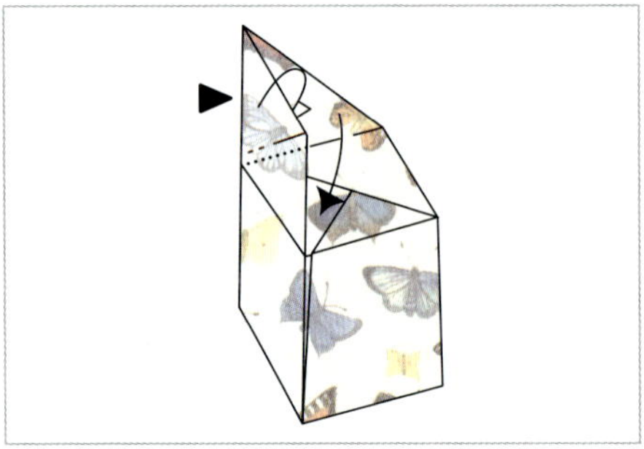

11 ...y la siguiente.

12 Inserte el triángulo dentro del cubo para cerrar la parte superior.

Una vez que haya hecho uno de estos cubos se sentirá fascinado... ¡Asegúrese de que dispone de un juego de papeles llamativos para poder hacer más!

Caja no desplegable

NIVEL DE HABILIDAD

Necesitará

- ❑ Un cuadrado de cartulina de 30cm

ESTA CAJA, OBRA DEL ESTADOUNIDENSE ED SULLIVAN, ES PARTICULARMENTE SIMPLE. SIN EMBARGO, EL DETALLE NOTABLE QUE CARACTERIZA ESTE DISEÑO ES QUE, UNA VEZ CREADA LA CAJA, NO SE PUEDE DESPLEGAR. ES UN MODELO ÚNICO EN EL CAMPO DEL ORIGAMI Y SIN DUDA SE CONVERTIRÁ EN UN FAVORITO DE CUALQUIERA QUE LO HAGA.

1 Apriete los puntos de los cuatro bordes. Luego utilícelos como guía para hacer cuatro pliegues de valle a lo largo de las marcas de cuartos horizontales y verticales.

2 Haga pliegues de montaña a mitad de camino entre los cuartos de valle y los bordes.

3 Forme diagonales de valle en las esquinas del papel y luego pliegue para crear una caja con aletas triangulares.

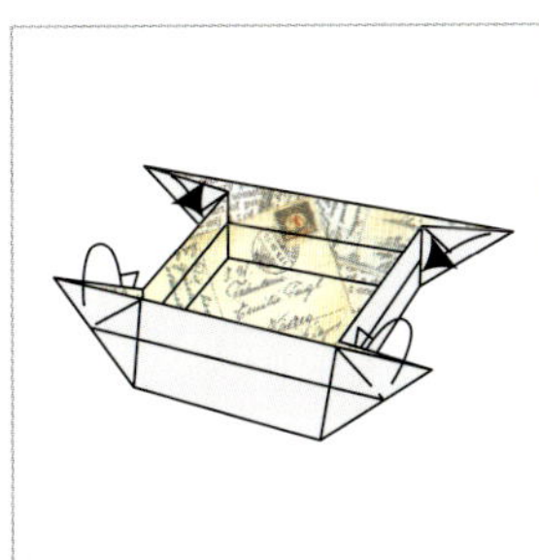

4 Oriente dos aletas hacia la izquierda y dos hacia la derecha. Pliegue los triángulos por la mitad volviendo hacia dentro las esquinas sueltas.

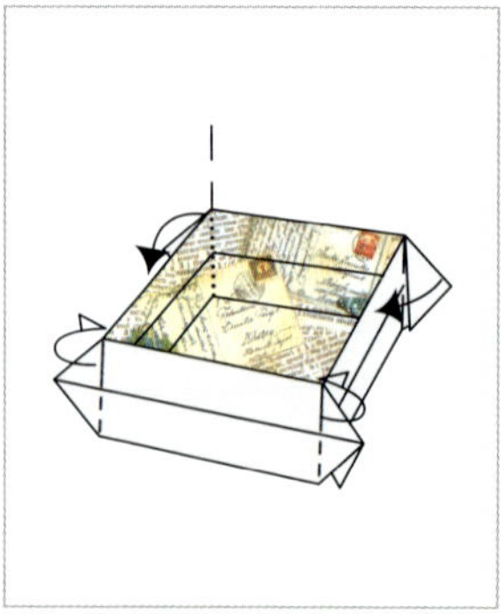

5 Pliegue los triángulos hacia el interior, planos contra la caja.

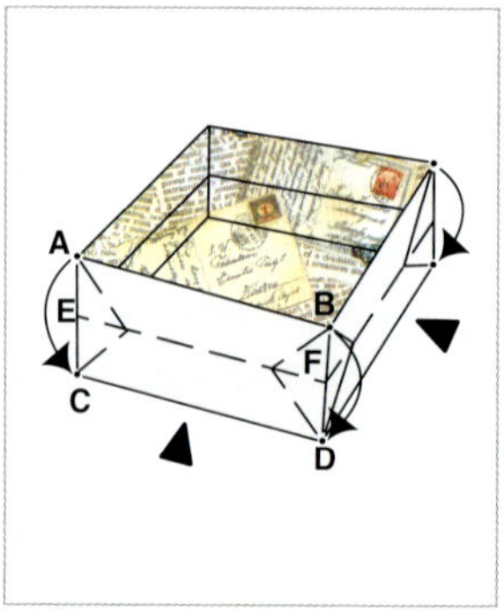

6 Pliegue la caja bajando A hacia C, y B hacia D.

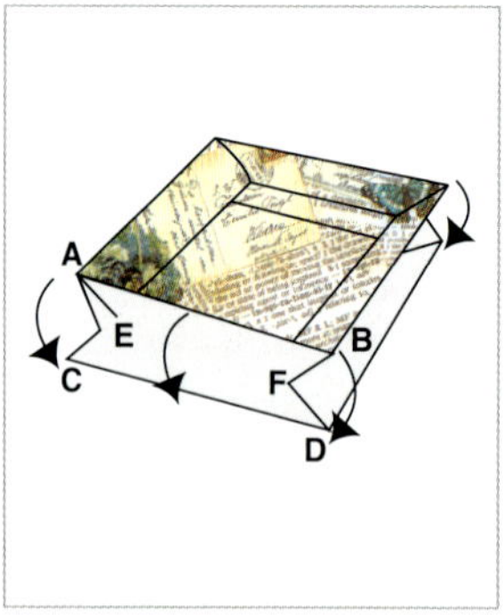

7 Mueva E y F hacia el centro del borde delantero. Repita la operación en la parte de atrás.

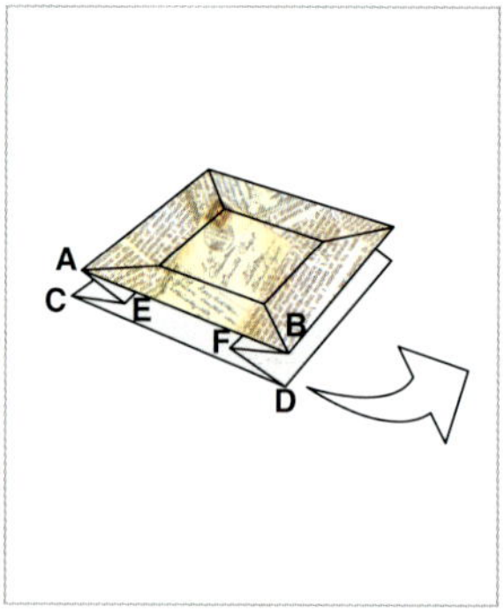

8 Ésta es la forma del modelo completamente plegado. Observe E y F.

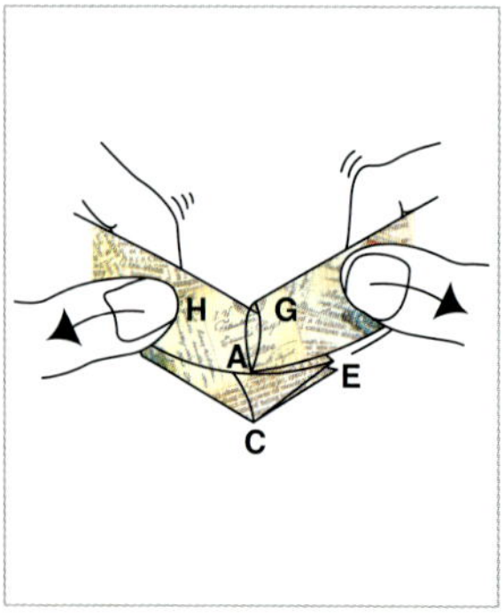

9 Sostenga de la esquina AC como muestra el dibujo. Separe las manos suavemente y H se alejará de G. Continúe tirando...

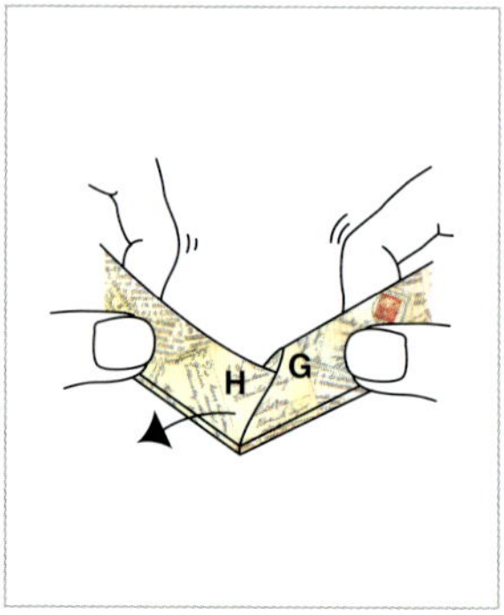

10 ...hasta que la esquina esté completamente formada. Repita la operación con las otras esquinas de la caja.

Índice

LAS REFERENCIAS PRINCIPALES CORRESPONDIENTES A PLIEGUES, BASES Y CLASES DE PAPEL ESTÁN INDICADAS EN NEGRITA

Clave de los símbolos

Este sistema de flechas y dibujos describe las instrucciones de los diseños utilizados en este libro. Mantenga esta página abierta mientras trabaja en los proyectos. O bien hasta que se haya familiarizado con estos símbolos de plegado universalmente reconocidos.

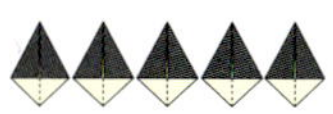

Cada modelo cuenta con un nivel de habilidad señalado por los símbolos que se indican arriba. Los modelos con una sola "cometa" utilizan sólo uno o dos tipos de pliegue y están indicados para los artistas principiantes. Los artistas intermedios deben intentar la creación de modelos que incluyen dos, tres o cuatro "cometas". Los proyectos marcados con cinco "cometas" están reservados sólo a los artistas avanzados.

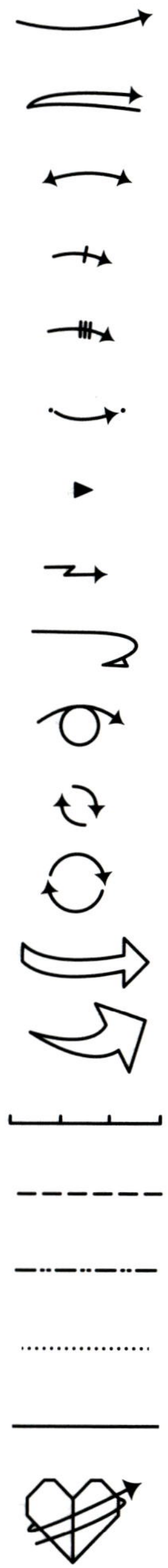

Dirección en la que se desplaza el papel
Plegar y desplegar
Plegar y desplegar
Repetir una vez
Repetir tres veces
Plegar de punto a punto
Aplastar/aplicar presión
Doblez
Plegar hacia atrás
Dar la vuelta
Rotar 90°
Rotar 180°
Desplegar el papel
Aumentos de escala
Distancias iguales
Pliegue de valle
Pliegue de montaña
Pliegue oculto
Marca existente
Pliegue con sentimiento

Bases de origami

APRENDA ESTAS TRES BASES TRADICIONALES DE ORIGAMI Y SERÁ CAPAZ DE CREAR CUALQUIERA DE LOS MODELOS INCLUIDOS EN ESTE LIBRO.

BASE DE COMETA

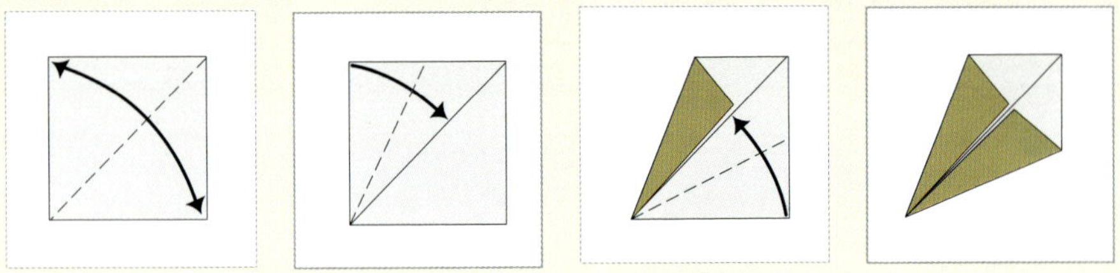

BASE PRELIMINAR

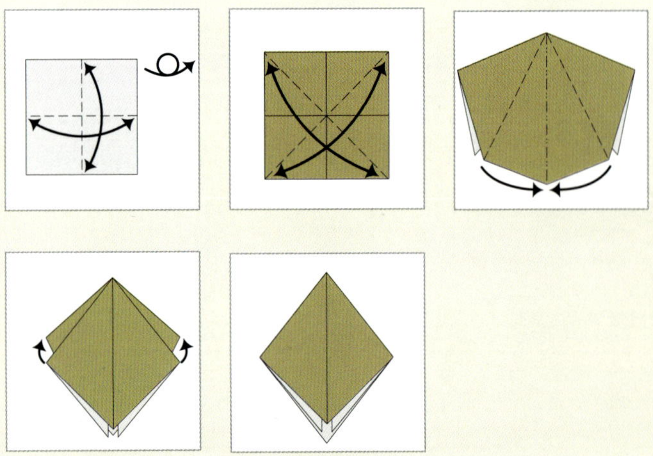

BASE DE LA BOMBA DE AGUA

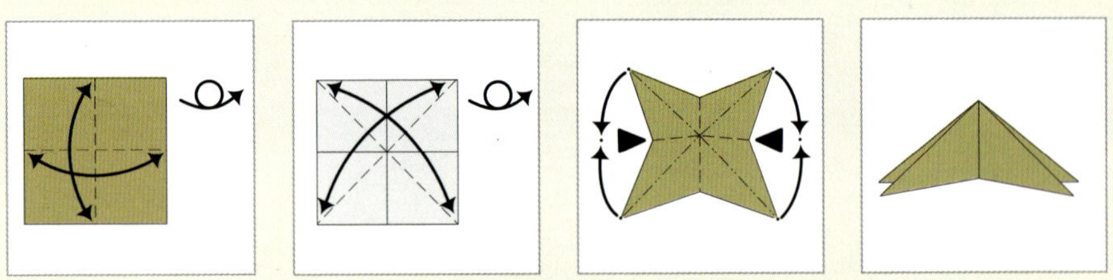

Créditos

Todas las fotografías e ilustraciones poseen el *copyright* de Quarto Publishing plc. Aunque se han hecho todos los esfuerzos necesarios para incluir a los colaboradores en los créditos, Quarto quiere disculparse en el caso de que se hayan producido errores u omisiones y le gustaría incorporar las correcciones oportunas en las futuras ediciones de este libro.

Gracias a Nick Robinson por autorizar el uso de su modelo de rinoceronte con un billete de dólar, página 13.

Dedicatoria de la autora
KR: ¡tendría que haber seguido tu consejo y realizado esta obra hace mucho tiempo! Chris, gracias por todo.

RESPUESTA

Ésta es una de las dos respuestas al proyecto del Rompecabezas que encontrará en las páginas 138-139.

Plato circular

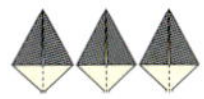

NIVEL DE HABILIDAD

ecesitará

Papel cuadrado de 30cm con un dibujo en ambos lados

ÉSTE ES UN DISEÑO MUY INUSUAL –SE TRATA DE UNO DE LOS ESCASOS MODELOS CIRCULARES DE ORIGAMI– Y SERÁ UN MAGNÍFICO CENTRO DE MESA EN UNA FIESTA. SIN EMBARGO, EN ESTE CASO NECESITARÁ CONTAR CON UN PAPEL O UNA TARJETA PESADOS SI DESEA UTILIZARLO PARA COLOCAR SUS APERITIVOS EN LA FIESTA.

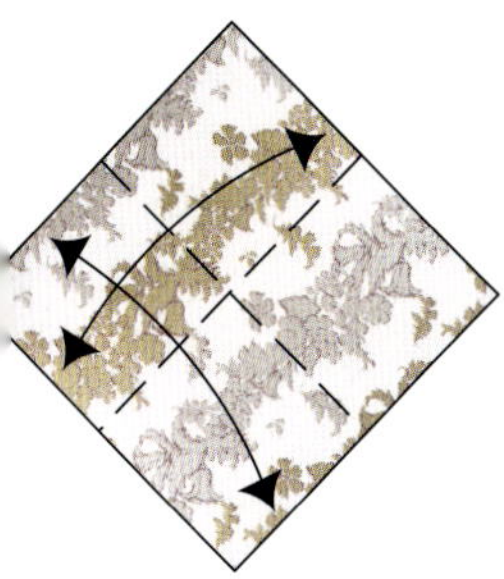

1 Pliegue de valle por la mitad en sentido vertical y horizontal para crear cuatro cuadrados. Despliegue cada uno de los dobleces.

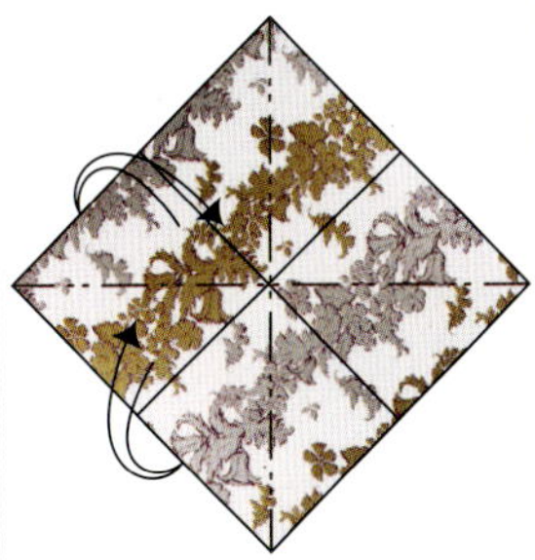

2 Pliegue de montaña en cada diagonal. Despliegue.

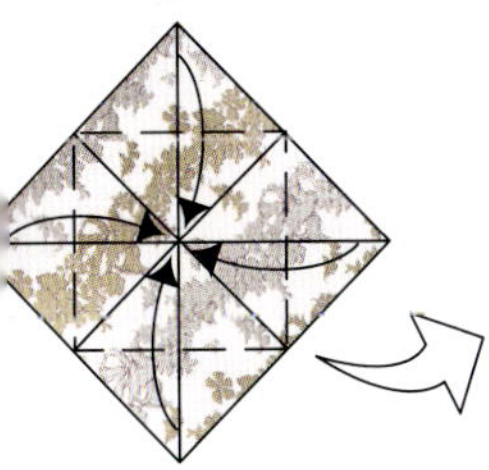

3 Pliegue las esquinas hacia el centro.

4 Pliegue las esquinas hacia el borde.

5 Marque y despliegue cuatro pliegues de montaña como se muestra en el dibujo. (Probablemente es más fácil hacer pliegues de montaña dando la vuelta al papel).

6 Haga diagonales de montaña cortas. Apriete los bordes cerca c las esquinas...

7 ...para elevar una forma de mesa en el centro. Presione hacia abajo en el punto central al tiempo que empuja los bordes de la "mesa" hacia el centro...

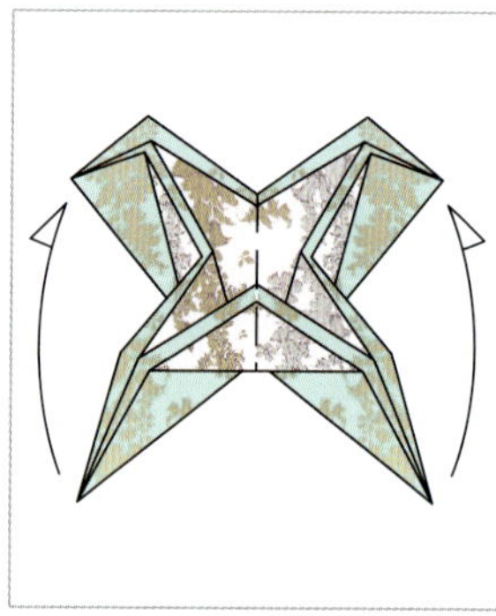

8 ...de este modo. Observe la forma de X d papel. Aplast la forma X co dos puntos a cada lado.

9 Pliegue invertido interior de las esquinas delanteras.

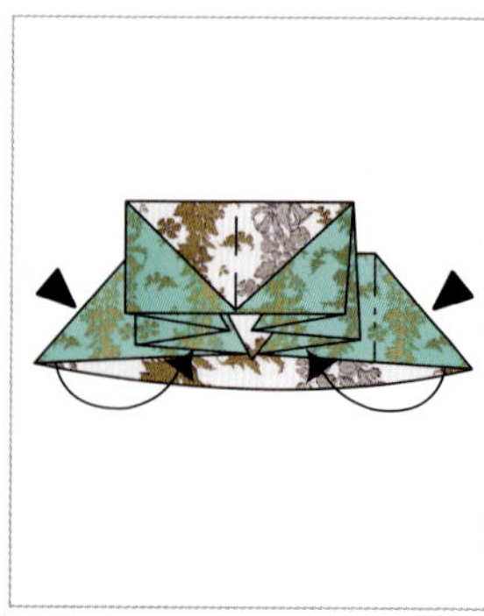

10 Repita la operación pa las esquinas traseras.